Bruno De Nicola

·

Women In Mongol Iran

The Khātūns, 1206–1335

Edinburgh University Press

2017

Бруно де Никола

•

Женщины в монгольском Иране

Хатуны, 1206–1335 гг.

Academic Studies Press

Библиороссика

Бостон / Санкт-Петербург

2022

УДК 94(55)
ББК 63.3(5Ирн)
    Д42

Перевод с английского Андрея Разина

Серийное оформление и оформление обложки Ивана Граве

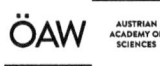

Nomads' Manuscripts Landscape

ÖAW AUSTRIAN ACADEMY OF SCIENCES

Institute of Iranian Studies
Austrian Academy of Sciences

де Никола Б.

Д42   Женщины в монгольском Иране. Хатуны, 1206–1335 гг. /
       Бруно де Никола ; [пер. с англ. А. Разина]. — СПб.: Academic
       Studies Press / Библиороссика, 2022. — 343 с. — (Серия «Совре-
       менное востоковедение» = «Contemporary Eastern Studies»).

       ISBN 979-8-887190-58-7 (Academic Studies Press)
       ISBN 978-5-907532-42-7 (Библиороссика)

В своей книге Бруно де Никола изучает развитие статуса женщин в Монгольской империи вплоть до конца Государства Хулагуидов. Исследуя закономерности, проявляющиеся в трансформациях статуса женщин, автор предлагает свой
взгляд на эволюцию, проходившую в изначально кочевом обществе в ходе его
контактов с преимущественно оседло-мусульманским Ираном. Book of Excel-
lence'2017 по версии Иранского посольства в Великобритании.

УДК 94(55)
ББК 63.3(5Ирн)

ISBN 979-8-887190-58-7
ISBN 978-5-907532-42-7

Посвящается Марте, Лауре и Марко

Список иллюстраций

Благодарности

Эта книга никогда не увидела бы свет в печатном виде, если бы не профессор Чарльз Мелвилл, научный руководитель моей докторской диссертации в Кембриджском университете с 2007 по 2011 год. Я благодарю его за поддержку на протяжении всех этих лет, за терпеливое чтение моей работы по мере ее написания, за благосклонное отношение к этому моему проекту и постоянную помощь в научном плане. Его знания и наставления принесли мне огромную пользу. Работать с ним — огромное удовольствие. За его доверие, помощь и поддержку я всегда буду благодарен.

Я также хотел бы поблагодарить доктора Терезу Виньолес и доктора Джорджа Лейна, которые на ранних этапах вдохновляли и поощряли мой интерес к истории женщин в Средневековье в целом и в Монгольской империи в частности. Кроме того, я хотел бы поблагодарить госпожу Наргес Фарзад и доктора Кристину ван Руймбеке за их содействие в овладении персидским языком, столь важным в проведении настоящего исследования.

Хотя бóльшая часть включенных в эту книгу материалов основана на моей докторской диссертации, после моего отъезда из Кембриджа, в моем научном развитии сыграли ключевую роль и другие коллеги. Хочу поблагодарить г-жу Урсулу Симс-Уильямс и доктора Эндрю Пикока за то, что они доверили мне работать с ними в постдокторантуре. На протяжении последних лет они были очень важны для меня и делились со мной знаниями, советами и своей поддержкой. Также хотелось бы поблагодарить Сару Нур Йылдыз и Зейнеп Окай, помогавших мне, когда позднее я занялся историей средневековой Анатолии. Я также благодарен профессору Дэвиду Моргану, доктору Дэвиду Сниту, профессору Питеру Джексону, доктору Джудит Пфайффер, профессору Дениз Айгл, профессорам Карин Рюрданц и Йонатану Браку за их комментарии и предложения на разных этапах работы над этой книгой. Я также выражаю глубокую признательность профессору Энн Бродбридж, которая внесла ряд ключевых замечаний в окончательный вариант рукописи. Книга эта также является плодом содействия Королевского Азиатского общества Великобритании и Ирландии, особенно благодаря договоренностям, достигнутым доктором Эвримом Бинбаш, который любезно предложил мне представить мою рукопись в Общество и в Издательство Эдинбургского университета.

Наряду с профессиональной научной поддержкой, полученной мной от вышеупомянутых коллег, этот проект был бы невозможен без помощи друзей, которые не оставляли меня в процессе работы. Николас Барбьери на протяжении многих лет неизменно эмоционально подбадривал меня, тем самым доказывая, что дружба не зависит от географических расстояний. Я также признателен моим кембриджским друзьям, благодаря которым мое пребывание в Кембриджском университете стало уникальным опытом: это Йонатан Мендель, Манар Махул, Праджакти Калра, Сиддарт «Монту» Саксен, Элла Йедайя, Джеймс Уивер, Игнасио Санчес, Саймон Ридли, Пилар и Ана Лакуна Гран, Эдуардо Борт, Сэм Джонс и Рональд Клингебиль (а также многие другие); все они сыграли решающую роль в воплощении этого исследования в жизнь.

Я хотел бы поблагодарить Ислу Россер-Оуэн за проверку предварительного варианта книги, а также сотрудников факультета азиатских и средневосточных исследований (Кембриджский университет), Пембрук-колледжа и Британского института персидских исследований (BIPS) за постоянную помощь в прохождении сложных административных препятствий на пути получения научной степени. Я благодарен Ульфатбеку Абдурасулову за предложения по улучшению перевода, а также Институту иранских исследований (Австрийская академия наук) и учредителям проекта Nomads' Manuscripts Landscape.

И наконец, что немаловажно: я благодарен членам моей семьи за то, что они всегда были рядом со мной на протяжении всех лет, когда я старался осуществить свою мечту и превратить страсть к истории в профессию. Но, прежде всего, эта работа была бы невозможна без неустанной поддержки и неизменной любви моей супруги Марты Домингес Диас и двух наших детей, Лауры и Марко. Именно им и посвящается эта книга.

Замечания
по транслитерации

Отсутствие стандартизированной системы транслитерации всегда было проблемой монголоведения. Транслитерация имен собственных проводилась с учетом того, что я не владею монгольским и что большинство источников, использованных для представленного здесь исследования, написаны на персидском, а не на монгольском языке. Чтобы облегчить читателю понимание, написание монгольских и турецких имен основано на системе, принятой Дж. А. Бойлом в его книге «Наследники Чингисхана» [Boyle 1971]. Для имен, не встречающихся в этой работе, я использовал систему У. Тэкстона из его «Джами' ат-таварих: сборник исторических хроник» [Thackston 1998]. Однако имеются некоторые исключения, наиболее очевидные в отношении использования имени «Чингиз-хан», которое было заменено на «Чингисхан». Для арабских и персидских терминов я придерживался приведенной ниже таблицы транслитерации, использованной мной для специальных терминов и названий работ в примечаниях и библиографии. При этом, однако, убраны диакритические знаки из всех собственных имен существительных (имен, географических названий и т. д.) и слов, встречающихся в английском словаре. Для тех имен, которые встречаются только в «Тайной истории монголов», я придерживался транслитерации, использованной в издании Игоря де Рахевильца 2004 года [Rachewiltz 2004], за исключением монгольского и турецкого č, которое в английском заменялось на ch. Местные названия даны в их нынешней англизированной форме, где это применимо, например, Kerman (рус. Керман), Yazd (рус. Йезд) и Khurasan (рус. Хорасан). Аналогичным образом, такие вошедшие в язык общеупотребительные термины, как «мамлюки», «султан», «хан» и так далее, оставлены в их привычных формах. Даты, как правило, приводятся в христианском летоисчислении, но, где это уместно, им предшествуют даты по мусульманскому календарю (по Хиджре). Между ними ставится тире.

Таблица транслитерации

Персидский	Латиница
آ	Ā
ب	b
پ	p
ت	t
ث	th
ج	j
چ	ch
ح	ḥ
خ	kh
د	d
ذ	dh
ر	r
ز	z
ژ	zh
س	s
ش	sh
ص	ṣ
ض	ḍ
ط	ṭ
ظ	ẓ
ع	'
غ	gh
ف	f
ق	q
ک	k
گ	g
ل	l
م	m
ن	n
و	v, w, ū (гласный)
ه	h
ی	y, ī
Гласные	
ُ َ ِ	a
	e
	o

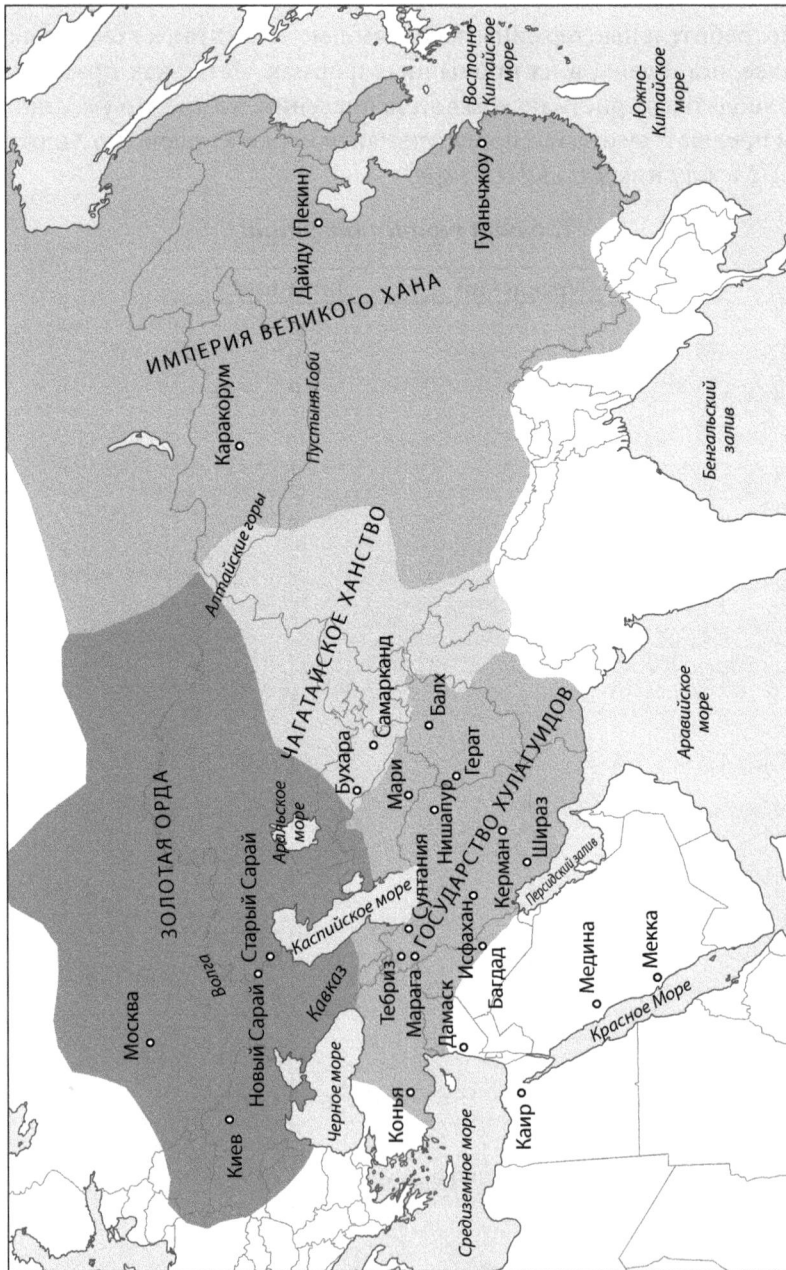

Карта 1. Карта Монгольской империи

ИМПЕРИЯ ВЕЛИКОГО ХАНА

ЧАГАТАЙСКОЕ ХАНСТВО

ЗОЛОТАЯ ОРДА

ГОСУДАРСТВО ХУЛАГУИДОВ

Дайду (Пекин)
Каракорум
Пустыня Гоби
Гуаньчжоу
Алтайские горы
Самарканд
Бухара
Балх
Мари
Герат
Нишапур
Султания
Кавказ
Арал ьское море
Аральское море
Новый Сарай
Старый Сарай
Волга
Москва
Киев
Тебриз
Марага
Дамаск
Багдад
Исфахан
Кермано
Шираз
Медина
Мекка
Каир
Конья
Каспийское море
Чёрное море
Средиземное море
Красное Море
Персидский залив
Аравийское море
Бенгальский залив
Восточно-Китайское море
Южно-Китайское море

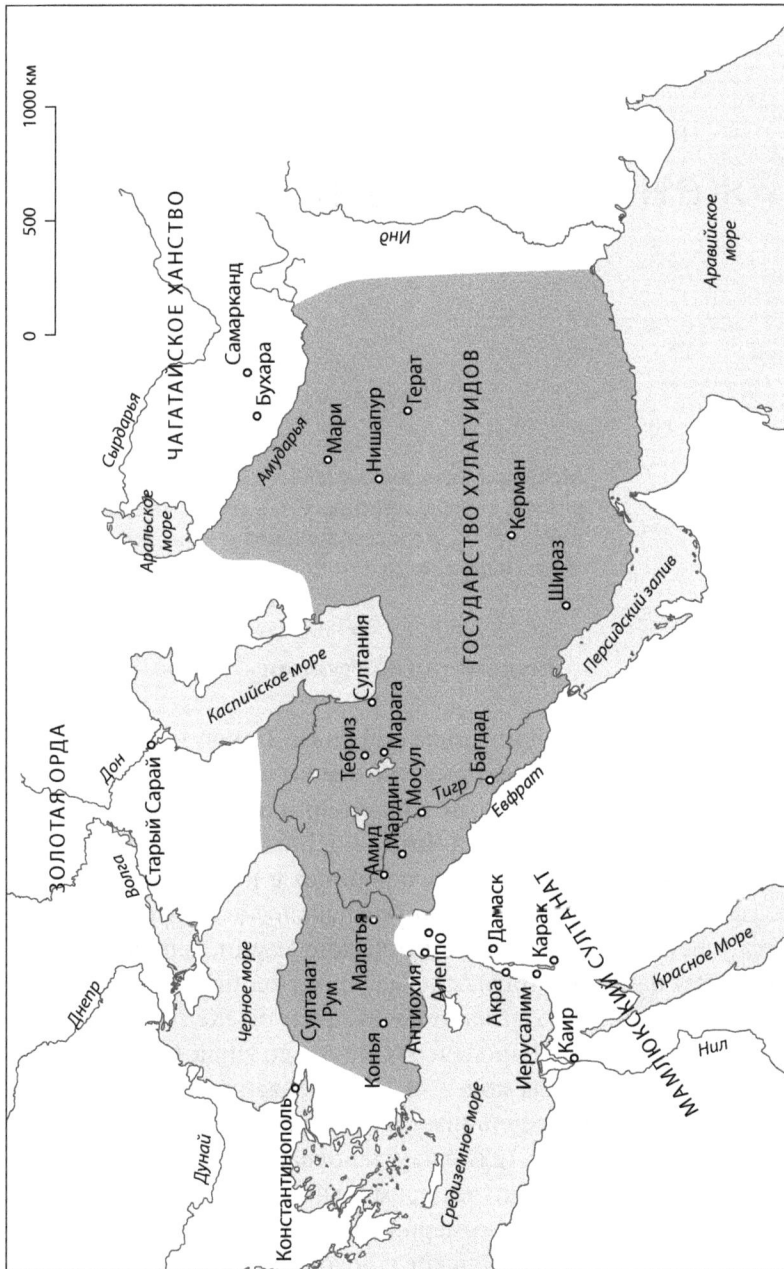

Карта 2. Карта Государства Хулагуидов, 1260–1335 гг.

Введение
Исследование роли женщин в Монгольской империи

Медиевистам всех мастей известно, насколько невероятно тяжело проникнуть в образ мыслей и мыслительные процессы мужчин и женщин, живших много веков назад.

[*Hambly 1998: 23*]

Знакомство с хатунами

К 1206 году молодой монгольский князь Темучин, по завершении своих военных предприятий в монгольских степях, был возведен на престол своими соплеменниками и соперниками и с тех пор стал именоваться Чингиз- (Чингис-) ханом. Хотя эта дата знаменует конец кровавого периода в истории Монголии, она одновременно символизирует начало не менее кровавой эпохи в истории Евразии. Монгольские армии, теперь объединенные под началом Чингисхана, на протяжении трех поколений завоевывали все, что лежало на их пути от Желтого моря до Дуная в Центральной Европе и от Сибири до Инда. Однако, когда речь идет об империях кочевников, завоевание не обязательно приводит к территориальному объединению. Сразу же после смерти Чингисхана в 1227 году завоеванные им территории были разделены между его четырьмя сыновьями и их потомками, что привело к дроблению империи на четыре ханства (Китайское, Центральноазиатское, Иранское и Золотую Орду на Руси), которые вступили в противоборство друг с другом уже спустя несколько лет после смерти первого преемника Чингисхана — хана Угедэя (ум. 1241)[1].

Монгольские армии не просто проходили по землям или же, завоевав их, покидали покоренные территории, как до них поступали другие кочевые народы, например гунны. Вместо этого они приходили, чтобы остаться, а их женщины и дети следовали сразу за войсками, чтобы присоединиться к ним и обосноваться в тех местах, где смогли добиться успеха военные. Когда эти женщины стали жить в растущей империи, к тем из них, которые принадлежали к высшим сословиям и были замужем за представителем чингизидской династии, стали обращаться с почетным титулом «хатун» (мн. монг. khawātīn; здесь будет использоваться более распространенное множественное число, хатуны), который отражал их более высокий статус и их признанный союз с мужчиной-правителем, в отличие от других женщин при дворе, таких как наложницы[2]. Происхождение самого слова с определенностью не выяснено; возможно, оно пришло из древнетюркского (или, возможно, даже согдийского языка), но широко используется в средневековых персидских и арабских источниках. Оно означает «дама», «госпожа», «знатная женщина» и использовалось для обозначения женщин высшего общества задолго до появления монголов в Центральной Азии в начале XIII века [Frye 1998: 55–68; Nicola 2016: 107–120].

Упомянутое классовое разделение важно для целей настоящего исследования. Ценность и особенности источников, которыми мы располагаем для изучения периода монгольского господства в Евразии, зависят от той информации, которую мы можем получить в них об этих женщинах. С одной стороны, имеющиеся источники, посвященные Монгольской империи, относящиеся в основном к Средневековью, ориентированы преимущественно на мужчин. Это означает, что сведения о женщинах, как правило,

---

[1] О разделе Монгольской империи см. [Jackson 1978: 186–244; Amitai 1999: 12–38].

[2] О термине «хатун», khātūn, также см. [Encyclopaedia; Doerfer 1967: 132–141].

даются в источниках либо вскользь, либо сами источники не вполне надежны, поскольку деяния женщин зачастую используются для передачи определенного нарратива, так что любая информация, как правило, отличается склонностью к предвзятости и изобилием штампов, клише и стереотипов. С другой стороны, когда в источниках упомянуты женщины, это, как правило, особы, принадлежащие к высшим слоям общества: царицы, принцессы или другие выдающиеся представительницы монаршего рода [Hambly 1998: 22]. Иными словами, когда нам удается найти информацию о женщинах Монгольской империи, она всегда относится к хатунам, то есть к женщинам, принадлежащим к элите, либо женщинам, обладающим определенным влиянием (будь то с религиозной, генеалогической или политической точки зрения). По этой причине, и учитывая тот факт, что исторические хроники уделяют наибольшее внимание жизни при дворе и военным достижениям правителей — как общеимперского, так и локального уровня, — и военному становлению тюрко-монгольских завоевателей, лишь немного места остается для простых людей, если только они не изображаются как жертвы налогового режима или «прохождения армий» [Historiography].

Соответственно, источники грешат дисбалансом в изображении женщин, который трудно преодолеть. Тем не менее, если признать этот факт (по крайней мере, пока новые источники не увидят свет) и сосредоточиться в основном на женщинах, связанных с правящими классами, то Монгольская империя предоставляет хорошую возможность изучить, как жили эти женщины и как они осуществляли свое влияние на империю в Евразии XIII — начала XIV века. Кроме того, исследование женщин в евразийских обществах в целом и в Монгольской империи в частности все еще находится в зачаточном состоянии по сравнению с количеством исследований, посвященных, например, женщинам средневековой Европы или Китая. Таким образом, в настоящей книге предпринята попытка предложить свой взгляд на этих знатных дам, признавая, впрочем, что при этом неизбежно упускается из внимания роль женщин из более широких слоев общества, избежавших исторической фиксации.

Изучение хатун

Несмотря на то что в области гендерных исследований и истории женщин проделана большая работа, используемый здесь методологический подход, хотя и касается обеих этих дисциплин, не ограничивается исключительно указанными рамками. Это обусловлено как спецификой рассматриваемого нами исторического периода, так и характером доступной в источниках информации. Подход, основанный на изучении истории женщин в целом, может быть полезен для настоящего исследования, но в то же время следует избегать предположений о сходстве статуса женщин, например, в ранний исламский период на Среднем Востоке и в Монгольской империи. В исследуемой области представлены важные научные публикации, которые позволили нам обогатить тематику настоящей книги[3].

Кроме того, недавние исследования роли женщин в истории позволили сформулировать несколько интересных подходов, которые могут быть полезны для методологии настоящего исследования; это, в частности, изучение мужчин в качестве мужей и сыновей, а не только как угнетателей женщин. Подобный подход совпадает с руководящей идеей моего исследования: изучение хатун вносит вклад не только в историю монгольских женщин, но и в общую историографию Монгольской империи. Большинство теоретических подходов к изучению женщин в истории сосредоточены сегодня на таких практиках, как ношение хиджаба, многоженство, брачный статус и т. д., или на оценке выдающихся женских фигур из семьи пророка Мухаммеда (Хадиджи, Айши или Фатимы). Хотя некоторые из этих подходов могут быть достаточно плодотворными, большей частью их невозможно попросту экстраполировать на Монгольскую империю. Большинство исследований о женщинах в эпоху раннего ислама основывались на текстах правового и духовного характера, которые представляют собой тип описания, отличный

---

3 См., напр., [Birge 2002: 212–240; Zhao 2004: 3–26; 2008; Zhao, Guisso 2005: 17–46; Dardess 1974: 7–52; Franke 1980: 23–43].

от хроник, используемых в представленной здесь работе[4]. В большинстве случаев теоретические рамки, используемые при изучении роли женщин в истории Среднего Востока, ограничиваются современным периодом, поэтому было бы неуместно применять их к женщинам Монгольской империи не только из-за очевидной временно́й дистанции, но и из-за особенностей статуса монгольской женщины как члена алтайского кочевого общества. Поэтому было бы методологически неуместно рассматривать хатун исключительно с точки зрения гендерных исследований.

Выбранный для настоящего исследования метод основан на культурной/интеллектуальной истории, дополненной текстуальным, социально-историческим и контекстуальным анализом первоисточников. Наше понятие культуры отличается широтой и включает в себя не только интеллектуальные продукты конкретно взятого общества, но и политическую, религиозную и художественную деятельность женщин под монгольским владычеством [Chartier 1988: 47]. История культуры возродилась после критических выступлений в 1970-х годах, в рамках направления, именуемого Новой культурной историей, в которых подчеркивалась, в частности, значимость индивида в контексте общества, конструирование идентичности, представление гендера и идеологическое обоснование политических институтов [Burke 2004: 74–88]. Несмотря на то что многие из этих теоретических концепций к настоящему времени подверглись немалой критике, они вполне применимы к историческим исследованиям, и современные историки культуры используют их в большинстве своих аналитических работ[5]. Хотя Питер Берк предположил, что влияние Новой культурной истории во многих областях подходит к концу [Там же: 125], Монгольская империя — это такая предметная область, в которой изучение культурной или интеллектуальной истории только начинается [Morgan 2015: 271–282]. Большинство областей

---

[4]   Напр., [Abbott 1942: 106–126].

[5]   В качестве примера этих концепций можно привести «историю высокой культуры», «культурную историю политики», «культурную историю насилия и эмоций» и «контакты между культурами»; см. [Burke 2004: 100–125].

знания, в рамках которых культурная история расширила понимание прошлого, — а это такие сферы, как экономическая история, политическая история, интеллектуальная история и социальная история — не были исследованы в полной мере в отношении истории монголов [Burke 2004: 128–129].

Также важно осознавать присущую источникам предвзятость в пользу мужчин и признавать необходимость исчерпывающего сравнения исходного материала, дабы минимизировать воздействие субъективности. Подобные проблемы подчеркивали такие исследователи, как Фатима Мерниси, Рифаат Хасан и Барбара Стовассер, которые работали в основном с хадисами и коранической литературой[6]. При обращении к средневековым источникам крайне нелегко избежать определенной мужской предвзятости, поскольку о женщинах обычно говорится в терминах, характеризующих их отношения с мужчинами: они «жены», «дочери» и тому подобное. Поэтому источники, как правило, больше говорят нам о том, как женщины воспринимались с точки зрения мужчин, нежели о самих женщинах как таковых [Cortese, Calderini 2006: 1]. Чтобы решить эту проблему, необходимо изучить все доступные источники и очень тщательно проанализировать тот политический, экономический и социальный контекст, в котором писали их авторы. Кроме того, комплексная интерпретация данных, полученных из различных типов текстов, таких как хроники, жизнеописания и повествования о путешествиях, позволяет нам выделить и представить модели социального восприятия женщин в разные периоды и в разных географических местах. Такая схема должна быть дополнена текстуальным анализом источников, чтобы уточнить, кому был адресован каждый текст, и учесть возможные мотивы автора. Кроме того, каждый полученный материал должен быть рассмотрен в своем собственном отдельном социально-историческом контексте. Как писал Джон Тош,

> один из самых продуктивных способов постичь прошлое заключается в том, чтобы сосредоточиться на конкретном источнике и восстановить то, как он появился, используя

---

[6] См., напр., [Mernissi 1993; Stowasser 1994; Cortese, Calderini 2006: 3].

все доступные средства — текстовый анализ, соответствующие документы из того же источника, современные комментарии и так далее [Tosh 2006: 100].

Благодаря текстуальному анализу и в рамках истории культуры
мы надеемся лучше понять менталитет монгольских женщин. Эта
область исследуется совсем недавно, поэтому необходимо иметь
в виду важные методологические и документальные ограничения.
Тем не менее особенности Монгольской империи и относительное
обилие источников по данному периоду действительно форми-
руют хорошую основу для изучения роли хатун в евразийских
и средневосточных владениях этой державы. На протяжении всей
этой книги будут рассматриваться такие историографические
характеристики источников, как контекст, в котором создавался
тот или иной документ, мотивация к созданию того или иного
текста и конкретные обстоятельства жизни определенного автора.
Особое внимание в этой связи следует уделить корпусу персидских
материалов, которые составляют бо́льшую часть анализируемых
здесь источников. Кроме того, хотя основной целью настоящей
работы не является составление историографического обзора
этого периода, характеристики конкретного текста и содержащиеся в нем предубеждения будут учитываться при интерпретации
того или иного события или сообщения.

Изучение женщин в Монгольской империи:
обзор литературы

В то время как исследования по истории женщин на Среднем
Востоке проводятся с 1940-х годов, работы на эту тему, когда речь
идет о монголоведении, — относительно новое явление [Abbott
1942: 106–126; 1985; Fernea 1977; Keddie 1978; Morsy 1989; Fahmi
1990; Ahmed 1992; Roded 1999; Nashat, Beck 2003; Rapoport 2005;
Cortese, Calderini 2006].
Роль женщины в средневековом евразийском обществе, несмотря на появление недавно некоторых исследований в этой

сфере, практически не изучалась. Историки первой половины двадцатого века, хотя и были, по мнению их современных коллег, «старомодными» в своем подходе, открыли новые области исследований. Так было с Дугласом М. Данлопом, который в 1944 году опубликовал статью, посвященную племени кераитов, его связям с восточным христианством и историей о Пресвитере Иоанне [Dunlop 1944: 276–289]. Пытаясь проследить историю этого кочевого племени, Данлоп в своих исследованиях смог выявить некоторых из самых влиятельных женщин Монгольской империи. Вторая часть его статьи была посвящена идентификации этих женщин и некоторым наблюдениям. Данлоп смог выделить в источниках семь женщин, пять из которых принадлежали к племени кераитов. Однако, поскольку статья не была в первую очередь посвящена роли женщин, она оказалась полезна лишь в качестве первого шага[7].

Работа Данлопа была продолжена и расширена в 1970-х годах, когда были опубликованы две статьи, посвященные исключительно монгольским женщинам, одна на английском (Моррис Россаби) и одна на французском (Поль Ратчневский) языках [Ratchnevsky 1976; Rossabi 1979]. Статья Россаби вскоре стала самым важным исследованием о роли женщин в Монгольской империи, и с тех пор она цитируется почти в каждой публикации по истории монголов. Обе статьи внесли одинаково важный вклад в эту область и пролили свет на некоторые важные аспекты роли женщин в монгольском обществе. В них признается фундаментальная роль, которую играли женщины в империи, и оба автора согласны в толковании причины такого значимого положения женщин в обществе: сотрудничество полов было необходимо для выживания в «натуральном кочевом скотоводческом хозяйстве» [Rossabi 1994; Ratchnevsky 1976]. Сосредоточившись конкретно на женских ролях, авторы этих двух статей

---

[7] Среди упомянутых им Бортэ, Сорхахтани-беки, Абика (Ибака)-хатун, еще одна безымянная хатун, Докуз-хатун, Эрьюг-хатун и жена кераитского князя Иринджин (также дочь Тегудера), которая восстала против ильхана Абу Саида в XIV веке. Только первая и последняя из этих хатунов не принадлежали к племени кераитов.

пошли дальше Данлопа. С одной стороны, Рачневский в своей статье следует тематической структуре, основанной на анализе роли монгольских женщин в экономике домохозяйства, в браке, в религиозной и политической жизни. Россаби, с другой стороны, основывает свое исследование на хронологическом описании хатунов. Оба исследователя пользовались схожими материалами, за исключением того, что Россаби более широко прибегал к китайским источникам. Однако персидские материалы использовались здесь немного, поскольку упоминаются только основные хроники, написанные Рашид ад-Дином и Джувайни, а большинство письменных свидетельств, оставленных плодовитыми ильханидскими историками, игнорируются полностью.

Первая попытка провести исследование положения и роли женщин в Иране при монголах была предпринята Ширин Байани [Bayani 1974]. Начальная часть этой новаторской работы посвящена женщинам в Иране домонгольского периода, затем следует глава, посвященная браку и организации семьи. Третья часть посвящена анализу различных женских институтов с целью изучения места монгольских женщин, принадлежащих к высшему классу, в иранском обществе. Последняя глава содержит краткие биографии наиболее значительных хатунов того периода, таких как Сорхахтани-беки и Дорегене-хатун. Хотя эта работа является хорошим введением в тему, в ней использовано ограниченное количество нового материала из иранских региональных хроник. Энн К. С. Лэмбтон, с другой стороны, предлагает более глубокое исследование положения женщин в Монгольской империи, сосредоточившись только на иранских и персоязычных территориях (так считает и Хэмбли [Hambly 1998]). В одной из глав своей книги, посвященной истории Персии при сельджуках и монголах, Лэмбтон описывает роль женщин в политике, обществе и религии в средневековом Иране [Lambton 1988: 258–296]. Наиболее ценным элементом ее работы является обширная идентификация хатунов правящих семей Персии с XI по XIV век. Помимо некоторых отсылок к социальной роли женщин при этих двух династиях, использование Лэмбтон источников и признание ею преемственности социальных моделей в средневековом персидском обществе делает эту книгу одним из основных вторичных источников, использованных при подготовке настоящего исследования. В своей схожей по стилю книге Бахрие Учок приводит биографические сведения о некоторых тюркских женщинах, живших в Иране под монгольским владычеством [Üçok 1983]. Несмотря на то что в работе Учок рассказывается в основном только о жизни этих женщин, это исследование можно рассматривать как еще одно свидетельство того, что исследователи осознают роль, которую играли эти хатуны во времена Средневековья.

В течение десятилетия после выхода книги Лэмбтон в монголоведении утвердилась устоявшаяся картина положения женщин в Иране под монгольским владычеством[8]. Как бы то ни было, исследования женщин в монгольском Китае продолжились в конце 1980-х — начале 1990-х годов благодаря работе Дженнифер Холмгрен о брачных практиках династии Юань [Holmgren 1986, 1987, 1991]. Ее наблюдения относительно системы левирата и детальное изучение обмена между ханьским населением и степными завоевателями открыли новую перспективу для изучения роли женщин в Монгольской империи в Китае. Далее, в 2002 году, последовала работа Беттины Бирге [Birge 2003]. Только в 1998 году, когда Гэвин Хэмбли выпустил книгу о женщинах в исламском мире, интерес к изучению роли женщин среди историков исламского Средневековья в научной среде восстановился [Hambly 1998: 3–27]. Во введении справедливо указано на обширный материал, имеющийся в этой области исследования, и на благоприятные возможности для дальнейшего изучения, которые открываются в этой тематике[9]. Практически одновременно вышла в свет статья Джеймса Д. Райана, анализирующая отношения между Папой Римским и женщинами Монгольского

---

8   Исключение составляют замечания Фатимы Мернисси о некоторых женщинах в Монгольской империи, в основном основанные на вторичной библиографии и арабских хрониках [Mernissi 1993].

9   Например: «Помимо женщин-суфиев, изучению женщин в качестве наставниц и передатчиц знаний также не уделялось должного внимания» [Hambly 1998: 8].

двора в Иране, которая немного проливает свет на роль женщин в период дипломатических контактов между монголами и Европой во второй половине XIII века [Ryan 1998].

Всего через год после того, как Хэмбли была подчеркнута важность изучения женщин средневекового Ирана для истории этого периода, Чарльз Мелвилл опубликовал краткую, но превосходную работу о последних годах Государства Хулагуидов [Melville 1999]. Хотя в намерения Мелвилла не входило специально исследовать роль женщин в Иране, он обнаружил, что во время правления Абу Саида (ум. 1335) их активность была неизменно высокой [Там же: 14–16]. Хотя в другом месте я уже предлагал выделить различия «в форме» влияния женщин в политических делах до и после середины XIII века [Nicola 2006–2007], важно подчеркнуть непрерывность политического влияния женщин в государстве со времен Чингисхана до конца монгольского правления в Иране.

В 2003 году на конференции, проходившей в Торонто, Джордж Чжао представил доклад о матримониальных связях между китайской династией Юань и корейской династией Корё [Zhao 2004: 3–26]. Там впервые в некоторой части была оспорена аргументация, изложенная в упомянутых выше статьях 1970-х годов, где Россаби, в частности, утверждает, что дочери Хубилая не были столь влиятельны, как его мать и жена [Rossabi 1979: 172]. Это в некоторой степени оправдывает то, что Россаби не упомянул о ханских отпрысках женского пола в своей статье 1979 года. Однако Чжао оспорил этот довод, обратившись к официальной истории корейской династии, где упоминается влияние монгольских женщин [Zhao 2004: 20]. Этот факт, а также новый подход к «Корёсе»[10], хорошо известному для историков Кореи источнику, убедительно показывает, в каком направлении могут быть предприняты дальнейшие исследования в области изучения роли женщин при монгольском правлении.

Наконец, в 2006 году Джордж Лейн посвятил женщинам целую главу в своей книге «Повседневная жизнь в Монгольской импе-

---

[10] «Истории Корё», официальная история династии Корё.

рии» (*Daily Life in the Mongol Empire*) [Lane 2006: 227–256]. Эта работа служит замечательным введением в проблематику роли женщин; автор постоянно ссылается на первоисточники. Она имеет скорее описательный, нежели аналитический характер, но ее заслуженно можно считать первой работой со времен Лэмбтон, где целая глава посвящена женщинам, что свидетельствует о том, что в монголоведении наметилась тенденция перехода к исследованиям в рамках культурной истории, как это предсказывал Дэвид Морган [Morgan 2015: 271–282].

Ряд исследований, предшествовавших этой книге, имеют огромное значение как первые исследования, посвященные более комлексному анализу роли женщин в Монгольской империи. Прежде всего, это новаторская работа Карин Кваде-Ройттер, которая в 2003 году представила свое докторское исследование о женщинах в Иране в монгольский и тимуридский периоды. К сожалению, эта диссертация так и не была оформлена в виде монографии, что ограничивает ее доступность как для исследователей, так и для широкой публики. Эта работа не только представляет собой весомый вклад в изучение политического влияния женщин в средневековом Иране, но и отличается широким использованием оригинальных персидских источников. Сфера исследования ограничена исключительно Ираном, поэтому в нем не затрагиваются общие вопросы о роли женщин в Монгольской империи в целом. Кроме того, в ее исследовании рассматривается роль нечингизидских монарших женщин из таких регионов, как Керман и Фарс, а также предпринимается попытка изучения периода тимуридов, где, несмотря на относительную скудность источников, было выявлено большое количество влиятельных женщин. В целом благодаря тщательному анализу источников и четкому хронологическому изложению результатов, проведенному Кваде-Ройттер, эта работа подготовила почву для всех желающих поработать над изучением женщин в Государстве Хулагуидов.

Во-вторых, совсем недавно (в 2007 году) в Турции была представлена еще одна диссертация за авторством Нильгюн Далькесен, которая проанализировала гендерные роли в кочевых обществах Центральной Азии и Анатолии с XIII по XVI столетие. Что касается монгольского периода, ее исследование в основном сосредоточено на гендерных отношениях и противоречиях, присущих сосуществованию системы исламского права (шариата) и монгольского обычного права (ясака). Хотя по подходу и масштабу это исследование отличается от настоящей книги, использование Далькесен турецкой литературы и ее внимание к Центральной Азии и Среднему Востоку как единому пространству являются полезным вкладом в сферу нашего исследования.

Наконец, в 2008 году Джордж Чжао опубликовал монографию, основанную на его докторской диссертации о монгольских женщинах в Монгольской империи с особым упором на китайскую династию Юань [Zhao 2008]. В книге в основном анализируются брачные союзы, заключавшиеся чингизидами с различными монгольскими племенами. Чжао предполагает, что существовало два типа брачных союзов: односторонние и двусторонние. Такая классификация позволила Чжао провести различие между теми группами населения, которые отдавали своих женщин в жены монгольской монаршей семье, но не женились на женщинах чингизидов в ответ (онгуты, уйгуры, корейцы и китайцы), и теми, которые заключали браки в обоих направлениях (онгираты, икрии и ойраты). Эта работа также представляет собой интересное исследование, которое имеет общие темы с настоящей книгой (особенно с главой 2), но вместо того, чтобы рассматривать развитие Монгольской империи в Западной Азии, внимание в ней фокусируется на Востоке.

С 2011 года, когда была издана основная часть работ, представляющих интерес для настоящего исследования, вышел еще ряд интересных публикаций в этой области[11]. В частности, чрезвычайно важна статья Йонатана Брака о предполагаемом

---

[11] В 2010 году Уэзерфорд опубликовал книгу о женщинах Чингисхана. Хотя в ней чередуются история и беллетристика, ее публикация и относительный успех свидетельствуют о растущем интересе к этой теме не только со стороны ученых, но и у широкой читательской аудитории [Weatherford 2010].

путешествии монгольской женщины в Мекку и Медину для совершения хаджа [Brack 2011]. Это уникальный рассказ об Кутлуг-хатун, дочери Абака-хана, совершавшей мусульманское паломничество в XIV веке. Этот пример не только подсвечивает интересную точку зрения, представленную мамлюкскими источниками, но и предлагает некоторые любопытные сведения об исламизации монгольских женщин и их религиозной принадлежности после обращения Газан-хана в ислам в 1294 году [Там же: 358].

Также в этом кратком обзоре литературных источников стоит упомянуть статью Хенды Гилли-Элеви, вышедшую в свет в 2012 году [Gilli-Elewy 2012]. Ее статья посвящена последним десятилетиям правления хулагуидов; в ней исследуется взаимосвязь между исламизацией монголов в Иране, сохранением монгольских традиционных ценностей и дроблением политической власти в регионе после смерти Абу Саида в 1335 году. В этом контексте автор уделяет особое внимание роли женщин в этот период, возвращаясь к некоторым вопросам, затронутым Чарльзом Мелвиллом в упомянутой выше работе.

Во время внесения последних правок в рукопись этой книги мне стало известно о двух важных новых публикациях, которые я постарался включить в работу в последний момент. С одной стороны, в новой статье Анны Бродбридж о практике межплеменных браков ойратов и чингизидов предлагается качественный обзор той роли, которую сыграли женщины этого племени в истории Монгольской империи [Broadbridge 2016]. С другой стороны, я использовал, особенно для главы 1, недавно представленную докторскую диссертацию Йонатана Брака, который углубленно исследует политическую преемственность в Государстве Хулагуидов, где женщины играли ключевую роль [Brack 2016]. Наконец, я сам опубликовал несколько научных статей о роли женщин в Анатолии, Иране и Центральной Азии, которые дополняют исследования последних лет в этой области и вносят вклад в представленное здесь более углубленное исследование роли женщин в Иране при хулагуидах [Nicola 2013, 2014a, 2014b].

Исторические источники для исследования роли женщин в Монгольской империи

Учитывая масштабы завоеваний Монгольской империи, изучение ее истории неизбежно подразумевает исследование истории не только кочевников-завоевателей, но и тех обществ, которые взаимодействовали с ними как союзники, враги или подвластные им народы [Moses, Halkovic 1985: iii]. Масштабы монгольских владений и влияние монгольского завоевания на менталитет покоренных народов делают этот период богатым с точки зрения имеющихся письменных материалов, но в то же время представляет проблему то, как именно в источниках представлены исторические нарративы[12].

За исключением небольшого числа упомянутых ниже, подавляющее большинство источников по Монгольской империи были составлены представителями тех народов, которые были побеждены и завоеваны монголами, либо теми, кто находился в услужении у того или иного нового монгольского правителя. Исходя из этого, информация, представленная в этих источниках, до крайности необъективна, и к ней нужно подходить с осторожностью. Чтобы минимизировать это обстоятельство, в ходе исследования я постарался максимально контекстуализировать эти работы и по возможности рассматривать их как продукт времени, места и обстоятельств, в которых находился автор. В этом разделе не будет дано исчерпывающее описание источников, использованных в настоящем исследовании, а, скорее, выделены наиболее важные из них и указано на особую ценность, которую определенные источники имели для конкретных областей исследования. То, насколько разнообразны источники по этому периоду, очевидно из организации представленного раздела; такое разнообразие делает возможным сравнение и сопоставление различных взглядов и интерпретаций определенных явлений. В нижеследующее краткое изложение включены только те источники, которые наиболее актуальны для настоящего исследования,

---

[12] Краткое описание основных источников периода см. [Browne 1928: 62–104].

поэтому некоторые из них, хотя и важные для изучения Монгольской империи, но имеющие меньшую значимость с точки зрения исследования роли женщин, из этого краткого обзора были исключены.

Персидские источники

В различных главах этой книги в изложение особо привлекаются персидские источники. Чтобы представить их в упорядоченной форме, их возможно сгруппировать в три основные категории. Во-первых, в настоящее исследование включены те работы, которые можно считать официальными придворными хрониками, появившимися на свет в различные периоды существования Монгольской империи. Несмотря на отсутствие китайских институциональных механизмов для составления историй, персидские историки того времени, тем не менее, смогли создать большое разнообразие «официальных хроник» [Morgan 2007: 8]. В «Джами' ат-таварих» Рашид ад-Дина (ум. 1318), хотя это не самое раннее произведение, содержится наиболее полный рассказ о монголах[13]. Рашид ад-Дин, будучи евреем по происхождению, принял ислам и сделал стремительную карьеру в монгольской управленческой системе, став в итоге великим визирем Газан-хана (пр. 1295–1304) [Thackston 1998; Kamola 2013]. Не углубляясь в историографию, составленную Рашид ад-Дином, или нюансы его творчества, важно подчеркнуть тот факт, что создание этого массивного и дорогостоящего труда, скорее всего, было плодом коллективных усилий, а не индивидуального начинания[14]. Работа эта была заказана двумя сменявшими друг друга

---

[13]   В качестве основного здесь использовано издание [Rawshan, Musavi 1994] в переводе Бойла [Boyle 1971]. Однако иногда я использую неполную версию [Jahn 1940]. Кроме того, я также обращаюсь к сборнику Карими, где содержатся другие отредактированные версии хроники [Karimi 1988–1989]. Использовано также несколько переводов [Thackston 1998; Boyle 1971; Quatremère 1968].

[14]   О китайском посланнике в Иране по имени Болад и его роли как источника информации для Рашид ад-Дина см. [Allsen 1996].

монгольскими ильханами (Газаном и Олджейту), что имело двойственные последствия для этого произведения как источника, о чем необходимо помнить на протяжении всей этой книги [Melville 1999]. С одной стороны, такая близость к Монгольскому двору, безусловно, повлияла на то, что персидский визирь писал о «монгольском прошлом». Как мы увидим далее, некоторые моменты его труда явно демонстрируют благосклонность к определенной монгольской фракции (в основном к толуидам) или предвзятость при оценке деяний, например, его покровителя Газан-хана. Однако он также «удивительно откровенен в отношении недостатков раннего монгольского правления в Персии, но редко его открыто осуждает, почти не высказывая своего личного мнения» [Quinn 1989: 231]. С другой стороны, та же близость ко двору дает нам возможность из первых рук узнать о монгольской традиции и современных автору событиях в империи, которые вряд ли можно было бы обнаружить в любом другом повествовании о монголах того времени.

Столь тесные отношения, которые Рашид ад-Дин поддерживал с представителями монгольской знати в Иране (как мужчинами, так и женщинами), позволили ему включить в свою хронику информацию, уникальную как по детализации, так и по объему. Содержащиеся в его сочинении сведения имеют огромное значение для изучения Монгольской империи в целом и для этой книги в частности. Подробное описание автором женщин не только предоставляет нам их имена и генеалогические связи, что само по себе является особой редкостью, но и полезно для выяснения роли монгольских женщин в обществе с персидской точки зрения. Более того, интерес к генеалогии, проявленный в «Джами' ат-таварих», наблюдается и в другой работе Рашид ад-Дина, созданной несколькими годами позже. «Шу'аб-е панджгане» — сборник генеалогических древ, описывающих семейные связи франков, монголов, китайцев, арабов-мусульман и евреев от их начала до времени создателя сборника[15]. Возможно, потому, что сохранилась только единственная рукопись этого произведения,

---

[15] Я благодарен Шаю Ширу за предоставленные мне фотографии этой рукописи.

оно до сих пор привлекало мало внимания историков[16]. Эта рукопись является ценным дополнением к информации, содержащейся в «Джами' ат-таварих», хотя в отношении женщин она мало что добавляет к тому, что мы находим в первой работе Рашид ад-Дина. Помимо того, в этом более позднем труде автор по-прежнему следует традиции ведения генеалогических записей тюрко-монгольского населения. Анонимный список «Му'изз аль-ансаб» был завершен в 1426 году при династии тимуридов в Центральной Азии и стал довольно популярным в Индии при Моголах начиная с XVI века[17]. Обе рукописи служат важными дополнительными источниками по истории Монгольской империи и ее государств-преемников, особенно в отношении генеалогических связей и семейных союзов [Boyle 1997].

В своем повествовании о раннем периоде империи Рашид ад-Дин в значительной степени опирался на труд другого персидского чиновника, Ата Малика Джувайни. Его труд «Тарих-и джахангушай» [Jāme][18] охватывает время от возвышения Чингисхана до вторжения Хулагу на Средний Восток и основывается по большей части на опыте жизни автора при дворе. Джувайни рассказывает о женщинах лишь выборочно; здесь не хватает тех подробных и систематических упоминаний о них, которые мы видим у Рашид ад-Дина. Хотя Джувайни писал для монголов и пытался представить их как освободителей ислама, а не, например, исмаилитов, в вопросе о завоевании Ирана он придерживается более «морализаторского тона», чем Рашид ад Дин [Lane 2003]. В отличие от Рашид ад-Дина, Джувайни состоял на службе у монголов на раннем этапе существования империи, во время правления Мунке (пр. 1251–1259) и вплоть до правления Абаки

---

[16] Mu'izz al-ansab. Bibliotèque nationale, ancient fonds, Persian, Paris, ms. 67. О истории рукописи см. [Sultanov 1996: 3–7]. Другие рукописи «Му'изз аль-ансаб», переписанные в Индии, можно найти в Британской библиотеке в Лондоне, оп. 467 и 14306.

[17] Сравнительный анализ этих источников см. [Quinn 1989: 229–253].

[18] О некоторых последних исследованиях, посвященных Джувайни, см. [Ravalde 2016: 55–78; Koblas 2016: 155–171].

(пр. 1265–1282) [Muhaddith 2003]. Находясь в начале своей карьеры в основном в Хорасане, а затем в Ираке, он, предположительно, имел меньше прямых контактов, чем Рашид ад-Дин, не только с теми монгольскими женщинами, которые прибыли в Иран в XIII веке, но и с теми хатунами, которые родились и выросли в Иране. «Тарих-и джахангушай» еще более ограничен в отношении женщин тем, что рассказ о них заканчивается до падения Багдада в 1258 году. Характер информации также отличается: Джувайни упоминает о дамах Монгольского двора только тогда, когда нужно описать какой-то случай или событие, к которому причастна та или иная женщина. Хотя в «Тарих-и джахангушай» фигурирует меньше женщин, чем в «Джами' ат-таварих», тем не менее информация об участии женщин в жизни общества здесь нередко представлена богаче. Оба автора были близки к Монгольскому двору и участвовали в управлении Государством Хулагуидов и, следовательно, были склонны отдавать предпочтение какой-либо конкретной линии, происходящей от Чингисхана (толуидов), которой они оба служили. В «Тарих-и джахангушай» не только предлагается более полное описание политических событий, но и дается уникальное представление о трансформации монгольского общества во время его перехода из степей в Иран. Работа Джувайни представляет особую ценность благодаря его рассказу о раннем периоде монгольского правления, когда вся империя была объединена и когда женщины были вовлечены в управление державой. Наконец, краткое сочинение Байдави «Низам ат-таварих» некоторым образом заполняет пробел между этими двумя крупными историческими источниками[19]. Однако, несмотря на то что это один из основных источников того периода, сведений о монгольских женщинах в них немного [Habibi 1963–1964; Raverty 1881].

Другие хроники этого периода представляют собой значительный контраст с «официальными версиями», предложенными Джувайни и Рашид ад-Дином. Среди них «Табакат-и Насири» — повествование, современное Джувайни [Morgan 1982a: 110–111],

---

[19] Анализ этих источников см. [Melville 2001: 67–86; 2007: 7–64].

составленное Минхадж ад-Дином Сараджем Джузджани. Мотивация этого автора отличается от двух других тем, что он стал жертвой первого монгольского нашествия на Средний Восток. Вынужденный отправиться из Ирана в изгнание, он не имел необходимости оправдывать присутствие монголов; в своей предвзятости он исходит из противоположного и предлагает свое альтернативное повествование о нашествии [Isfahani 1853][20]. То, что Джузджани не был близок к Монгольскому двору, вероятно, не позволяло ему много узнать о хатунах, потому он и рассказывает о них меньше.

В начале XIV века Ширази Вассаф представил части своей истории о Хулагуидах Газан-хану (ум. 1304), а более поздние ее части — его преемнику Олджейту (ум. 1316) [Encyclopaedia]. Хотя этот текст исходит от протеже Рашид ад-Дина, в нем содержится важная информация об управлении провинциями на юге Ирана, что делает его актуальным для любого исследования роли женщин в Государстве Хулагуидов, за пределами Монгольского двора[21]. Нельзя не отметить сходство между личным опытом Вассафа и карьерой Хамд-уллаха Мустафи (ум. 1344), другого плодотворного летописца XIV века [Qazvini 1903; Browne 1910–1913; Qazvini 2008; Madayini 2001; Ward 1983]. В этой книге мы сосредоточимся в основном на трех его работах, среди которых «Тарих-и гозидэ» и «Зафарнама» (более исторические повествования) и «Нозхат ал-кулуб», посвященная в основном космографии и географии Ирана и Центральной Азии [Hambly 2005].

Наиболее подробный рассказ о Монгольском дворе после смерти Газан-хана содержится в «Тарих-и Олджейту» Кашани, который следует повествовательной структуре сочинения Рашид ад-Дина, а особенно интересным делает его описание генеалогических связей и повествования о женских персонах при дворе Олджейту [Banakati 2000]. Будут рассмотрены и другие исторические труды на персидском языке монгольского периода, несмо-

---

[20] Сокращенную версию см. [Ayati 2004]. Обзор об авторе и текстах см. [Pfeiffer 2007].

[21] См. [Encyclopaedia].

тря на то что некоторые из них, такие как труд Банакати, не могут сравниться по объему сведений о женщинах с уже упомянутыми выше. Тем не менее, как и «Маджма' ал-ансаб» Шабанкараи (ум. 1358), Банакати дает полезную информацию о Государстве Хулагуидов в период после 1304 года [Walbridge 1993; Niazi 2014].

Начиная с XIV века и далее другие крупные хроники также включали информацию о монгольском периоде. Недавно стала доступна краткая хроника об истории монголов в Иране. Текст появился в составе «*маджму'а*» (рукописи-сборника, содержащего различные произведения) и приписывается известному богослову Кутб ад-Дину Ширази (ум. 1311) [Shirazi 2010; Lane 2012: 541–559]. Повествование ведется по годам, включая правление Хулагу, Абаки и Тегудера, и заканчивается примерно в 1284 году [Bayani 1971][22]. Несмотря на краткость, в этой хронике встречаются любопытные упоминания о женщинах, как будет видно в главе 3.

Несмотря на конец династии Хулагуидов в 1335 году, те отдельные государства, которые возникли после распада монгольского правления в Иране и последующего воссоединения при Тамерлане, обращались к монгольской истории за легитимацией своего правления. Информация о женщинах в этих источниках выборочна и сосредоточена на некоторых женских персонах, живших в последние годы существования единого Государства Хулагуидов и в период политической раздробленности, последовавшей за его распадом. В этом контексте хроники Хафиз-и Абру (ум. 1430), «Тарих-и Хабиб ас-Сияр» Гияс ад-Дина Хандемира и более поздние среднеазиатские «Тарих-и Рашиди» [Thackston 1994; Ross 1970] полезны не только с точки зрения сопоставления с информацией более современных повествований, но и в плане понимания того «наследия», которое монгольское владычество оставило в этом регионе [Melville 2000: 7–14].

Вторая группа персидских источников, используемых в настоящем исследовании, включает в себя хроники, созданные местными династиями монголов: их обычно именуют «региональными историями» [Kirmani 1983–1984; Shirazi 1972; Meynard 1860–1861;

---

[22] Также см. [Ḥāfeẓ-e Abru].

Afshar 1978; Aqsaraʿi 1944; Jalali 1999]. Особое внимание уделяется хроникам, составленным в тех регионах Ирана, которыми в монгольский период управляли женщины. В этом отношении некоторые местные источники дают полезную информацию об управлении провинцией Фарс и позволяют взглянуть на ситуацию с другой точки зрения, нежели источники, созданные при центральном дворе [Parizi 1976–1977]. Аналогичным образом подробно анализируется провинция Керман при династии кутлугханидов, не только из-за ее тесных связей с Ильханидским двором, но и по той причине, что в XIII веке одним из этих регионов управляли женщины. Информация, представленная в анонимной хронике «Тарихи-и Кара-Хитаийан», в этом отношении в некотором роде уникальна, поскольку она была заказана женщиной для изложения истории правления ее матери [Melville 2006a; Muttahidin 2011; Jalali 1999]. Наконец, в местных хрониках, созданных на других зависимых от монголов территориях, например в Анатолии, можно встретить качественно изложенный «посторонний» взгляд на историю Государства Хулагуидов в целом и женщин в нем в частности. Любопытные сведения о женщинах содержатся в работах Наср ад-Дина Ибн Биби, Карим ад-Дина Аксарайи и анонимного историка из Коньи, если упоминать только самые известные из них [Paul 1990].

В третьей и последней категории персидских источников имеется иной тип сведений, который выделяется по своей природе. В XIII веке, и особенно в начале XIV века, на Среднем Востоке наблюдалось распространение суфизма и постепенная организация суфиев в ордена (*тарикаты*), в которых постепенно создавался особый жанр литературы, не предназначенный для строгого исторического анализа, а скорее представлявший собой рассказы-жизнеописания религиозных личностей или святых, чему в этот период сопутствовал набиравший силу мистический подход к исламу. Авторы такого рода произведений, известных как «агиографическая литература», старались включить в них достоверные факты, чтобы вызвать доверие у читателей, которых они пытались привлечь к кругу последователей определенного суфийского наставника [Majd 1994; Yazıcı 1959–1961; Visal 1985–

1986]. Такие источники особенно актуальны для настоящего исследования в том смысле, что они позволяют судить о повседневных занятиях и индивидуальной роли женщин в религиозной жизни монгольского Ирана, о тех сторонах женской жизни, которые обычно не освещаются в исторических хрониках. В частности, такие произведения, как «Сафват ас-сафа» и «Манакиб аль-арифин», дополняют те сведения о жизни женщин в Монгольской империи, которые можно почерпнуть из других источников [Morton 2004; Darke 1961; Darke 1978]. Кроме того, здесь также иногда используются персидские источники, созданные в сельджукский период, с той целью, чтобы обнаружить закономерности преемственности и/или трансформации в Иране до и после прихода монголов [Morgan 1986: 8, 45].

Монгольские и китайские источники

Парадоксально, но факт: количество пригодных для изучения Монгольской империи источников, написанных самими монголами, довольно невелико. Такое ограниченное количество письменных источников именно монгольского происхождения связано с тем, что монголы представляли собой кочевое общество без письменности, пока сам Чингисхан не приказал писать на монгольском языке уйгурскими буквами. Несмотря на это повеление хана, основные монгольские источники, которыми мы располагаем, дошли до нас не в уйгурском написании, а в виде фонетической транскрипции монгольского языка китайскими иероглифами [Rachewiltz 2004]. Текст, который обычно именуют «Тайной историей монголов», является единственным сохранившимся источником, написанным не только для монголов, но и самими монголами во времена Монгольской империи. Эта уникальная особенность делает его наиболее востребованным в свете наших попыток изучить роль женщин в доимперской Монголии [Bawden 1955]. Более поздний монгольский источник, известный как «Алтан Тобчи», также будет иногда здесь использоваться для изучения того, как некоторые из повествований

«Тайной истории...» распространялись среди самих монголов [Cleaves 1956: 185–303, 1979–1980: 138–150; Zhao 2008: 237–262; Hambis 1945]. Поскольку книга была написана в конце XVI — начале XVII века, когда бóльшая часть населения Монголии приняла буддизм, период правления Чингисхана и его преемников обычно описывается в буддийских рамках, что делает рассказ потенциально подверженным некоторой степени предвзятости.

Наиболее ценным источником информации о монголах является написанный китайскими авторами текст «Юань ши», или «Официальная история китайской династии Юань» (1279–1368). Она была составлена в первые годы правления династии Мин (1368–1644) в соответствии с китайской традицией, согласно которой каждой новой династии империи вменялось в обязанность письменно запечатлеть историю своих предшественников. Хотя «Официальная история китайской династии Юань» сводится в основном к перечислению политических и генеалогических фактов, раздел, посвященный биографиям принцесс и императриц, является для настоящей книги более чем актуальным [Waley 1931][23]. Помимо этой официальной китайской истории монгольской династии, имеются и другие источники, относящиеся к этому периоду, доступные в переводе. Например, Артур Уэйли перевел рассказ о путешествии даосского мастера Чан Чуня из монастыря в Китае в Центральную Азию для встречи с Чингисханом [Olbricht 1980][24]. Кроме того, до нас также дошли некоторые отчеты послов к Чингисхану китайской династии Сун, которые можно найти в переводах. В них содержится ограниченная информация о монгольских женщинах, но они служат прекрасным примером восточного взгляда на монголов, который дополняет западные представления, оставленные европейскими путешественниками[25].

---

[23] Кроме того, некоторые мысли о государственном управлении хитайского чиновника Ех-Лю Чу'у-Ц'ай были переведены де Рахевильцем [Rachewiltz 1962].

[24] Благодарю Энн Ф. Бродбридж за то, что она указала мне на этот источник.

[25] О взаимосвязях между монголами и Европой см. среди прочих [Richard 1977a, 1977b; Jackson 2005].

Европейские источники

Монгольская экспансия на территории Евразии вызывала не только страх, но и любопытство европейских королевств. Короли, купцы и сам Папа Римский отправили несколько посольств на монгольские территории, чтобы установить дипломатические контакты, завязать экономические связи и (предположительно) шпионить за этими неведомыми кочевниками с Востока. Среди этой европейской группы источников наиболее изученным и значимым кажется «Il Milione» Марко Поло [Polo 1903, 1938][26]. Ввиду популярности Поло, различные издания его книги были доступны в переводах и аннотированы учеными с конца XIX века. В настоящем исследовании в основном использовано два издания: первое — перевод сэра Генри Юла, опубликованный в конце XIX века, и второе — издание Поля Пеллио и Артура К. Моула, вышедшее в первой половине XX века[27]. Несмотря на то что эти два издания довольно старые, они остаются, на мой взгляд, до сих пор наиболее полными и исчерпывающими переводами и аннотациями.

Если Марко Поло ставил своей главной целью сохранить отчет о своих приключениях и доказать, что Азиатский континент обладает коммерческим потенциалом, то другие европейские путешественники имели другие задачи. В империю монголов отправлялись также священники и монахи, которые оставили после себя различные рассказы о жизни кочевников. Наиболее полные из них принадлежат Иоанну Пьяно де Карпини и Гильому де Рубрук, чьи повествования, похоже, ориентированы на более «антропологическую» перспективу. Сведения, предоставленные этими двумя священнослужителями, имеют особое значение для нашего исследования, поскольку благодаря их встречам с монгольскими женщинами нам открывается возможность получить уникальные описания этих дам из первых рук. Существу-

---

[26] Любопытное исследование повествования Марко Поло можно найти в [Olschki 1960].

[27] Оба можно найти у [Dawson 1955]; имеется также два хорошо аннотированных перевода [Rockhill 1900; Jackson 1990].

ют и другие свидетельства европейцев, относящиеся к более позднему периоду, чем рассказы Карпини и Рубрука. Например, полезными дополнениями к ним являются отчет монаха Одорика де Порденоне (между 1316 и 1330 гг.) и связанная с ним коллекция документов, касающихся дипломатических контактов между Ватиканом, европейскими королевствами и Государством Хулагуидов[28]. Наконец, завоевание монголами Среднего Востока позволило некоторым европейским королевствам заполучить потенциального союзника против общего врага — мамлюков Египта [Guzman 1971; Holt 1986; Mostaert, Cleaves 1963; Pfeiffer 2006a; Bruguera 1991]. Дипломатические связи между монголами и Европой и некоторые письма, которыми они обменивались, дают ценную информацию о европейско-монгольских отношениях [Blake, Frye 1949; Fiey 1975].

Рассказы средневековых европейских путешественников, странствующих по монгольским территориям, имеют некоторые общие черты в том смысле, что все они, как правило, несут в себе предубеждение в пользу веры тех или иных путешественников (христиан-католиков) и против религии людей, с которыми они сталкиваются (мусульман, буддистов, восточных христиан, шаманистов и так далее). Они склонны подчеркивать «нечистые» практики «неверующих», иногда чрезмерно, или слишком быстро придают достоверность негативным легендам и историям, которые им рассказывают. Это связано с неизбежными «границами восприятия» этих путешественников, внешне обозначенными маршрутами, которыми они передвигались, людьми, которых они встречали, и доступом к надежным источникам информации (или отсутствием таковых). В то же время следует помнить, что целевая аудитория была различной для «религиозных рассказов» священников, посылаемых папой, и «светских» рассказов, написанных такими путешественниками-торговцами, как, например, Марко Поло. С одной стороны, священники пытались создать реалистичный образ монголов (с целью предоставить папе до-

---

[28] Перевод некоторых из этих документов и описание путешествий Одорика де Порденоне см. [Yule 1913–1916].

стоверную информацию, например, о шансах обращения монголов в христианство), в то же время стремясь укрепить «высшую благочестивость» христианства. С другой стороны, путешественники были менее рассудительны в религиозных вопросах, но скорее стремилась акцентировать деловые возможности своих коммерческих предприятий, подчеркивая в то же время опасности, через которые им пришлось пройти, чтобы добиться успеха в своих начинаниях.

Восточнохристианские источники

Монгольские нашествия на Средний Восток особым образом отразились на христианских общинах региона. Рассказы грузинских, армянских и несторианских священнослужителей в целом создают неоднозначное представление о новоприбывших, изображая их либо безжалостными недругами, либо спасителями христианства по отношению к мусульманскому большинству региона. Такие расхождения во взглядах породили предвзятые повествования, в которых иногда преувеличивается степень симпатии монголов к христианству или просто придумываются факты якобы обращения в христианство некоторых членов правящей монгольской семьи. Монгольские женщины также были объектами такой христианской предвзятости: иногда их ложно изображали как дурно обращающихся с мусульманами, а иногда — как христианских святых (в некоторых сирийских иконографиях) [Brosset 1849–1857; Michell, Forbes 1914]. Отдавая себе отчет в таких предубеждениях авторов источников, мы, тем не менее, можем почерпнуть здесь ценный материал, который дополнит информацию из других источников, созданных другими сообществами.

До нас дошли некоторые, полезные для наших целей хроники этих христианских общин, которые призваны либо подчеркнуть борьбу или подвиги конкретного христианского царства, либо послужить пропагандистским целям привлечения западных королевств к новому крестовому походу на Средний Восток. Грузинские и русские источники можно рассматривать как примеры первой тенденции, в то время как армянские рассказы обычно отражают второе, менее явное, направление[29]. Хрестоматийным примером такой пропагандистской тенденции является книга «Fleur des estoires d'Orient» («Цветник историй земель Востока») армянина Хетума Патмича (брат Хайтон), изданная в Пуатье в начале XIV века и содержащая рассказ о монгольских вторжениях [Bedrosian 1986; Smpad 1959; Thomson 1989; Orbelian 1864; Dulaurier 2001]. Помимо книги отца Хайтона, до нас дошли и другие армянские источники, дополняющие взгляд восточных христиан на монголов и их приход на Средний Восток [Aigle 2008b; Lane 1999a].

Наконец, следует особо упомянуть о всеобщей истории, написанной яковитским монахом Бар-Эбреем (Абуль-Фарадж бин Харун) [Lane 2003; Aigle 2005a]. В ней рассказывается о развитии человечества от Адама до даты смерти автора в 1286 году. В некотором смысле этот источник заметно отличается от остальных доступных восточнохристианских религиозных источников, поскольку он, по-видимому, был рассчитан на более широкую читательскую аудиторию, что подтверждается тем фактом, что автора попросили подготовить арабскую версию его сирийских хроник. Рассказ Бар-Эбрея о христианских женщинах [Budge 2003] при дворе важен для нашего обсуждения, поскольку он дает представление о религиозности[30] многих монгольских женщин, хотя и отмеченное его собственным[31] восприятием.

---

[29] См. перевод с армянского в [Hayton]. Эта книга была очень популярна в Западной Европе до конца XVI века и не раз переводилась на романские языки. См. древнеанглийскую версию [Hayton 1988]; французское издание [Hayton 1585]; испанская версия [Hayton 1595].

[30] Термин «религиозность» в настоящей книге используется для обозначения особенностей, связанных с различными аспектами, составляющими религиозный образ жизни и вероисповедание изучаемых здесь монгольских женщин, включая участие в религиозных ритуалах, финансирование или поддержку религиозных институтов, принятие ими религии, отличной от их собственной, а также посещение религиозных авторитетов и ученых и/или обращение за советом к ним.

[31] О его доступе к монгольской библиотеке в обсерватории Марага см. [Aigle 200a8]. Об обсерватории в целом см. [Sayili 1960; Saliba 1994]. Подробное сравнение арабской и сирийской версий труда Бар-Эбрея приведено в [Aigle 2008a].

Как и в случае с Рашид ад-Дином, близкие отношения Бар-Эбрея с монголами и монгольскими хатунами при дворе обеспечили его ценной информацией, в то же время повлияв на объективность его исторических трудов [Budge 1928; Rossabi 1992; Borbone 2009].

Нечто подобное представляет собой другое восточнохристианское повествование о путешествии из Китая в Европу через Средний Восток посланника Кубилая к Папе Римскому и королевствам Европы. Путешествие монахов Раббана Маркоса (впоследствии патриарха Мар Ябалаха III) и Раббана Саума на Запад интересно не только своим описанием Европы глазами монгольского подданного, но и подробным рассказом о внутренних делах Государства Хулагуидов, которое он посетил, проходя через Иран по пути из Китая [Amitai 2001a; Jackson 2000: 210; Ashtor 1961; Little 1970].

В целом в восточнохристианских источниках особое внимание уделяется монгольским женщинам-христианкам, что позволяет нам получить более достоверную картину положения этих женщин на Среднем Востоке, в той мере, в какой эта картина может быть противопоставлена той, что получена из персидско-мусульманских источников.

Арабские источники

В последние десятилетия арабские источники стали более интенсивно использоваться для изучения истории Монгольской империи [Richards 1998; Qumayhah, Shams al-Din 2004–2005; Sadeque 1956][32]. В большинстве своем эти источники были созданы рассказчиками, жившими в мамлюкском Египте, и, как следствие, представленный в них образ монголов скорее негативный. Однако, несмотря на враждебное отношение к монголам Ирана, некоторые из этих источников предоставляют ценную

---

[32] Еще одним примером таких источников является труд уроженца Дамаска аль-Умари [al-'Umari 1968].

информацию о монголах Золотой Орды, которые, разделяя с султанами Египта антагонизм по отношению к ильханам, в середине XIII века стали союзниками мамлюков [Holt 1983; Gabrieli 1957; Richards 2002; Richards 2006–2008; Broadhurst 1980; al-Qalanisi 1932]. Кроме того, по раннему периоду монгольских нашествий в переводе доступны некоторые айюбидские источники, которые в целом связывают историю крестовых походов с приходом монголов [Amitai 1995: 4–7; Melville 1996: 313–317].

Эти источники в основном представляют собой хроники или биографические словари, созданные на мамлюкских территориях и содержащие полезную информацию об отношениях между ильханидами и мамлюками Египта [Aigle 2007: 100]. Несмотря на то что некоторые данные свидетельствуют о том, что ряд монгольских женщин отправились в Мамлюкское царство в качестве жен и что некоторые мамлюкские беженцы в Государстве Хулагуидов женились на монголках, характер информации о монгольских женщинах отличается от информации, представленной в персидских рассказах [Jawad 1932; al-Kazim 1995]. Например, некоторые тексты, написанные Ибн аль-Фувати или ему приписываемые, дают нам представление о разграблении Багдада, что полезно для заполнения пробела, оставленного персидской историографией по этому вопросу, где описание падения халифата используется для приукрашивания образа монголов по отношению к их мусульманским подданным [Lyons 1971]. Кроме того, рассказ аль-Фурата о дипломатических отношениях между мамлюками, монголами и христианскими королевствами Европы особенно важен для понимания раннего периода истории Государства Хулагуидов [Guo 1998]. Работы аль-Юнини о монгольском вторжении в Сирию дают интересное представление о жизни мамлюкской Сирии накануне вторжения в нее Газан-хана и ее завоевания [Behrens-Abouseif 1997; Rapoport 2007]. Однако, помимо полезной контекстуализации, предоставленной этими источниками, количество информации, относящейся конкретно к монгольским хатунам, довольно ограничено; между тем здесь проделана интересная работа по мамлюкским женщинам тюркского происхождения [Quatremère 1968].

Помимо мамлюкских источников, другие арабские документы играют существенную роль в дополнении персидских и христианских взглядов на монгольских женщин. Среди них особое внимание уделяется путешествиям Ибн Баттуты и его описанию монгольских территорий [Defrémery et al. 1962; Gibb 2005].

В отличие от некоторых мамлюкских историков, которые писали свои рассказы, никогда не покидая мамлюкских территорий, магрибинский путешественник Ибн Баттута имел возможность установить близкие отношения, например, с женщинами Золотой Орды, оставив нам весьма информативный рассказ о них и их участии в повседневной жизни кочевников.

В этой книге арабские источники в целом и мамлюкские источники в частности используются не так широко, как персидские. Это объясняется главным образом тем, что основной целью настоящей книги является исследование не только статуса монгольских женщин в ильханидском Иране, но и изучение того, как монгольских женщин воспринимали те, кто жил на завоеванных монголами территориях. Взглянуть на то, как воспринимали этих монгольских женщин из мамлюкского Египта, было бы, несомненно, заманчиво, но это, к сожалению, выходит за рамки настоящего исследования.

Об этой книге

Несмотря на более чем столетнюю историю изучения Монголии и Персии, тема роли и статуса женщин в Монгольской империи до сих пор не получила сколько-нибудь глубокого исследования.

В надежде исправить это упущение настоящее исследование, построенное по тематическому принципу, посвящено роли и статусу женщин в политике, экономике и религии Монгольской империи, в особенности во время монгольского владычества в Иране (Государство Хулагуидов) в период с 1256 по 1335 год. По мере рассмотрения каждой темы в книге делается попытка показать, как изменились статус и роль женщин после завоевания монголами Среднего Востока и Центральной Азии в середине XIII века.

Поскольку Монгольская империя зародилась в Монгольской степи, для более глубокого понимания темы следует также рассмотреть некоторые аспекты доимперской Монголии. Исходя из этой идеи, глава 1 посвящена трем основным историческим периодам для рассмотрения статуса женщин, начиная с фундаментального мифа о начале существования монголов и заканчивая временем перед тем, как молодой монгольский князь по имени Темучин был провозглашен Чингисханом. В первом разделе этой главы рассматривается, как представлены кочевые женщины доимперского периода в раннеимперских монгольских источниках, в попытке определить, как монголы понимали роль женщин в своем собственном обществе. Далее мы исследуем особую роль, которую сыграли мать и первая жена Темучина в период его восхождения к власти. Наконец, последний раздел этой главы мы посвящаем обзору политической роли женщин в Евразии до завоевания ее монголами. Во всех трех разделах предпринята попытка рассмотреть исторический прецедент, который поможет понять внезапное восшествие монгольских хатунов на престол Монгольской империи в период ее единства (1206–1260 гг.).

После анализа этих прецедентов в главе 2 мы переходим к изучению периода, когда политическое влияние женщин в Монгольской империи достигло своего пика. В этой главе особое внимание уделяется регентству Дорегене-хатун (р. 1241–1246), опираясь на то предположение, что ее правление не было простым междуцарствием, а, скорее, полноценной политической деятельностью с заранее разработанной программой, легитимированной важной частью монгольской знати. Во второй части этой главы рассматривается политическое участие Сорхахтани-беки — женщины, которая не получила такого же признания в качестве императрицы, как Дорегене-хатун, но тем не менее сыграла основополагающую роль в развитии империи в целом. Наконец, мы рассмотрим другие примеры политически активных женщин, появившихся в этот период, но чье влияние ограничивалось территориями определенных областей монгольских владений. В частности, предметом исследования является регентство Оргины-хатун в Средней Азии.

В главе 3 наше внимание будет сосредоточено на роли женщин на политической арене Государства Хулагуидов в Иране. Первая часть главы призвана ответить на вопрос, почему ни одна женщина не правила там с момента основания государства в 1260 году до формального его исчезновения в 1335 году. Мы исследуем, насколько женщины были политически активны и влиятельны на протяжении всего этого периода, ра́вно как и то, что это влияние никогда не материализовывалось в форме такого же номинального признания в качестве правительниц, которое можно увидеть в случаях, проанализированных в главе 2. С этой точки зрения по́зднее и короткое правление Сати-бек (нач. пр. 1339) также принимается во внимание в контексте истории распада монгольского государства в Иране. Вторая часть предлагает альтернативную картину, фокусируясь на местных, зависимых от хулагуидов, династиях в областях Фарс, Керман и Анатолия. Мы проанализируем, как женщины этих тюркских династий, в отличие от своих монгольских современниц, добились признания в качестве правительниц своих территорий.

Для того чтобы понять, какую роль женщины могли играть в государственном управлении, необходимо изучить, как и в какой степени они участвовали в экономике империи, получили ли они определенную экономическую автономию и имели ли контроль над средствами производства империи. Как достигалась такая экономическая власть? В какой степени женщины имели возможность решать, когда и куда инвестировать свое богатство? Ответ на эти вопросы, по крайней мере частичный, может заключаться в феномене традиционного монгольского распределения собственности. Степень финансовой независимости этих женщин может иметь корни в наделении скотом, рабами и товарами, полученными в качестве добычи; в источниках есть упоминания о том, что выдающиеся женщины наследовали эти «товарные ценности» от своих мужей и родителей. Тем не менее до сих пор не было проведено глубокого исследования того, как эти женщины использовали такое имущество. Здесь мы рассмотрим, как хатуны накапливали богатство посредством налогообложения оседлого населения Ирана и вложений в коммерческие торговые предприятия. Исходя из этого, экономическая деятельность хатунов является основной темой главы 4.

Наконец, это исследование не было бы полным, если бы оно не затронуло роль хатунов в религиозной сфере Монгольской империи. Поэтому в главе 5 рассматриваются отношения религиозной терпимости в среде монгольских мужчин и женщин, которые были задокументированы в монгольский период. Кроме того, важно помнить, что эти женщины были личностями со своими собственными религиозными предпочтениями и антипатиями. По этой причине особенно заслуживает изучения то, как женщины взаимодействовали в контексте разнообразия евразийских религий, каково было их участие в ритуалах и общее отношение к религиозным лидерам различных конфессий. Это позволит лучше понять сложные взаимоотношения между хатунами и религией и в то же время выявить глубинный и постепенный процесс, в ходе которого «вера завоеванных» была принята монголами в разных частях империи. Религиозный ландшафт монгольских территорий формировался также благодаря участию женщин в религиозном патронаже — важном способе влияния, тесно связанном с их политической и экономической ролью в империи.

Глава 1
Женщины и политика: от степей до мировой империи

Не следует, чтобы подручные государю становились начальствующими, ибо от этого порождаются большие непорядки, государь лишается силы и достоинства. В особенности это относится к женщинам, которые являются «людьми покрывала» и у которых нет совершенства разума... Если жены государя станут давать приказы, они будут приказывать то, что им подсказывают корыстные люди; ведь они не могут, как мужи, видеть внешние дела собственными глазами...
Низам аль-Мульк. Сиасет-намэ («Книга о правлении»)[1]

Приведенные выше слова приписываются визирю династии Сельджукидов в Иране Низаму аль-Мульку (ум. 485/1092), который изобразил такую картину женского правления в своем труде «Сиасет-намэ» или «Сияр аль-мулук» почти за 250 лет до прихода монголов. Помимо личных убеждений по этому вопросу, Низам аль-Мульк имел политические причины для оправдания недопущения женщин в политику: влиятельная роль Туркан-хатун, супруги султана Малик-шаха (ум. 1092), при дворе Великих Сельджуков бросала вызов его гегемонии в государственных

---

[1] Сиасет-намэ. Книга о правлении вазира XI столетия Низам аль-Мулька. Перевод, введение в изучение памятника и примечания профессора Б. Н. Заходера. Издательство Академии наук СССР. Москва — Ленинград, 1949. С. 179.

делах [Cortese, Calderini 2006: 101–102]. Однако, если обратиться к материалам, содержащимся в «Тайной истории монголов», видно, что монголы воспринимали участие женщин в политической жизни совершенно иначе. Например, политическое выживание Чингисхана и его последующий успех во власти, согласно этому источнику, были определены действиями женщин в его семье [Nicola 2006–2007]. Следовательно, здесь представлены скорее противоположные взгляды на роль женщин в политике: более ограниченный подход, выраженный персидским визирем, и более благосклонный, содержащийся в монгольских источниках. В свою очередь, когда монголы распространились по всей Евразии и завоевали Хорасан в первой половине XIII века, то эти две противоположные концепции участия женщин в политике столкнулись друг с другом. Именно в этом контексте в главе рассматривается эволюция женского правления в Евразии до создания Монгольской империи. В первом разделе рассматривается участие женщин в политических делах до появления Чингисхана на политической арене монгольских степей. Основываясь в основном на «Тайной истории монголов», мы исследуем, как доимперские кочевники мифологически объясняли свое происхождение и раннюю историю. Из-за ограниченного количества источников и неопределенного характера их содержания мы выделяем лишь некоторые примеры политического участия женщин в этот период, которые могли послужить основой для будущего развития институционализированной роли женщин в политике, что обсуждается в главе 2. Аналогично, во втором разделе мы рассмотрим роль женщин в первые годы жизни Чингисхана в степях. Мы рассматриваем, какими биографическими сведениями мы располагаем о его матери, жене и других монгольских женщинах того периода, которые отражены в источниках. Наконец, в заключительном разделе этой главы рассматривается вопрос о том, наблюдалось ли на территориях, в конечном итоге завоеванных монголами, какое-либо женское политическое участие, которое поспособствовало бы объяснению того, как женщины стали правительницами империи всего через одно поколение после Чингисхана. Более конкретно, мы исследуем примеры женского регентства в Средней Азии, Иране и на Среднем Востоке до прихода монголов, чтобы выяснить, имеются ли там прецеденты, на которые могли опираться эти влиятельные монгольские женщины для легитимации своего вступления на престол в 1240-х годах.

Между мифом и историей: женщины в Монголии до чингизидов

Прежде чем начать наше исследование роли женщин в различных сферах общества имперской Монголии, стоит вкратце рассмотреть ряд женщин, живших в доимперские времена. Представленные в этом разделе примеры послужат отправной точкой для нашего анализа, где мы можем установить определенные характеристики взаимодействия женщин с обществом до прихода Чингисхана. Однако эта задача ставит нас перед рядом проблем относительно наличия источников по этому периоду, которые нельзя проигнорировать. Что касается изучения ранних этапов Монгольской империи, то до нас дошли только два основных монгольских источника, упомянутых в предисловии к настоящей работе, а именно «Тайная истории монголов» [Rachewiltz 2004] и «Монгольская хроника Алтан Тобчи» [Bawden 1955].

К счастью, как только исследователь приступает к их изучению, то сразу видно, что они полны упоминаний о женщинах. Очевидно, что эти упоминания различаются по объему, но они включают конкретную информацию о монгольских дамах и о женщинах вообще. Такая ситуация приводит к простому выводу: если этот источник является «подлинным (не путать с достоверным) туземным рассказом о жизни и деяниях Чингиз-Кана» [Rachewiltz 2004: xxxiv], то можно утверждать, что женщины сыграли решающую роль в развитии империи. С другой стороны, если рассматривать сценарий, в котором описываемые события были переиначены, то это равным образом можно считать доказательством высокого положения женщин в рамках традиционного представления монголов о своем прошлом.

Лично я считаю, что, несмотря на предвзятость, выдумки и преувеличения, содержащиеся в каждом историческом источнике, при изучении монгольских женщин в Средневековье следует иметь в виду обе точки зрения.

В ученой среде принято считать, что монгольские женщины традиционно были вовлечены в домашнюю, религиозную, экономическую и военную деятельность. Однако само по себе это не объясняет тот высокий статус, который кочевые общества придавали своим женщинам в средневековые времена. Чтобы понять это, необходимо взглянуть на традиционную концепцию женского статуса во времена основателя империи Чингисхана и на решающее влияние женщин, окружавших его. Рассмотрение мифологического происхождения монгольского племени послужит хорошей отправной точкой для изучения статуса женщин в этом кочевом обществе (рис. 1.1 и 1.2).

В «Тайной истории монголов» говорится о том, что первый монгол (Батачикан) был рожден от серо-голубого волка и лани [Rachewiltz 2004: § 1][2]. Через одиннадцать поколений после этого первого предка человека его потомок по имени Добун Мерген женился на женщине по имени Алан Коа (см. рис. 1.1), и у них родились два сына, Бюгюнютей и Белгюнютей [Rachewiltz 2004: § 10]. Вскоре после этого Добун Мерген умер, оставив Алан Коа «без зятьев и родственников мужского пола и без мужа». Однако после смерти мужа она зачала еще трех сыновей от «великолепного желтого мужчины», который «вошел в шатер при свете дымовой трубы или через верхний полог двери» [Там же: § 18][3]. Это сверхъестественное существо, как это описывает Томас Т. Олсен [Allsen 1994: 330; Aigle 2000: 151–168], каждую ночь потирал живот женщины и проникал светом в ее чрево [Rachewiltz 2004: § 21]. Младший из трех сыновей (Бодончар), родившийся от Алан Коа и «человека света», стал основателем

---

[2]   О спорах о происхождении этого имени и возможности его прочтения как Батачи Кан (царь Батачи) см. [Rachewiltz 2004, I: 235].

[3]   Игорь де Рахевильц указывает, что желтый или золотой цвет символизирует императорское достоинство [Rachewiltz 1973].

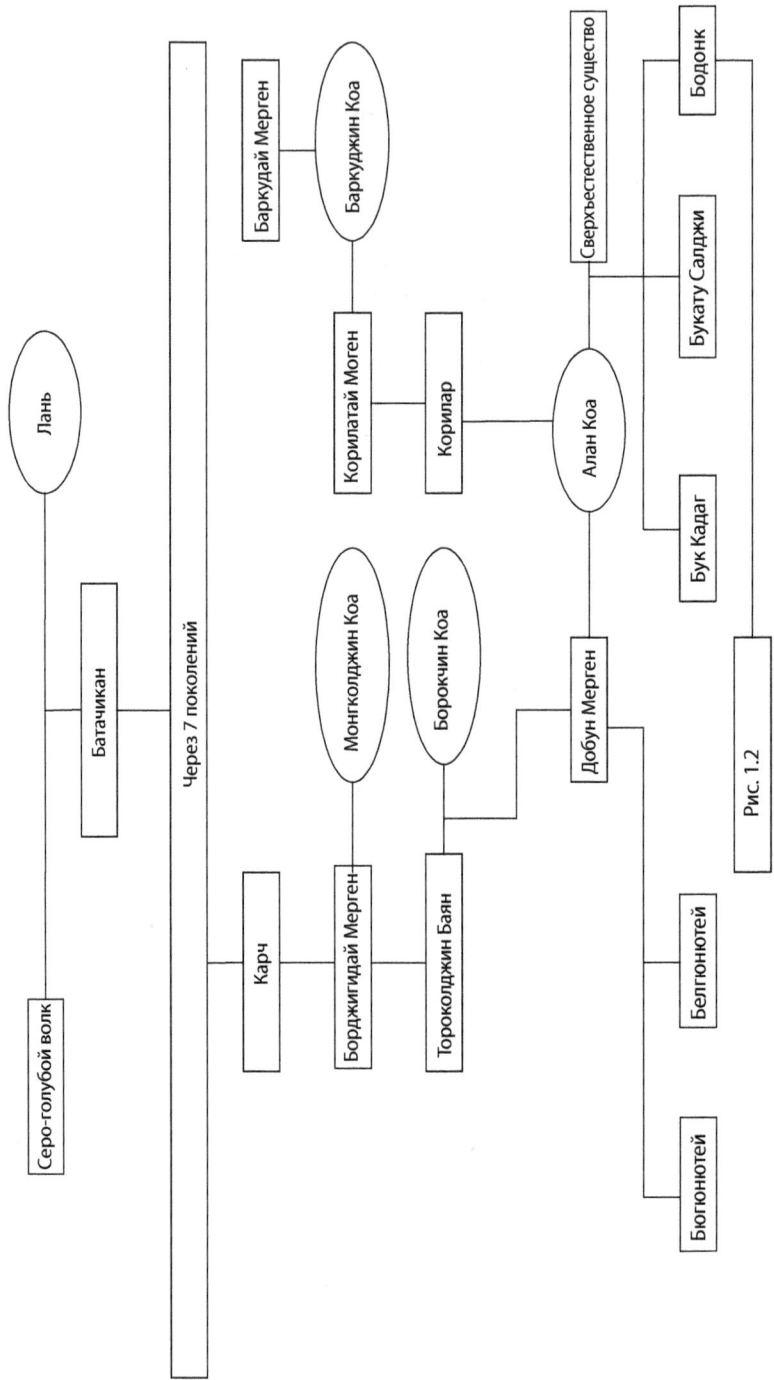

Рис. 1.1. Предки Чингисхана (часть 1)

рода Борджигин, от которого впоследствии произошел Чингисхан (см. рис. 1.1). Несмотря на сочетание легенды и мифа, содер-
жащееся в этой истории, уместно подчеркнуть тот факт, что
в представлении монголов об их собственной родословной
мифологическое прошлое и историческое присутствие чингизидов были объединены фигурой женщины, и в источнике говорится напрямую, что это "официальная" летопись самих
монголов» [Allsen 1994: 330].

Значение женщин в легендарном прошлом монголов не
ограничивалось одним персонажем. Примечательно, что в «Тайной истории монголов» упоминаются имена разных женщин,
связанных с предками Чингисхана. Например, в начале повествования упоминаются бабушка Алан Коа (Баркджин Коа),
а также ее свекровь (Борокчин Коа) и бабушка (Монгколджин
Коа) [Rachewiltz 2004: § 3]. Кроме имен, никаких других сведений
о них не приводится, но этого, кажется, достаточно, чтобы
установить генеалогическую связь между прямыми потомками
Батачикана и семьей Алан Коа. На этом этапе, возможно, мысль
Олсена о женщине как связующем звене между мифом и реальной историей монголов можно развить далее, поскольку, помо-
мо активной роли Алан Коа как родоначальницы Чингисхана,
имена женщин, непосредственно с ней связанных, также счи-
тались достаточно значимыми, чтобы быть упомянутыми
в «Тайной истории монголов», дабы особо подчеркнуть генеалогию Алан Коа.

Акцент на роли женщин в создании мифического прошлого не
является исключительно монгольским феноменом[4]. Другие тюркские племена, такие как кипчаки, тоже придерживаются этих
характеристик в своих рассказах о прошлом. Согласно Рашид
ад-Дину, Огуз после битвы нашел женщину, которая была бере-
менна первым представителем кипчаков. Когда ребенок родился,
Огуз усыновил его, включив с тех пор это конкретное племя

---

[4] Что касается различных изображений Алан Коа, особое значение имеет
иллюстрация, сделанная в рукописи «Му'изз аль-ансаб», переписанной
в Индии в XIX веке, где эта женщина одета в традиционную афганскую па-
ранджу (илл. 1).

в «семью» тюрко-монгольских народов[5]. Фактически ранняя жизнь Огуза также была отмечена тесным взаимодействием с женской частью его семьи. В истории Огуза женщины играют важную роль в установлении его положения в семье. Согласно некоторым источникам, он единственный в племени верит в Бога и вынужден скрывать это от остальных [Rachewiltz 1994, I: 53; Thackston 1998: 30]. Будучи еще младенцем, он отверг молоко матери, пока она не приняла его веру в единого Бога, а позже отказался от двух своих первых жен только для того, чтобы принять третью[6], потому что она обратилась в его веру. Две другие жены доносят о его религиозных убеждениях отцу, который приказывает убить Огуза. Именно третья жена предупреждает его, послав верную женщину из своего лагеря, чтобы предупредить его. Отец и сын сражаются, и последний выходит победителем в этой истории, где женщины играют ключевую роль в повествовании.

Рассказ завершается тем, что после этого сыновнего бунта Огуз берет под контроль царство в Средней Азии, а некоторые из родственников, поддерживавших его, уходят на восток, становясь родоначальниками монголов. В этом основополагающем мифе тюрков и монголов силен компонент женского участия. Как мы увидим позже на примере Чингисхана, мать и главная жена играют решающую роль в раннем развитии героев-кочевников. В приведенном выше случае первыми двумя людьми в племени, которые «поверили в Бога» после Огуза, были его мать и любимая жена. Позже противостояние между отцом и сыном провоцируется женщинами, которые предают его, рассказывая отцу о его убеждениях [Rachewiltz 1994, I: 48–51; Thackston 1998: 28–29]. Наконец, его любимая жена посылает другую женщину, чтобы предупредить его о намерениях отца. Это последнее действие часто повторяется в традиционном монгольском обществе, когда

---

[5] Различные тюркские династии на Среднем Востоке, особенно Сельджуки и Османы, утверждали, что являются потомками этого легендарного предка [Barthold 1956–1963, III: 82, 109, 111–116].

[6] Поскольку они были неверующими, Огуз отверг двух первых жен, предложенных ему отцом [Rachewiltz 1994, I: 48; Thackston 1998: 28].

женщины советуют правителям и защищают их от вероломства других членов семьи[7].

Вернемся к «Тайной истории монголов». После смерти Алан Коа там приводится описание родословной ее младшего сына Бодончара (предка Чингисхана). Его история охватывает параграфы с 24-го по 43-й, в которых упоминается череда генеалогических связей. К сожалению, нам неизвестны имена женщин, имевших отношения с Бодончаром, но рассказчик повествует, что он взял одну из них из побежденного клана, а затем получил в приданое наложницу (служанку матери вождя другого племени) [Rachewiltz 2004: § 1, 38, 40–41]; и то и другое было обычным делом у монголов[8]. Привлечение женщин в монгольский клан путем заключения брака было основополагающим фактором в установлении статуса сыновей и дочерей вождей кочевых племен [Rachewiltz 2004: 280]. Похоже, что не сам способ вхождения женщины в клан, а ее статус (главная жена, второстепенная жена или наложница) был тем фактором, который определял влияние ее потомков [Vladimirtsov 1948: 64]. По этой причине сыновья похищенных женщин — как рожденные от Бодончара, так и рожденные ранее от других мужчин — основали собственные племена, которые сыграли основополагающую роль в развитии Монгольской империи[9]. Например, судьба двух разных семейных линий отмечена этим различием. С одной стороны, родственники Джамухи, сначала союзника, а затем врага Чингисхана, были среди потомков этого «чужого» мальчика [Fujiko 1978]. С другой стороны, ребенку, рожденному от наложницы, несмотря на то что он был сыном Бодончара, даже не разрешалось участвовать в жертвоприношениях вместе с семьей [Rachewiltz 2004: 282].

---

[7] Например, Бортэ, жена Чингисхана.

[8] Другие примеры такой практики можно найти, например, в истории о Кутуку [Rachewiltz 1994, I: 84; Thackston 1998: 47].

[9] Важно отметить, что, несмотря на включение в клан детей от «чужих» отцов, их имена напоминали об их чуждом происхождении [Rachewiltz 2004: 278]. То же самое можно сказать и о сомнительном отцовстве Джучи, первого сына Чингисхана, чье имя означает «гость» или «пришлец» [Lane 2006: 235].

Генеалогические связи потомков Бодончара, описанные в «Тайной истории монголов», приводят нас к первой монгольской женщине, которая предстает как историческая личность (Нумулун, نُولُومُون [Rachewiltz 1994, I: 229][10]. Ее влияние в монгольском обществе будет рассмотрено в следующем разделе этой главы, чтобы проиллюстрировать модели преемственности и трансформации между доимперской и имперской женскими ролями. Пример Нумулун важен потому, что это хронологически первое имеющееся в нашем распоряжении упоминание, в котором все различные аспекты автономии хатунов наблюдаются у одной женщины. Она изображается как человек, ответственный за всю хозяйственную деятельность своей орды (монгольского лагеря) и распоряжающийся, помимо прочего, таким важным видом деятельности, как обеспечение пропитанием армий своих подчиненных[11].

Кроме того, прежде чем Рашид ад-Дин начинает рассказ о матери Чингисхана, в «Джами' ат-таварих» можно выделить еще трех женщин. Однако о них не упоминается ни в «Тайной истории...», ни в «Алтан Тобчи», что позволяет предположить, что их история могла дойти до персидского визиря либо через устный пересказ от его монгольских покровителей, либо через источники, не дошедшие до нас. Первая женщина — Тёра Гаймыш, дочь племенного вождя Сарик-хана. Она была выдана замуж за Курджагуша Буюрук-хана в обмен на то, что тот обеспечил защиту отцу, следуя традиционной кочевой практике брачного союза [Rachewiltz 1994, I: 91; Thackston 1998: 51]. О ней мы знаем немного, но упоминается ее участие в шаманских ритуалах — или «магии», как предпочитает описывать это Рашид ад-Дин, — что позволяет нам рассматривать религию как еще один аспект жизни монголов, в который были вовлечены женщины. На самом деле, имеются упоминания о том, что в традиционном монгольском обществе женщины выступали в роли шаманов [Roux 1959],

---

[10] Здесь мы используем транслитерацию имени Нумулун, хотя Тэкстон [Thackston 1998] приводит «Монолун».

[11] О роли орды как центра хозяйственной деятельности см. главу 4 и [Rachewiltz 1994, I: 229; Thackston 1998: 119].

но имеющиеся источники относятся к женскому участию в религиозной сфере более с политической точки зрения, как это было в случае противостояния Бортэ с верховным шаманом Теб-Тенгри, описанном ниже, или же изображают шаманские ритуалы как колдовство.

По словам Рашид ад-Дина, из-за этих «магических» практик муж Тёры Буюрук-хан постоянно испытывал неудобства:

> Его жена, Тёра Гаймыш, занималась колдовством, и каждый раз, когда он [Буюрук-хан] отправлялся на охоту, она тут же сбивала его с пути. Поскольку он от нее страдал, то приказал двум своим наложницам убить ее, что они и сделали. После этого он стал беспокоиться о своих сыновьях и хотел скрыть от них содеянное. Воспользовавшись каким-то предлогом, он убил тех двух наложниц [Rachewiltz 1994, I: 116; Thackston 1998: 63].

Интересно отметить, что Буюрук-хан не сам убил Тёру, а послал для этого двух своих наложниц. Двух убийц также необходимо было убить, чтобы избежать вражды и недоверия со стороны других членов семьи, поддерживая таким образом союзы, созданные в результате брака. История также указывает на то, что убийство, заказанное Буюрук-ханом, было чем-то необычным, поскольку он оказался в ситуации, когда послал других женщин убить Тёру, а затем убил их, чтобы скрыть свой поступок. В патриархальном обществе высокий статус женщины не позволял мужу избавиться от жены, если она его не устраивала, что служило своего рода системой защиты женщин перед лицом мужского насилия — несмотря на приведенный выше пример.

Другая женщина, упоминаемая Рашид ад-Дином в этот дочингизидский период, — Коа Кулку, жена Кабул-хана и мать его шести сыновей[12]. Известно, что она была старшей сестрой Саина Тегина, ради которого она обратилась за помощью к татарскому

---

[12] Из какого племени происходила Коа Кулку, неясно, но Рашид, по-видимому, предполагает, что она принадлежала к племени Конкират [Rachewiltz 1994, I: 253; Thackston 1998: 128]. О Кайду как первом правителе «всех монголов» см. [Rachewiltz 2004: § 52].

шаману, когда ее брат заболел. К сожалению, после лечения Саин умер. Шамана отсылают домой, но позже «старший и младший братья» Саина идут в татарский лагерь и убивают его. Между монголами и татарами начинается вражда, и, поскольку Кабул-хан «женат на сестре Саина Тегина, Кабул-хану пришлось помогать ее братьям в битве». Так зарождается соперничество между монголами и татарами, которым отмечена ранняя жизнь Чингисхана, поскольку это племя считает себя ответственным за убийство отца Чингиса и передачу Амбакая (предка Чингисхана) китайскому императору [Rachewiltz 2004: § 53]. Актуальность этого события для нашей цели заключается в том, что, с одной стороны, это еще одна отсылка к роли, которую играли шаманы в традиционном монгольском обществе, а с другой стороны, это история, выстроенная с точки зрения Коа Кулку. Другими словами, Рашид ад-Дин не называет Саина «шурином Кабул-хана», но вместо этого женщина изображается как связующее генеалогическое звено между мужчинами. Если учесть, что Рашид ад-Дин основывал свою историю на монгольских источниках (устных или письменных) [Morgan 1997: 181–182], можно предположить, что после того, как Коа Кулку вошла в состав семьи Кабул-хана, она стала самостоятельным и влиятельным персонажем в монгольском повествовании о прошлом. Если это предположение верно, то в приведенном здесь эпизоде содержится еще одно доказательство высокого статуса, которым обладали монгольские хатуны в «традиционном» монгольском обществе, что отражается в линии передачи монгольского родства.

Наконец, внимание персидского историка также привлекла невестка того же Кабул-хана. Она фигурирует под именем Матай-хатун, и, что интересно, ее муж здесь вообще не упоминается. Эта история происходит в контексте вражды между Кабул-ханом и китайским императором. После пленения китайским посланником Кабулу удается бежать, вернуться в Монголию и организовать свою защиту, полагаясь исключительно на поддержку своей невестки (Матай) [Rachewiltz 1994, I: 253; Thackston 1998: 128]. Этот рассказ является хорошей иллюстрацией того, как женщины вмешиваются в военные дела. Конкретного упоминания об участии Матай в битве нет, но Кабул просит ее о помощи в нападении на китайского посланника. Среди тех, кого Кабул-хан просит о военной помощи, есть подданные Матай (рабы, слуги и родственники), но нельзя исключать и ее собственного участия в военной борьбе[13]. Имеются и другие упоминания об участии женщин в военных сражениях, включая, прежде всего, легендарные рассказы о дочери Чингисхана, участвовавшей в завоевании персидского города Нишапур, и о Кутулун, дочери Кайду, стороннике Угедэя (ум. 1303), которая якобы побеждала каждого мужчину, кто был достаточно храбр, чтобы с ней сразиться [Nicola 2010: 101–104; Biran 1997: 2; Qazvini 1912–1937, I: 140; Boyle 1997, I: 177; Lane 2006: 248–250].

Итак, этот краткий обзор «Тайной истории монголов», «Алтан Тобчи» и «Джами’ ат-таварих» показывает, что женщины принимали участие в различных сферах жизни монгольского общества уже в доимперские времена. Несмотря на относительно скудную информацию, можно выделить целый ряд ролей, которые играли монгольские женщины в дочингизидской Монголии. Эти женщины не только участвуют в политике, религии, экономике и военных действиях, но некоторые из них упоминаются по имени, что указывает на их важность в представлении монголов о своем прошлом. Возможно, самый значительный пример этого аргумента можно найти в роли легендарной Алан Коа, которая, как мы видели, являлась единственным связующим звеном между тюрко-кочевыми племенами и всеми монгольскими кланами. Все эти женщины проложили путь для процесса вовлечения женщин в жизнь общества после того, как монголы распространились по всей Евразии. Их роль не была фиксированной, поскольку она, по-видимому, постоянно адаптировалась к новым личностным, историческим и географическим обстоятельствам. Монгольские женщины были политически, экономически и коммерчески активны, имели единое религиозное мировоззрение, которое они принесли с собой из степей в монгольские владения на территории нового мира.

---

[13] Об участии монгольских женщин в военных сражениях см. [Никола 2010].

Женщины и политические вопросы
в доимперские времена

Из ста женщин, которыми я владею, нет ни одной, которая
бы мне действительно нравилась. У одной есть понимание,
но я не повелеваю обликом ее рук и ног. У другой руки и но-
ги хороши, но я не повелеваю ее пониманием, и нет красави-
цы, которая была бы услужливой, искусной и обладала бы
пониманием [Rachewiltz 1994, I: 92; Thackston 1998: 51].

Приведенные выше строки в «Джами' ат-таварих» Рашид
ад-Дин приписывает вождю кочевников дочингизидского времени Сарик-хану. Они, как представляется, изображают сценарий, в котором женщины активны и независимы до такой степени, что Сарик-хан, кажется, не может найти ни одной, которая
олицетворяла бы идеал женщины как «услужливой, искусной
и обладающей пониманием». Однако персидские источники
иногда противоречат друг другу, когда речь заходит о событиях,
связанных с женщинами в доимперской Монголии. Особенно
это касается Рашид ад-Дина, у которого восхваления независимости и мужества монгольских женщин сопровождаются заяв-
лениями о том, что монгольские мужчины при этом вынуждены
были искать женщин покорных [Rachewiltz 1994, II: 791–794; Boyle
1971: 168–169]. Это противоречие, на мой взгляд, следует рассматривать как следствие конфликта интересов между персидским
историком и его монгольским покровителем Газан-ханом и более
общего процесса аккультурации монгольской элиты в рамках
исламо-персидской культуры, происходившей в Иране во второй
половине XIII — начале XIV века [Aubin 1995; Melville 2003]. На
самом деле, всего за несколько абзацев до приведенной выше
цитаты к Сарик-хану, после победы в битве над татарским племенем, обращается женщина (Табарай Каян) [Rachewiltz 1994, I: 91;
Thackston 1998: 51] из побежденного племени, говоря следующее:
«Мы [татары] завоевали и высокое, и низкое. Если все станут
малыми, почему бы и нам не стать малочисленными, а если все
развалятся, почему бы и нам не развалиться на куски?» Другими
словами, она говорит о том, что каждый может пострадать от

перемены судеб [Rachewiltz 1994, I: 91][14]. По словам Рашид ад-Дина, Сарик-хан ответил: «Эта [побежденная] женщина говорит правду", и по этой причине он [Сарик] перешел под защиту другого хана» [Rachewiltz 1994, I: 91; Thackston 1998: 51][15]. Так, всего в нескольких абзацах мы видим два совершенно разных подхода к отношениям мужчин к женщинам, исходящих от одного и того же человека. Первый — это несколько «мачистская» жалоба на женщин как пол, тогда как второй — неявное признание мудрости конкретной женщины, происходящей из другого, побежденного племени. Представлены два различных представления о политическом участии женщин, что служит неплохой иллюстрацией трудностей, сопряженных с интерпретацией источников при рассмотрении роли женщин в политических делах монголов.

В доимперской Монголии — то есть до коронации Темучина как Чингисхана в 1206 году — действия и роли как его матери Оэлун, так и первой жены Бортэ описываются как решающие факторы в обеспечении политического превосходства Темучина в степях в конце XII века. Однако монгольская женщина, которую первой упоминают источники, причем она не просто упоминается по имени, но и описываются различные аспекты ее жизни, — это некая Нумулун. Она представлена как мать Кайду, шестого предка Чингисхана и первого монгольского вождя, который, по-видимому, объединил различные монгольские племена [Rachewiltz 2004: 284]. Несмотря на путаницу с именем ее мужа [Там же: 283–284], все источники сходятся относительно ее имени и в том, что она была матерью Кайду. Ее историю с особым интересом описывает Рашид ад-Дин. Когда ее муж умер, восемь ее сыновей (или семь, согласно «Тайной истории монголов») женились и уехали в качестве «зятьев» с семьями своих невест, оставив ее в одиночестве [Rachewiltz 1994, I: 229; Thackston 1998: 119]. Впрочем, о том, долго ли она оставалась одна, нам неизвест-

---

[14] Эти ее слова отмечены и в [Pelliot, Hambis 1951: 242].

[15] Это означает, что Сарик понял, что его судьба может измениться благодаря совету этой женщины, и поэтому решил искать защиты у другого правителя.

но; нет сведений о том, что Нумулун (или Монолун) снова вышла замуж, мы знаем, что она по-прежнему занималась семейным имуществом и пастбищами. На самом деле не было бы ничего странного в том, что женщина оставалась одинокой после смерти мужа [Rossabi 1979: 160].

Нумулун сыграла важную роль в переговорах в условиях неустойчивого политического равновесия в степях. Рашид ад-Дин упоминает, что группа джалаирских монголов избежала уничтожения после кампании против них, проведенной китайским императором [Pelliot, Hambis 1951: 65–66]:

> Семьдесят из них[16] [джалаиров] бежали со своими женщинами и детьми и пришли на территорию Монолун [Нумулун], жены Дутум Мена. Поскольку они страдали от голода, они вырвали из земли и съели корни растения под названием сюдюсюн, которое употребляется в пищу в том регионе. От этого поступка место, где сыновья Монолун гоняли своих коней, стало «ямчатым» и неухоженным. Монолун спросила: «Зачем творите такое?» Тогда они схватили Монолун и убили ее [Rachewiltz 1994, I: 230–231; Thackston 1998: 119].

Это указывает на роль Нумулун как высшего политического арбитра семейной и общественной группы: она не только занималась управлением материальными благами, но ее вмешательство требовалось и по отношению к враждебным племенам. Так случилось, что она не смогла нейтрализовать агрессию и в результате была убита. Неожиданное прибытие джалаиров могло стать причиной того, что мы не находим конкретных упоминаний о каком-либо сопротивлении со стороны Нумулун. Повествование Рашид ад-Дина становится несколько запутанным, когда речь заходит о судьбе этой группы джалаиров и мести сыновей Нумулун [Rachewiltz 1994, I: 230–231; Thackston 1998: 119–120]. Как бы то ни было, только один из сыновей Нумулун (Кайду) остался в живых после схватки, в то время как мужчины семидесяти

---

[16] В персидском издании труда Рашид ад-Дина упоминается خانفتاخ, чтобы подчеркнуть, что только часть племени Джалаир участвовала в борьбе с Нумулун [Rachewiltz 1994, I: 230].

джалаирских семейств были убиты, а их женщины и дети отданы Кайду в рабство: «С того дня и по сей день члены этого рода стали наследственными рабами и достались Чингисхану и его потомкам» [Rachewiltz 1994, I: 231; Thackston 1998: 119][17]. Убийство Нумулун оставалось в сознании монголов по крайней мере до начала жизни Чингисхана, когда было сказано, что

> [Нягучяр][18] и несколько всадников отправились в место под названием Олягяй Булак в окрестностях Саари Кяхара, юрты Чингисхана, чтобы украсть живность из дома Джучи Тармала из племени Джалаир, потому что некоторые из них убили жену Дутум Мена Монолун [Нумулун] и ее сыновей и взяли в плен предков Чингисхана [Rachewiltz 1994, I: 237; Thackston 1998: 159–160].

Таким образом, Нумулун не только при жизни играла роль в политическом устройстве степей, но и сохранилась в качестве социальной стигмы в сознании чингизидов, а ее судьба послужила для оправдания агрессии по отношению к другим монгольским племенам во время объединения монголов Чингисханом.

Кроме этого случая, примеры других женщин — современниц Темучина служат яркой иллюстрацией широко распространенного участия женщин в политических делах. Среди племенных групп, которые будущий Чингисхан заставил подчиниться во время объединения монголов, есть две, которые заслуживают особого упоминания по разным причинам. Первая из них — народ, обычно называемый кераитами, одно из племен, в связи с которым в источниках упоминается больше женщин, что объясняется их широкими брачными связями с чингизидскими монголами [Dunlop 1944: 276–289; Hunter 1989–1991: 142–163] (рис. 4.1). Кераиты были самой могущественной группой кочевников в Монголии

---

[17] Этот эпизод, очевидно, согласуется с утверждением Этвуда о том, что Рашид «репроецирует статус кого-либо на его положение в имперской структуре», подчеркивая, что племя джалаиров по своему положению подчиняется роду Чингисхана [Atwood 2007].

[18] Упоминается в [Rachewiltz 2004: § 128]; он был родственником друга Чингисхана Джамухи [Fujiko 1978: 81–87].

в ранний период жизни Темучина. Они помогли ему спасти свою жену Бортэ после того, как ее похитила другая группа монголов (меркиты), а позже они вместе вели кампании против таких общих врагов, как татары[19]. Но отношения между этими двумя союзниками начали ухудшаться, когда предводитель кераитов (Онг-хан) решил не делиться добычей со своими чингизидскими союзниками после того, как они уничтожили меркитов. Кроме того, правитель кераитов отклонил прошение Темучина о браке между дочерью Онг-хана (Чаур-беки) и его сыном Джучи[20], что было явным оскорблением чести Темучина. Тем не менее нам рассказывают, что сначала будущий Чингисхан не жаловался, но после того, как ему удалось победить некоторые из соперничающих племен с помощью Онг-хана, он порвал с ним, основными причинами назвав эти два инцидента [Rachewiltz 1994, I: 389; Thackston 1998: 188]. Несмотря на этот первоначальный союз и последующую вражду между последователями Чингисхана и кераитами, женщины последней группы стали очень важны в последующем развитии империи, выйдя замуж за сыновей и внуков Чингисхана. Это может быть причиной того, почему так много кераитских женщин упоминается в источниках по доимперскому периоду монголов. Для этого периода монгольской истории приводятся имена как минимум шести кераитских женщин, не считая тех, которые стали женами сыновей Чингисхана[21]. Одна из них (Алак Йидун) была женой кераитского военачальника, которая после начала вражды между кераитами и монголами играла роль советника и доверенного лица так же, как в источниках изображены Бортэ и Оэлун по отношению к Темучину [Rachewiltz 1994, I: 373; Thackston 1998: 185][22].

---

[19] О связи между меркитами и монголами см. [Pelliot 1920: 145–147]. О кампании против татар см. [Rachewiltz 1994, I: 359–372].

[20] В первом случае среди добычи были две дочери меркитского правителя Токтоа Беки (по имени Чаалун-хатун и Кутуотай-хатун) [Rachewiltz 1994, I: 364; Thackston 1998: 176].

[21] Например, Сорхахтани-беки и Докуз-хатун.

[22] Этот же эпизод упоминается, хотя и с некоторыми изменениями, в повествовании «Тайной истории монголов» [Rachewiltz 2004: § 169].

Вторая группа, в значительной степени представленная в источниках как имеющая влиятельных женщин в этот доимперский период, — это найманы. Одна из ее представительниц, Гюрбясю-хатун, упоминается как та, которая стала руководить своим народом и противостояла растущей власти Темучина в степях около 1203 года. Существуют противоречивые сведения о ее отношениях с номинальным найманским правителем Таян-ханом. Согласно Рашид ад-Дину, она была любимой женой Найман-хана, который получил ее в жены по левирату после смерти своего отца, что было обычной практикой у монголов и евразийских кочевников того времени [Rachewiltz 1994, I: 127; Thackson 1998: 68][23]. В «Тайной истории...» упоминается, что Гюрбясю-хатун была матерью Таян-хана [Rachewiltz 2004: § 189]. Какими бы ни были отношения между ними, ученые согласны с тем, что она была фактическим правителем народа найманов [Ratchnevsky 2003: 83; Rachewiltz 2004: § 194; Nicola 2010]. Ее положение среди найманов подчеркивает любопытное отношение к роли женщин в политике и близость к религиозным делам[24]. Она изображена как «суровый» правитель по сравнению с «мягким» характером Таян-хана, у которого «не было ни мыслей, ни навыков, ни интересов, кроме соколиной охоты» [Rachewiltz 2004: § 189: 67; § 194]. Когда в 1203–1204 годах найманы увидели монголов, идущих им навстречу, Таян-хан решил отступить вопреки желанию своего сына Кючлюга. Один из высокопоставленных чиновников Таяна, видя трусость хана, спросил его: «Как ты можешь терять мужество, когда еще такое раннее утро? Если бы мы знали, что ты потеряешь мужество, разве мы не должны были привести твою мать Гюрбе, хотя она и женщина, и поручить ей командование войском?» [Там же: § 194].

Однако следует отметить, что слово «женщина» в этом отрывке из «Тайной истории...» употребляется неоднозначно. Несмотря на то что в приведенной выше цитате выражено пожелание,

---

[23] О левирате см. [Holmgren 1986].

[24] Фактически именно ею открывается и завершается история найманов в [Rachewiltz 2004]. Также см. [Kahn 1996: 97].

чтобы во главе армии вместо мужчины-начальника стояла найманская женщина Гюрбясю, это может быть не более чем пренебрежительным способом сказать, что даже женщина будет командовать армией в бою лучше, чем трусливый хан. Однако тот факт, что военачальник упоминает именно Гюрбясю, а не просто «женщину», как в других частях «Тайной истории монголов», оставляет открытым вопрос о том, в какой степени сама Гюрбясю рассматривалась как возможный альтернативный правитель и военачальник [Kahn 1996: 104]. В конце концов, Чингисхан победил найманов и фактически включил их в состав своих владений. Но чтобы закрепить интеграцию этого племени, он взял в наложницы Гюрбясю, что указывает на ее значимость среди соплеменников мужа. Таким образом, найманы были символически ассимилированы в генеалогию монголов[25].

В «Тайной истории монголов» есть несколько великолепных историй, иллюстрирующих роль женщин во внутренней политике кочевников в степях при жизни Темучина; некоторые из этих историй касаются Оэлун и Бортэ, соответственно матери и главной жены будущего Чингисхана. Из этого источника мы также можем установить, что в ранней жизни монгольского вождя произошло три решающих события, которые определили его продвижение на пути к статусу Великого хана, и во всех них роль женщины, по-видимому, была основополагающей. Первым из них было то, что после смерти отца его семья была отвергнута родом. В «Тайной истории...» упоминается, что причиной раскола стал спор между Оэлун и женами хана Амбакая[26], который лишил мать Темучина права участвовать в подношениях предкам [Rachewiltz 2004: § 70]. Этим обе жены показали, что они не признают право наследования детей Оэлун, и предложили остальному племени отказаться от жены и детей Есугея (отца

---

[25] Поскольку в «Юань ши» она не указана как наложница, Энн Бродбридж предположила, что Гюрбясю могла быть женой, а не наложницей найманского правителя. Я благодарю Энн Ф. Бродбридж за это наблюдение в письме от сентября 2016 года.

[26] Амбакай-хан был предводителем тайчиутов, клана, принадлежащего к монгольскому племени, и родственником Есугея.

Темучина). Жены Амбакая были тесно связаны с семьей Темучина, и похоже, что «жертвоприношения» или, точнее, «жертвоприношения путем сжигания пищи» в память о предках было обычной практикой в традиционном монгольском обществе.

В этих ритуалах мужчины и женщины двух групп объединялись, чтобы предложить мясо, кумыс (перебродившее кобылье молоко) и другие алкогольные напитки общему предку, а шаман (или шаманка) проводил церемонию [Там же: 343]. За исключением Оэлун из церемонии под предлогом ее опоздания стояло политическое намерение исключить род Есугея из монгольского племени после его смерти и усилить влияние тайчиутской ветви среди монголов [Rachewiltz 2004: 244; Vladimirtsov 1948: 63; Lattimore 1963: 60]. Интересно, что этот внутренний, но важнейший инцидент между различными монгольскими подгруппами характеризуется в «Тайной истории...» как конфликт, в котором участвовали и который разрешили исключительно женщины, конфликт, в котором жены Амбакая (Эрбей и Сокатай) противостоят вдове Есугея (Оэлун). В продолжении истории упоминается, что Оэлун не просто смирилась со своим отстранением от ритуалов и последующим отвержением тайчиутами. Напротив, узнав об уходе потомков Амбакая, она «взяла в руки штандарт и, ускакав одна, привела обратно половину народа» [Rachewiltz 2004: § 73]. К несчастью для Оэлун и ее детей, люди, которых она привела, не задержались надолго и вскоре покинули их. С одной стороны, этот эпизод знаменует начало самых трудных лет в жизни молодого Темучина, а с другой — проливает свет на активную роль женщин в той частой борьбе за престол, с которой монголы сталкивались с доимперских времен и вплоть до XIII и XIV веков[27].

---

[27] В этом эпизоде повторяется роль, которую играли такие женщины, как Сорхахтани-беки и Дорегене-хатун, в их попытках содействовать становлению своих сыновей ханами. Разница заключается в том, как представлена роль женщин во времена Темучина; этот образ Оэлун, верхом со знаменами, подается именно так, как это было привлекательно для кочевников-читателей «Тайной истории...», по сравнению с подчеркиванием дипломатических навыков хатунов в 1240–1250-х годах, как это подано в персидских источниках. См. главу 2.

Если двигаться дальше во времени, то еще один пример вмешательства женщин в политику можно найти в конфликте между Темучином и его *анда* (братом по кровной клятве) Джамухой [Fujiko 1978: 81–87]. Этот случай имел место после того, как молодой Темучин выжил в степи (благодаря своей матери) и спас Бортэ от меркитов[28]. Это произошло в то время, когда Темучин обзавелся некоторым богатством и стал одним из подающих надежды «племенных» лидеров Монголии под покровительством кераитского Онг-хана. Джамуха, который был некоторое время союзником монголов, предложил им разбить лагерь у гор, но сделал это предложение в таком образном и неопределенном стиле, что Темучин не смог его понять [Rachewiltz 2004: § 118]. Темучин поступил так, как многие другие кочевые вожди до и после него: он обратился за советом к своей матери. Он спросил Оэлун о значении слов своего *анда*, но неожиданный резкий ответ получил не от матери, а от своей жены Бортэ. Она посоветовала ему, чтобы он под прикрытием ночи продолжал идти с их кланом, оставив Джамуху и его родственников в лагере [Там же: § 119]. Этот фрагмент можно истолковать по-разному. Во-первых, можно подумать, что в семье Темучина женщины поменялись местами в иерархии. Бортэ буквально прервала Оэлун, когда та давала советы своему сыну. Это может означать, что с этого момента Бортэ стала выполнять женскую роль защитницы и судьи в семье — роль, которую до этого выполняла Оэлун. Во-вторых, разлад между двумя *анда* и политические последствия этого разлада дают ученым основание по-разному интерпретировать ответственность за распад союза[29]. Независимо от того, кто был

[28] О похищении Бортэ см. [Rachewiltz 2004: § 102; Roux 1993: 87–88]. Рашид ад-Дин также упоминает это событие, но дает смягченную версию, подчеркивая, что похитители «уважали ее целомудрие» [Rachewiltz 1994, I: 72; Thackston 1998: 41].

[29] См. примечание к § 118 в [Rachewiltz 2004: 442]. «Тайная история...» позволяет предположить, что это было последнее политическое вмешательство Оэлун и что она умерла вскоре после этого события. Однако Мозес отмечает, что упоминание о ее смерти в этот момент может быть лишь эпическим приемом в повествовании «Тайной истории...» и поэтому фактический момент ее смерти неизвестен [Moses 1987].

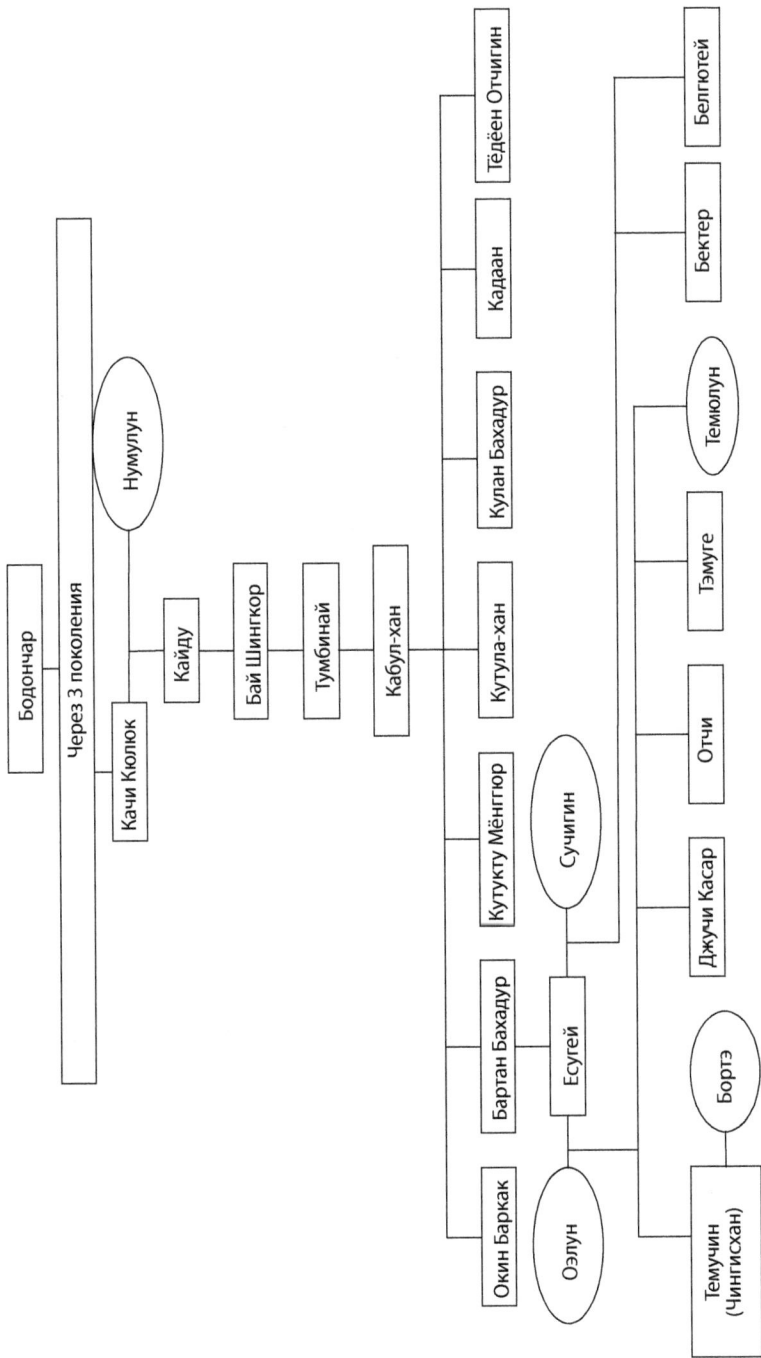

Рис. 1. 2. Предки Чингисхана (часть 2)

виновен в разладе, Темучин решил последовать совету жены, и между двумя прежними союзниками началась вражда. Очевидно, что снова имело место вмешательство женщины (в данном случае Бортэ) в борьбу за престол, которая должна была произойти между *анда*, и на карту было поставлено лидерство среди монголов.

Третье, и последнее, событие также может служить иллюстрацией роли женщин в ранней жизни Темучина. На этот раз конфликт возник не между соперничающими политическими лидерами или членами семьи, а может рассматриваться как борьба между религиозной и имперской властью. Как только Темучин получил контроль над большинством монгольских племен, Теб-Тенгри, верховный шаман монголов, поставил под угрозу стабильность семьи верховного правителя, инициировав споры между Темучином и его братьями. Во-первых, шаман явил «знамения небес», в которых Хасар (брат Темучина) предстал правителем страны вместе с Темучином, возвысив тем самым первого до статуса претендента на трон. Во-вторых, великий шаман в одностороннем порядке взял под свою власть людей, принадлежащих к роду Тэмуге (младшего брата Темучина). Этим он возвысил наследственные права брата Темучина и подорвал его авторитет при дворе. Когда Тэмуге пожаловался, шаман и его семья унизили его, заставив встать на колени позади Теб-Тенгри [Rachewiltz 2004: § 244, 245]. В первом случае, когда Хасар был схвачен Темучином по наущению шамана, их мать Оэлун ехала всю ночь, чтобы заступиться за младшего сына. Она лично говорила с Темучином. В присутствии матери Темучин «боялся, что она сильно рассердится», чувствовал «стыд и был очень смущен». Второй случай — унижение Тэмуге — разрешился благодаря вмешательству Бортэ. Когда младший брат хана пришел в шатер Темучина, чтобы выразить протест против унижения, нанесенного ему Теб-Тенгри, принцесса выступила перед ханом, говоря: «Как люди, тайно обижающие таким образом твоих младших братьев... когда-нибудь позволят моим трем-четырем маленьким "непослушным [сыновьям]" править, пока они еще растут?» [Там же: § 245]. Это проявление здравого смысла и политического ви́дения, выраженного хатун, побудило Темучина подвергнуть наказанию великого шамана. Этот инцидент, по-видимому, послужил Чингисхану предупреждением о том, что сильные религиозные лидеры могут представлять угрозу для его гегемонии в империи. На самом деле, в Монгольской империи не было могущественного религиозного лидера, сравнимого с Теб-Тенгри, по крайней мере, до времен Кубилайхана (пр. 1260–1294) и тибетского монаха Пагба-ламы, который, что любопытно, пользовался поддержкой жены Кубилая Чабуйхатун [Rossabi 1989: 41].

Можно заключить, что в политическую жизнь Темучина в начале его восхождения к власти часто вмешивались его мать и главная жена. Различные проблемы престолонаследия, с которыми сталкивался Темучин, разрешались благодаря прагматичному вмешательству этих женщин, которые боролись за его право на престол, советовали ему, как вести себя с соперниками, и даже указывали ему на любые неправильные принятые им политические решения. Эта модель политически активных и откровенных женщин в монгольской ханской семье будет перенесена за пределы доимперской Монголии и непосредственно в Монгольскую империю. После смерти Чингисхана феномен женского участия в политике сохранился, но адаптировался к новым условиям, обусловленным мировым господством и наличисм оссдлого насслсния. Несмотря па их участие в политической жизни, ни те женщины, которые имели тесные семейные связи с Темучином, ни другие в доимперской Монголии не были признаны правительницами в том смысле, в каком их дочери получат таковой статус в середине XIII века (см. главу 2). В следующем разделе мы рассмотрим возможные прецеденты того, как женщины доимперского периода, обладавшие явно выраженной политической хваткой, активно участвовавшие в придворных делах и влиявшие на своих мужей, приобретут роль признанных властительниц, регентш и даже императриц Монгольской империи.

Правящие женщины средневековой Евразии: в поисках возможного прецедента

Не так давно Джордж Чжао и Ричард Гиссо предположили, что среди монголов

> не существовало статутного права наследования. Это позволило ряду монгольских императриц играть важную роль на политической арене Монгольской империи. Монгольские князья часто поручали им дела империи в отсутствие ханов в переходный период. Чаще всего женщинам удавалось эффективно и справедливо вести государственные дела с помощью министров до избрания нового хана [Zhao, Guisso 2005: 20–21].

Как бы то ни было, к тому времени, когда началась военная экспансия монголов в Северный Китай и Центральную Азию, в этих регионах уже были известны женщины, выступавшие в роли регентш и правительниц. Например, принцесса У Сэтянь (пр. 690–705) стала императрицей и основательницей собственной династии в период Тан в Китае (618–907), а в VIII веке в Центральной Азии якобы существовала так называемая Хатуна Бухары. Это говорит о том, что, несмотря на исключительность этого явления, женщинам могли быть доверены государственные дела [Guisso 1979; Holmgren 1987][30]. До монгольского нашествия это явление было известно и в более западных регионах Азии. В династии Великих Сельджукидов (1037–1157 гг.) и их преемников — Хорезмшахов (1077–1220 гг.), Конийского султаната (1077–1307 гг.), правителей Хамадана (1118–1194 гг.) и Кермана (1041–1187 гг.) — многие женщины активно участвовали в политике и играли важную роль в поддержании сложной сети матримониальных союзов между этими царствами [Lambton 1988: 258–271]. Однако нет никаких свидетельств того, что кто-то из этих сельджукских женщин был признан официальной прави-

---

[30] Об истории Хатуны Бухары, правительницы в Центральной Азии во время арабского завоевания в VIII веке, см. [Frye 1998].

тельницей империи, как это произошло в случае с императрицей У Сэтянь в Китае. У монголов отсутствовало обычное право, которое могло установить возможность женского правления. В монгольской традиции также не было такого прецедента, когда женщина официально брала на себя обязанности управления государственными делами, так что эта практика должна была быть заимствована у одного из завоеванных государств либо у соседнего народа. А поскольку нет никаких признаков того, что женское правление было признано в мусульманских царствах Среднего Востока и Ирана, появление женского правления в Западной Азии должно было произойти только после монгольского завоевания, а не до него.

Наследие кочевников и правление женщин в Западной Азии: сельджуки, айюбиды и возвышение мамлюков

Несмотря на общее мифологическое и географическое происхождение, сельджуки и другие тюркские династии, правившие Ираном до 1258 года, значительно отличались от монголов в различных аспектах своего общественного устройства. Во-первых, сельджуки вступили на земли Аббасидского халифата в XI веке после принятия ислама и довольно быстро получили признание местного населения в качестве правителей. Во-вторых, несмотря на свое военное превосходство, они признавали духовное превосходство халифа, который был источником легитимности и объектом потенциальной оппозиции [Richards 2002: 203]. В отличие от них, монголы прибывали на Средний Восток двумя волнами. Первая волна была частью военной кампании (1218–1223 гг.) под предводительством Чингисхана, который разрушил Империю Хорезмшахов в Центральной Азии и нанес серьезный политический, экономический и культурный ущерб таким регионам, как Хорасан и Восточный Иран [Hartog 2004: 94–123]. Вторая волна заключалась в медленном продвижении и спланированном захвате территории под руководством Хулагу (ум. 1265), в ходе которого этот языческий монгольский полководец по приказу своего брата-язычника и Великого хана Мункэ (ум. 1259) разрушил исмаилитскую крепость Аламут, завоевал Багдад в 1258 году и спустя всего несколько месяцев казнил аббасидского халифа [Boyle 1961].

Несмотря на то что оседлые жители Ирана быстро признали сельджуков в качестве правителей, они продолжали вести полукочевой образ жизни, что может объяснить высокую степень политического участия, экономической независимости и литературных достижений женщин знатного и высшего среднего класса в сельджукском Иране, все еще культурно связанного со своим кочевым прошлым[31]. Однако их предшествующая исламизация и отношения с халифом в Багдаде должны были повлиять на отношения между сельджукскими правителями и оседлыми персидскими религиозными кругами при дворе. Как считает Кэрол Хилленбранд, следует с осторожностью подходить к интерпретации изображений женщин в источниках, поскольку там, как правило, выражено идеализированное представление об их роли, а не отражение реальности того времени [Hillenbrand 2003: 116]. Однако для целей настоящей главы важно подчеркнуть тот факт, что для сельджукского периода не сохранилось никаких свидетельств о том, что женщины были императрицами или регентшами в своих владениях. Предубеждение и предупреждение Низама аль-Мулька против женского правления, процитированное в начале этой главы, могло повлиять на взгляды о возможности женщин управлять государством или, по крайней мере, отразить представления об этом [Darke 1961: 226; Darke 1978: 179]. При Сельджукском дворе для его отношений с Туркан-хатун были характерны личные проблемы и политическое соперничество: супруга Малик-шаха оспаривала гегемонию Низама в делах государства [Cortese, Calderini 2006: 101–102]. Однако, несмотря на свое влияние и способность подорвать карьеру Низама, Туркан-хатун так и не получила признания в качестве фактической правительницы сельджукских владений и всегда осуществляла свою власть с помощью императора мужского

---

[31] О женщинах в сельджукский период см. [Hillenbrand 2003].

пола [Bosworth 1968: 77]. То же самое можно сказать и о других влиятельных женщинах в Империи Сельджуков, таких как главная жена Тогрул-бека Алтун-джан, Зюбейде-хатун (жена Малик-шаха) и мать сына Тогрула Арслана[32].

Таким образом, прецедент монгольского института женского регентства не может быть найден в истории турок-сельджуков или зависимых от них государств. Только после первого нашествия монголов в XIII веке в исламских землях были зафиксированы отдельные случаи правления женщин. Первой была айюбидская Дайфа-хатун (пр. 1237–1243), которая правила в Алеппо от имени своего внука Насира [Tabbaa 2000]. Это интересный прецедент, но, как отметил Питер Джексон, она не пользовалась «привилегией упоминания (!) в пятничных молитвах [*хутба*]» [Jackson 1998: 181; Costello 1984: 298; Broadhurst 1980: 224]. Только в 1250 году, после смерти аль-Малика ас-Салиха Наджм ад-Дина Айюба, его любимая жена Шаджар ад-Дурр (пр. 1250–1257) — мать Халила — была избрана амирами и бахритами султаншей Египта [Levanoni 2001]. По этому случаю она стала «титулованной главой всего государства; с ее именем была выпущена королевская печать с формулой "мать Халила", и в ее честь была произнесена *хутба*, в которой она именовалась султаншей Каира и Египта» [Gabrieli 1957: 297–298; Jackson 2004: 181]. Общим элементом исторического контекста, в котором эти женщины стали регентшами на своих территориях, было растущее влияние населения тюркского происхождения как в Египте, так и в Сирии (особенно в районе Алеппо) в первой половине XIII века [Eddé 1998: 201–202; Gabrieli 1957: 297, прим. 1]. Ясир Таббаа говорит о трех факторах, которые могут объяснить приход к власти женщин на Среднем Востоке. Во-первых, он подчеркивает, что эти женщины были принцессами благородного происхождения, а не наложницами, заключенными в гаремах, о чем рассказывается в исследованиях династий аббасидов и османов [Ahmed 1992; Pierce 1993]. Такое социально-экономическое положение, по объяснению Таббаа, могло обеспе-

---

[32] О различных аспектах политического вмешательства этих сельджукских женщин см. [Lambton 1988: 259–272].

чить этим женщинам бо́льшую свободу передвижения и, более того, гарантировать возможность маневра при дворе [Tabbaa 2000: 19–20]. Во-вторых, он утверждает, что политические браки давали этим женщинам защиту, поскольку их роль была основополагающей в поддержании единства «семейной конфедерации» айюбидов [Там же: 20]. Наконец, их статус повышала способность родить ребенка мужского пола — потенциального правителя [Там же: 20]. Однако эта картина кое-что не учитывает. Кочевой тюркский компонент в культурной, политической и этнической сферах средневековых ближневосточных обществ переживал один из периодов своего наибольшего влияния в XIII веке. Как упоминалось выше, область Алеппо, которой управляла Дайфа-хатун, была регионом, где ключевую роль в обществе играли тюрки [Eddé 1998: 191–208]. Кроме того, назначение султаншей Египта Шаджар ад-Дурр, которая сама была тюркского происхождения, было истолковано как свидетельство роста влияния мамлюков в Египте [Jackson 2004: 189; Irwin 1986a: 26; Irwin 1986b]. Растущую власть тюрков с кочевым прошлым (или памятью о нем) также следует принимать во внимание при попытке понять социальные и политические обстоятельства, которые позволили возникнуть феномену женского правления на Среднем Востоке до второго монгольского вторжения в 1250-х годах. Тем не менее следует отметить контраст между политическим участием и общественным признанием этих женщин Среднего Востока по сравнению с современными им монгольскими хатунами. Как мы увидим в главе 2, в то время как Дайфа-хатун сохраняла власть, «избегая спорных действий» и прося не упоминать о ней в *хутбе*[33], у монголов уже имелась императрица (Дорегене, или Туракина-хатун), которая подписывала указы, занималась дипломатическими связями и активно принимала государственные решения, влияющие на судьбу Монгольской империи.

---

[33] Таббаа считает, что имя Дайфа-хатун не упоминается в хутбе, так как она решила не привлекать к себе внимания. Джексон, с другой стороны, считает это характерным для более низкого статуса регентши по сравнению с Шаджар ад-Дурр в Египте и Радыей бинт Илтутмиш в Делийском султанате [Tabbaa 2000: 31; Jackson 2004: 181].

Случайно ли сложилось так, что эти женщины имели тюркско-среднеазиатское происхождение? Случайно ли женское правление возникло на Среднем Востоке только после первого вторжения монголов? Появление на Среднем Востоке женщин, признанных правительницами государств, произошло не ранее конца 1230-х годов. Следует допустить, это явление, возможно, не является прецедентом монгольского института женского регентства, а, скорее, отражает изменение социально-политических обстоятельств на Среднем Востоке после монгольского вторжения при Чингисхане (1218–1225) [Chambers 1979: 1–50; Morgan 1986: 61–83; Christian 1998: 399–405]. Существовавшее политическое участие женщин в тюркских кочевых обществах, как это наблюдалось в доимперской Монголии, не переросло в институт женского правления в Сельджукской империи, а роль женщин в государственных делах ограничивалась тем, что они советовали мужчинам-правителям и *амирам* и тем или иным способом влияли на принятие ими решений. Единичные примеры обретения женщинами статуса правительницы в Западной Азии имели место после монгольского вторжения, и поэтому они не являются искомым нами прецедентом, который мог бы помочь понять возвышение монгольских цариц и императриц. Поэтому представляется разумным искать истоки женского регентства у монголов в других местах.

Кочевой элемент женского правления в Средней Азии: ануштегиниды Государства Хорезмшахов и Каракитайское ханство

Если монголы не переняли институт женского регентства от мусульманских государств, завоеванных ими в Западной Азии, или от своих тюркских предшественников, то альтернативным местом для поиска прецедента такой практики могли бы стать восточные земли их империи. Материковый Китай, как мы видели, не был богат примерами женского правления. Однако в Северном Китае с начала X века и до прихода монголов доминировали династии кочевников. Династия Ляо (пр. 916–1125)[34], а затем династия Цзинь (1115–1234) правили «основными частями современной Маньчжурии, Внутренней и Внешней Монголии и северо-восточными частями собственно Китая» [Wittfogel, Feng 1949: 41]. Первая династия с самого начала своего существования характеризовалась усилением женского правления. Во время правления Абаоцзи (пр. 907–926), основателя династии, его жена Чунь-чин (впоследствии вдовствующая императрица Ин-тиен) оказывала влияние на различные аспекты жизни общества [Twitchett, Tietze 1994: 68]. Когда Абаоцзи умер, она отказалась быть похороненной вместе с ним (такова была традиция), но вместо этого попросила отрезать ей руку и положить в гробницу мужа, продолжая при этом контролировать армию и престолонаследие [Там же]. Хотя по желанию мужа трон должен был перейти к его старшему сыну, ей удалось изменить линию наследования в пользу своего второго сына, после чего она сразу же взяла власть в свои руки. Она определила свое положение регентши, заявив, что «ее сыновья еще молоды, а страна осталась без правителя» [Там же]. Создав такой институциональный прецедент, «она сохранила твердый контроль над положением дел, пока решался вопрос о престолонаследии, и пользовалась большим влиянием в течение многих лет» [Там же]. Такая практика не ограничивалась единичным случаем, и, хотя пример Чунь-чин не имеет себе равных по масштабу, в Китае эпохи Ляо появлялись и другие женщины, которые восходили на трон и контролировали дела царства [Там же: 87–91]. О признании их высокого положения в правительственной структуре династии Ляо свидетельствует тот факт, что императорских посланников сопровождал эмиссар (!) того же статуса, направленный матерью императора; о том же говорят посвященные императрицам жизнеописания в «Ляо ши» [Wittfogel, Feng 1949: 199–200]. Таким образом, и без того влиятельные женщины из этой династии кочевников сделали шаг вперед и добились номинального признания своей роли в обществе

---

[34] Династию Ляо обычно называют Киданской династией.

в качестве вдовствующих императриц, правящих от имени своих малолетних сыновей.

В 1125 году китайская династия Ляо была вынуждена двинуться на запад, в Центральную Азию, под давлением чжурчжэней, пришедших из Маньчжурии. На своих новых территориях они укрепили новую династию, известную как Каракитай, и правили большинством мусульманского населения[35]. В правящей семье каракитаев традиция женского правления устоялась в большей степени, чем на недавно завоеванных ими территориях Центральной Азии, поскольку из пяти правителей этой новой среднеазиатской династии были две женщины [Biran 2005: 160–161]. После смерти первого императора Е-люй Та-ши (пр. 1124–1143) империя осталась с несовершеннолетним наследником, поэтому вдова Е-люй Та-ши, будущая императрица Кань-тьен (пр. 1144–1150), приняла власть в соответствии с волей своего покойного мужа [Wittfogel, Feng 1949: 643]. Воцарение женщины в одной из держав региона не осталось незамеченным мусульманскими источниками [Qazvini 1912–1937, II: 88–89; Boyle 1997, I: 356; Habibi 1963–1964, II: 95–96; Raverty 1881: 911; Richards 2002, I: 363][36]. Описание восшествия на престол у Джувайни напоминает формулу, использованную позже для описания воцарения монгольских императриц. Он упоминает, что как только она взошла на трон «как преемница его [Е-люй Та-ши]… то [она] начала отдавать приказы [и] весь народ подчинился ей»[37]. За семь лет ее правления политическая ситуация в Центральной Азии не претерпела существенных изменений. Династия ануштегинидов-хорезмшахов, западных соседей каракитаев, продолжала платить дань, соблюдая соглашение, заключенное ранее между Е-люй Та-ши и царем Хорезма Атсызом [Qazvini 1912–1937, II: 88; Boyle 1997, I: 356][38].

---

[35] Согласно Джувайни, в изгнание отправились император и восемьдесят членов его семьи. Обсуждение терминологии см. [Boyle 1997, I: 354, прим. 3].

[36] Имеется также перевод Ибн аль-Атира в [Bretschneider 1910, I: 231–233].

[37] Джувайни называет ее Куюнк (كنویوک), в транслитерации Бойла «Куянг» [Qazvini 1912–1937, II: 88–89; Boyle 1997, I: 356].

[38] По Джувайни, платил 3000 динаров в год.

Хотя сведения о семи годах правления императрицы Кань-тьен скудны, по-видимому, она не была простой номинальной фигурой, а вела активную деятельность в царстве. Во время ее правления описаны два дипломатических посольства. Первое — посланник, отправленный уйгурским народом к династии Цзинь в Северном Китае с вестью о смерти Е-люй Та-ши. Человеку по имени Ниен-ко было поручено проследить за посланником и собрать информацию о царстве каракитаев. Эта попытка слежки была раскрыта, и шпион был казнен в 1146 году по приказу императрицы [Wittfogel, Feng 1949: 643]. В том же источнике упоминается второе посольство, отправленное китайцами в Центральную Азию около 1146 года. По его прибытии императрица была на охоте, а посланец имел наглость не сойти с коня, а попросить императрицу сойти первой, потому что он сам был представителем «сына неба» (китайского императора). За этот неуважительный поступок посол поплатился жизнью: его стащили с лошади и казнили [Там же]. По мнению Карла А. Виттфогеля, тот факт, что этот рассказ был записан по прошествии тридцати лет, может означать, что на самом деле встреча состоялась между представителем китайской династии и сановником-мужчиной, представлявшим императрицу. Однако в такой интерпретации «вряд ли имеется нужда, учитывая традицию Чэн Тянь, которая позволяла императрицам и принцессам не только участвовать в церемониальных охотах, но и возглавлять армии и проводить независимые военные экспедиции» [Там же, прим. 3].

В 1150 году императрица передала трон своему сыну И-лие (пр. 1151–1163), который правил тринадцать лет. Когда он умер, сын его также был еще в малолетнем возрасте, и «по воле брата» управление царством приняла на себя сестра императора каракитаидов (Гурхан) [Там же: 644]. Императрица Чэн Тянь (1164–1177) правила четырнадцать лет, но о ее способностях и политической программе сохранилось не так много информации. В основном это сведения о серии военных кампаний на территорию Государства Хорезмшахов и немногочисленных посланниках, прибывавших из Китая. Первая кампания Каракитая против

Хорезма была организована в наказание за неуплату дани. Хотя хронология событий запутана[39], вторжение привлекло внимание мусульманских летописцев, поскольку во время нападения погиб шах Хорезма [Qazvini 1912–1937, II: 14; Boyle 1997, I: 289; Browne 1910–1913: 112][40]. Насколько мне известно, нет доказательств того, что Чэн Тянь лично командовала войсками, но представляется очевидным, что военные экспедиции, которые проводились во время ее правления, способствовали возвышению другой женщины, Туркан-хатун, в качестве фигуры, политически влиятельной в Империи Хорезмшахов[41].

В дипломатической сфере политические и торговые контакты по-прежнему осуществлялись на востоке на фоне постоянного напряжения в отношениях между Каракитаем и китайской династией Цзинь [Wittfogel, Feng 1949: 646]. В то же время на западе было установлено любопытное взаимодействие:

> Туркан-хатун [мать хорезмшахского императора] приказала принимать посланников гурхана с почетом и уважением. Она обращалась с ними вежливо и полностью выплачивала ежегодную дань. Она также послала некоторых знатных людей своего двора, чтобы они сопровождали Мамуда Тая к гурхану и извинились за задержку выплаты, а также подтвердили, что султан по-прежнему обязуется подчиняться и выражать свою покорность [Qazvini 1912–1937, II: 90; Boyle 1997: 358].

С возобновлением системы подчинения одного царства другому между ними был восстановлен мир, который удалось заключить благодаря дипломатическим способностям этих двух женщин. Однако конец правления Чэн Тянь был омрачен интимной спецификой отношений императрицы и ее деверя. Когда их

---

[39] Согласно Бартольду, наиболее точной датой смерти Иль-Арслана является 1172 год, указанный Ибн аль-Атиром [Barthold 1928: 336–337].

[40] Ибн аль-Атир относит это событие к 567 (1171–1172) году и говорит, что султан умер от болезни, а не в бою [Richards 2006–2008, II: 201].

[41] Она была матерью нового шаха Хорезма Мухаммада [Rachewiltz 1994, I: 474; Thackston 1998: 234].

любовная интрига обнаружилась, свекор королевы, отец обоих братьев, собрал армию и, захватив императорский дом, убил обоих любовников [Wittfogel, Feng 1949: 646].

Хотя здесь приведен лишь краткий обзор института регентства у каракитаев, нельзя недооценивать его влияние на государственные дела. И Бартольд, и Клиффорд Эдмунд Босворт предполагают, что к началу нашествия Чингисхана в Центральную Азию империя каракитаев «была ослаблена продолжительным периодом женского регентства» [Bosworth 1968: 189]; в том же плане высказывается Бартольд [Barthold 1956–1963, I: 105]. Однако, как представляется, поиск причин упадка Западного Ляо не может основываться на предвзятом представлении о неспособности женщин к правлению. На самом деле, источники свидетельствуют об обратном: во-первых, женщины избирались в качестве наследниц престола своими предшественниками; во-вторых, они активно участвовали в развитии империи, выступая в качестве правительниц, способных полноценно вести переговоры и воевать с соседями. Наконец, после убийства последней императрицы в 1177 году империя не распалась, а продолжала оставаться крупнейшим государственным образованием в Центральной Азии еще немногим более сорока лет, вплоть до завоевания ее Чингисханом во втором десятилетии XIII века.

Высокий статус, приобретенный Туркан-хатун в Государстве Хорезмшахов, по-видимому, объяснялся географической близостью и тесными вассальными отношениями между Каракитаем и этой мусульманской державой [Jackson 1998: 190; Rachewiltz 1994, I: 373; Thackston 1998: 185; Rachewiltz 2004: § 169]. Западная Ляо была важнейшей политической силой в Центральной Азии, и она не утратила своей кочевой традиции женского правления, ни когда первоначально господствовала в Северном Китае, ни когда переместилась на запад. Культурная близость к кочевой среде степей могла не только вдохновить такие соседние тюркские государства, как Хорезм, но и стать моделью при завоевании монголами этих территорий. Приход к власти таких монгольских женщин, как Дорегене-хатун, политическая активность Сорхахтани-беки и правление Огул-Гаймыш и Оргины-хатун, которые мы исследуем позже, — все они нашли в Каракитае подходящий прецедент, чтобы узаконить свое право на правление не только в глазах монголов, но и среди их подданных. Традиция женского регентства не ограничилась Центральной Азией, а распространилась, благодаря монгольскому завоеванию, и на более далекие территории. Это, как я полагаю, послужило причиной появления женщин-правительниц не только на западе, на Среднем Востоке, как мы видели выше, но и на юге — в Индии [Jackson 1998: 181–197].

Институт, не приносящий никакой пользы, не может быть устойчивым в трудные времена и не будет позаимствован другими государствами. Женщины-правительницы в Каракитае, похоже, не были ни причиной, ни признаком упадка, как предполагали Бартольд и Босворт. Напротив, их правление, похоже, сохраняло преемственность после их предшественников-мужчин, в результате чего эта традиция была распространена на другие кочевые или полукочевые империи. Возможно, именно в кочевничестве кроется ключ к пониманию практики и институционализации женского правления. Виттфогель говорит: «открытое правление женщин... вполне может отражать старую традицию Чэн Тянь — традицию, которая нашла свое выражение во всех кочевых империях»: империи Ляо, которая с новой силой заявила о себе в «черных» династиях Чэн Тянь — Хси Ляо и Кермане [Wittfogel, Feng 1949: 672]. Эта «традиция», существовавшая на зачаточном уровне в доимперской Монголии и затем институционализированная Каракитаем, как представляется, послужила образцом, который впоследствии был принят монголами в качестве обычной практики преемственности своих лидеров. В следующей главе мы рассмотрим материализацию женского правления в Монгольской империи в решающие годы ее развития.

Глава 2

Регентши и императрицы: женщины-правительницы в Мировой империи монголов

Монгольская империя обладала свойством, которое не было присуще другим империям, основанным ханами кочевников: после смерти своего харизматичного основателя (Чингисхана) она продолжала расширяться и почти удвоила свои территориальные владения под властью его преемников [Morgan 2009: 3]. Однако с другими кочевыми империями ее роднила задача обеспечения мирной преемственности власти. В связи с выборностью наследников престола в Монголии нередко возникали периоды междуцарствия между смертью властителя и проведением собрания знатных людей (курултая), ответственных за назначение нового правителя [Hodous 2012–2013: 87–102]. Проблема эта становилась все более актуальной по мере расширения империи, поскольку все больше времени требовалось для того, чтобы собрать разбросанных по Евразии всех членов правящего рода и избрать нового правителя, что приводило к вакууму власти, создававшему нестабильность в державе. Впервые Монгольской империи потребовался регент сразу после кончины Чингисхана в 1227 году. Хотя, согласно источникам, наследник престола, Угедэй-хан (ум. 1241), был назначен Великим ханом заранее [Qazvini, I: 143; Boyle 1997: 182; Rawshan, Musavi 1994,

I: 618–619; Boyle 1971: 18], согласно монгольской традиции престолонаследия, следовало выждать два года, пока все соответствующие члены правящей семьи не соберутся вместе и выберут — или, скорее, просто утвердят — нового правителя[1]. По некоторым источникам, в этот период регентшей была жена Чингисхана, Бортэ [Raverty 1881: 1105, прим. 5; Dunlop 1944: 284]; однако представляется очевидным, что Бортэ умерла раньше своего мужа[2].

Остаться на два года без правителя для растущей империи было бы политически опасно. Поэтому регентом до утверждения его брата на троне в 1229 году был назначен Толуй (младший сын Чингисхана) [Rawshan, Musavi 1994, II: 787–788; Boyle 1971: 166], в соответствии с неоднозначной традицией права младшего сына на трон у монголов[3].

Как мы узнаем, в определенные моменты истории Монгольской империи этот вакуум власти, порожденный выборной системой монголов, часто заполняли женщины.

Хотя, как явствует из главы 1, женщины, несомненно, пользовались влиянием в Монголии и до прихода к власти Чингисхана, более десяти лет прошло после воцарения Угедэя в 1229 году, прежде чем первая женщина взяла на себя управление делами империи и была признана ее владычицей [Kahn 1996: 100]. Затем

---

[1] О курултае, или собрании знати, отвечавшем за выборы нового хана, см. главу 3.

[2] «Должно быть, Бортэ родилась в 1161 году... Год ее смерти неизвестен, но она, вероятно, скончалась после 1206–1207 годов и почти наверняка раньше своего мужа... Среди супруг хана она упоминается лишь вскользь»; см. комментарий Рачевильца в [Rachewiltz 2004: 333–334].

[3] О системе наследования, по которой наследником становится младший сын, см. [Fletcher 1986: 26; Ratchnevsky 2003: 125; Riasanovsky 1929: 77–78; Schurmann 1956: 316, прим. 4; Krader 1955: 72]. Представляется вероятным, что то, что Рашид ад-Дин делает упор на этом принципе как на «традиционной» монгольской практике, — политический жест, направленный на обоснование легитимности правления Толуидов. На деле сам Рашид, описывая древние монгольские и тюркские племена, говорит, что вожди, как правило, называли наследниками престола своих старших сыновей [Rawshan, Musavi 1994, I: 56; Thackston 1998: 32].

в течение двадцати лет судьбы монгольской мировой державы находились в руках женщин, которые отличались друг от друга по своему статусу, влиянию и результатам политических авантюр.

В этой главе рассматривается история Монгольской империи в период особого влияния женщин в политике на примере жизни и деяний ряда влиятельных монгольских дам. Во-первых, исследуется правление жены хана Угедэя, Туракина-хатун (пр. 1241–1246), первой императрицы-регентши монголов. Во-вторых, в сравнении с правлением второй монгольской регентши, Огул-Гаймыш (пр. 1248–1250), рассматривается роль Сорхахтани-беки (ум. 1251/1252), супруги Толуя и, возможно, «серого кардинала» при нем.

Наконец, мы сосредоточим внимание на продолжительном правлении в Центральной Азии Оргины-хатун (ум. 1266) как примере преемственности этой практики женского правления в монгольском ханстве. Все эти примеры наглядно показывают, как традиция женского правления у кочевников была воспринята, внедрена и применена в Монгольской империи в середине XIII века.

Туракина-хатун: правительница Монгольской империи

Как и многие другие монгольские женщины до 1206 года, Туракина-хатун (ум. 1246) попала в семью Чингисхана в результате поражения ее племени войсками растущей монгольской конфедерации [Rachewiltz 2004: § 198]. Принадлежность к порабощенной группе не помешала этим женщинам стать влиятельными фигурами в развивающейся Монгольской империи. Первоначально Туракина, или Дорегене, была женой Тайир-Усуна, вождя клана ухаз племени меркитов, который имел долгую историю соперничества с Темучином из-за женщин[4]. После разгрома меркитов будущий Чингисхан решил отдать Дорегене в жены Угедэю, своему третьему сыну от старшей жены Бортэ. Она не

---

[4] Об ухаз-меркитах см. [Pelliot, Hambis 1951: 273–274], о соперничестве — [Rachewiltz 2004: § 55–56, 102, 110].

была старшей женой своего нового мужа, но родила пятерых из семи сыновей второго правителя Монгольской империи [Rawshan, Musavi 1994, I: 623; Boyle 1971: 19]. Как было показано в главе 1, положение женщин в семейном укладе было настолько весомым, что они могли влиять на государственные дела. Поэтому после смерти Угедэя в 1241 году, похоже, не только статус вдовы правителя, но и роль матери его старших сыновей дала Дорегене легитимное право стать имперской регентшей при своем сыне [Muhaddith 1984: 253–254].

Однако наследование престола Монгольской империи было делом непростым. Согласно Рашид ад-Дину, наследником, выбранным в качестве преемника хана, был его третий сын Кучу (тоже сын Дорегене), но он умер раньше своего отца. Готовясь к передаче власти, Угедэй «воспитал старшего сына [Кучу], Ширемуна, который был чрезвычайно удачлив и умен, в своей собственной орде и постановил, что тот будет его наследником и преемником» [Rawshan, Musavi 1994, II: 804; Boyle 1971: 180]. Однако, когда в 1241 году Угедэй умер, Дорегене и группа амиров были против избрания Ширемуна и выступили в пользу Гуюка (старшего сына Дорегене) с тем доводом, что старший из сыновей должен наследовать отцу [Rawshan, Musavi 1994, I: 734; Boyle 1971: 120; Ayati 2004: 309][5].

Этот аргумент приводится в источниках как самоочевидное утверждение, но он не соответствует ни принципу наследования Чингисхану, ни воле Угедэя. Возможно, из-за неприязни некоторых персидских источников к женскому правлению политическое восхождение Дорегене представлено Рашид ад-Дином как акт мести: «...затаила обиду на некоторых людей во время правления Каана, и эти чувства [укоренились] в ее сердце, и она решила теперь, когда стала абсолютной правительницей, отомстить каждому из них» [Rawshan, Musavi 1994, I: 799; Boyle 176].

---

[5] Джувайни даже оправдывает это решение, устанавливая связь между первородством и способностью править: «Он [Гуюк] был старшим из братьев, был лучше всех подготовлен для решения сложных вопросов и имел лучший опыт бед и несчастий» [Qazvini 1912–1937, II: 206; Boyle 1997: 251].

Впечатление от правления Дорегене и его признание в качестве заметного периода в истории монголов подтверждается нетипичным описанием ее внешности и способностей, оставленным летописцами того времени. Рашид ад-Дин описывал Дорегене как «не очень красивую, но очень властную натуру» [Rawshan, Musavi 1994, I: 620; Boyle 1971: 19], а Джувайни писал, что она была «женщиной крайне проницательной и способной и ее положение значительно укрепилось благодаря единству и согласию этих черт» [Qazvini 1912–1937, II: 196; Boyle 1997: 240]. Оба эти автора больше симпатизировали ветви Толуя семьи чингизидов, но признавали способность Дорегене к управлению государством — мнение, которое также можно найти в христианских и китайских источниках [Budge 2003: 410][6]. Ее восшествие на престол, однако, не было таким гладким, как может показаться. В рассказе Джувайни раскрывается гораздо более сложный сценарий в отношении доступа женщин к регентству. В нем упоминается, что поскольку Гуюк не вернулся из похода на запад к моменту смерти своего отца, собрание народа (*курултай*) «состоялось у дверей орды его жены, Мёге-хатун, которая, в соответствии с монгольским обычаем, перешла к нему от его отца, Чингисхана» [Qazvini 1912–1937: 196; Boyle 1997: 240]. Мёге-хатун — одна из забытых женщин в Монгольской империи. «Она была подарена Чингисхану вождем племени Бакрин, и он очень любил ее... но у него не было от нее детей» [Rawshan, Musavi 1994, I: 142; Thackston 1998: 77]. После смерти Чингисхана она перешла к Угедэю, который быстро женился на ней, чтобы помешать своему брату Чагатаю претендовать на хатун [Там же]. Показателем ее высокого статуса может служить тот факт, что Мёге брали с собой в царские охотничьи экспедиции при хане Угедэе, в то время как ни одна другая женщина не упоминается в числе участниц этих охот [Rawshan, Musavi 1994, I: 690; Boyle 1971: 81; Qazvini 1912–1937, II: 169; Boyle 1997: 211–212]. Похоже, что она быстро стала любимой женой Угедэя,

---

[6]   В китайских источниках она упоминается под титулом Тэ хуан-хоу, что означает «Великая императрица» [Rachewiltz 1981: 43].

и «он [Угедэй] любил ее больше, чем других своих жен — так сильно, что они завидовали ей» [Rawshan, Musavi 1994, I: 142; Thackston 1998: 77]. Итак, если положение женщины по отношению к правителю было основополагающим фактором при выборе регентши, то все признаки указывают на то, что Мёге была идеальной регентшей после смерти Угедэя. Однако летописцы объясняют избрание Дорегене ее положением матери старшего сына хана, а Джувайни, похоже, предполагает, что именно дипломатические и политические способности Дорегене привели ее на трон. Мёге была бывшей женой Чингисхана, фавориткой Угедэя, ей отдавали предпочтение другие влиятельные члены правящей семьи, но, несмотря на эти качества, Туракина-хатун была матерью его старшего сына и к тому же была проницательнее и хитрее Мёге-хатун;

> она отправляла послания князьям... и говорила, что пока хан не будет назначен по соглашению, кто-то должен быть правителем и вождем, чтобы дела государства не были заброшены, а дела общества — в смятении... Чагатай и другие князья послали представителей сказать, что Туракина-хатун — мать князей, имеющих право на ханство. Поэтому до проведения курултая именно она должна руководить делами государства [Qazvini 1912–1937, II: 196; Boyle 1997: 240].

Мёге умерла вскоре после своего мужа и не представляла никакой опасности для регентства Дорегене. Хотя Джувайни упоминает тот факт, что Дорегене была матерью старшего сына умершего хана, он делает акцент на том, что ее избрание стало результатом ее дипломатических способностей и поддержки, оказанной ей другими членами царской семьи, особенно чагатаидской ветвью монголов. Но в какой степени это признание в качестве императрицы и законной правительницы империи позволило Дорегене иметь реальный контроль над правительством? Другими словами, действительно ли у нее была возможность разработать собственную политическую программу? Ее вступление на престол не было таким мирным, как переход власти от Чингисхана к его сыну Угедэю. Ей пришлось применить все свои дипломатические и политические навыки, чтобы справиться с очагами сопротивления ее правлению со стороны визирей, которые отвергали ее власть и сами управляли своими округами [Banakati 2000: 391]. Члены ее собственной семьи также оспаривали ее право на власть из-за ее политического решения заменить нескольких правителей, назначенных Угедэем, в частности Елюя Чукая и Махмуда Ялавача в Северном Китае, Масуда-бека в Центральной Азии и Кёргюза на западных территориях[7]. Елюй Чукай (ум. 1243) и Махмуд Ялавач нашли убежище у сына Угедэя Кётена[8], который принял и защищал их на подконтрольных ему тангутских территориях, постоянно отклоняя просьбы императрицы выдать беглецов [Qazvini 1912–1937, II: 197–198; Boyle 1997: 242; Rawshan, Musavi 1994, II: 799–801]. Недовольная таким неповиновением, императрица-регент, по-видимому, воспользовалась своим правом отправлять правосудие, приказав арестовать Кёргюза. Он был предан суду в орде Дорегене, признан виновным и казнен чагатаидами [Rawshan, Musavi 1994, II: 813; Boyle 1997: 189–190]. Случай с Махмудом Ялавачем иллюстрирует умение Дорегене разыгрывать свои карты на политической арене. Этот амир противостоял Чагатаю еще при жизни Угедэя, вынудив хана перевести Ялавача из Центральной Азии в Китай. Когда Дорегене пришла к власти, одной из первых ее мер была попытка захватить амира и одновременно заручиться поддержкой Чагатая [Biran 2009: 48].

Несмотря на ее попытки установить жесткий контроль над растущим числом несогласных в числе чиновников и среди членов правящей семьи, во время правления Дорегене количество беспорядков возросло. Брат Чингисхана Отчигин (Тэмюге) «задумал

---

[7] Масуд нашел убежище у Бату на западе, а Кёргюз был схвачен в Хорасане и казнен в Монголии [Kim 2005: 326–327]. Исчерпывающее объяснение споров между эгетеидами, чагатаидами и джучидами по поводу этих амиров см. [Allsen 1987: 100–113].

[8] Существует некоторая неясность относительно матери Кётена. Согласно Рашид ад-Дину, Кётен должен быть сыном Дорегене; однако более надежно на его семейную принадлежность указывают некоторые ученые, упоминая его как сводного брата Гуюка и, следовательно, только пасынка Дорегене [Kim 2005: 326].

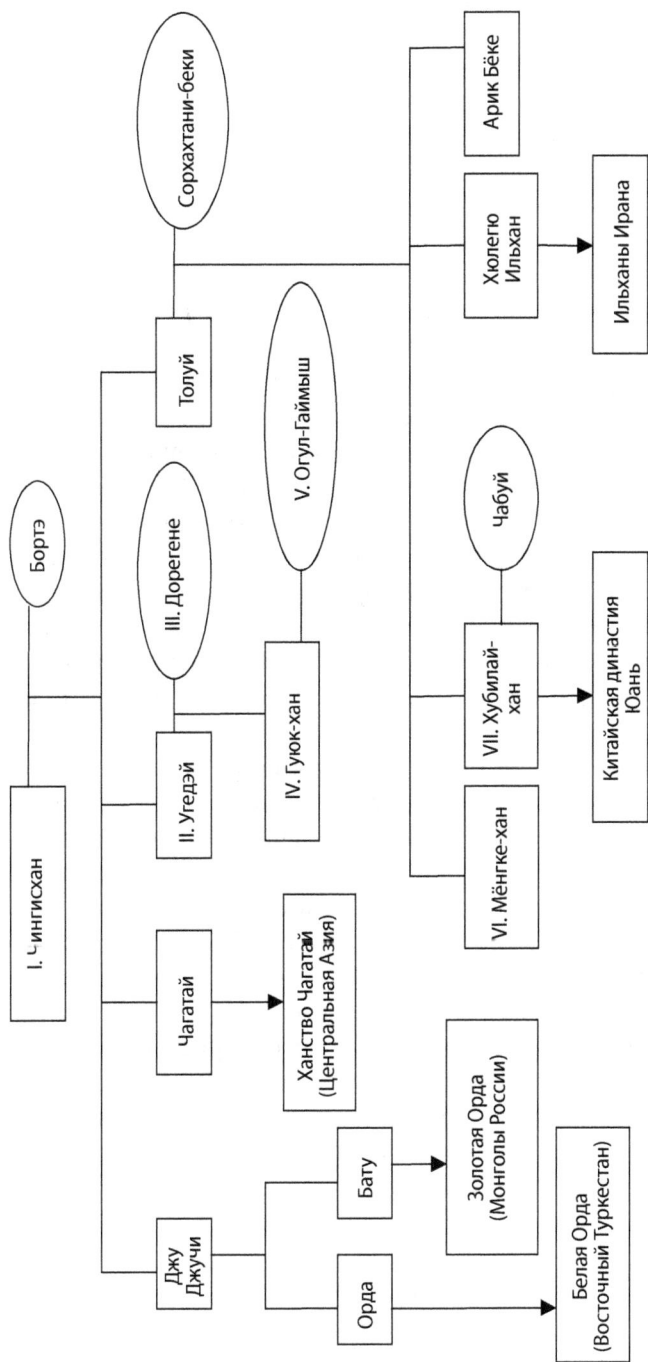

Рис. 2.1. Великие ханы и императрицы Монгольской империи

Бортэ

Сорхахтани-беки

I. Чингисхан

Толуй

III. Дорегене

V. Огул-Гаймыш

Чабуй

II. Угедэй

IV. Гуюк-хан

VII. Хубилай-хан

Китайская династия Юань

VI. Мёнгке-хан

Хюлегю Ильхан

Ильханы Ирана

Арик Бёке

Чагатай

Ханство Чагатай (Центральная Азия)

Джучи / Джучи

Бату

Золотая Орда (Монголы России)

Орда

Белая Орда (Восточный Туркестан)

захватить трон силой и жестокостью. С этим намерением он отправился в орду Каан во главе большой армии и с большим количеством оружия и снаряжения» [Rawshan, Musavi 1994, II: 801–802; Boyle 1971: 178; 1997: 244; Qazvini 1912–1937, II: 199], двигаясь к монгольской столице Каракоруме [Kim 2005: 328]. Восстание не удалось, и причины этого в разных источниках излагаются по-разному. Рашид ад-Дин, с одной стороны, обращает внимание на дипломатические способности Дорегене, называя их главной причиной остановки наступления Отчигина; Джувайни, с другой стороны, подчеркивает роль, которую сыграл один из внуков Чингисхана (Менгли Огул, сын Угедэй-хана) в отпоре наступлению Отчигина на монгольскую столицу. Оба автора, однако, отмечают, что это событие совпало с прибытием Гуюка (пр. 1246–1248), сына Дорегене и наследника Угедэя, с поля битвы, что могло бы утишить напряженность между королевскими семьями и придать определенную легитимность регентству Дорегене. Однако, несмотря на свой приезд, «когда Гуюк приехал к матери, он не принимал никакого участия в государственных делах, а Туракина-хатун по-прежнему издавала имперские указы, хотя ханство было передано ее сыну» [Qazvini 1912–1937, II: 200; Boyle 1997: 244].

Прямое вмешательство императрицы-регентши во все эти дела говорит о том, что правление Дорегене не было простым женским междуцарствием. Напротив, она играла активную роль в защите своего престола от внутренней оппозиции и активно способствовала реструктуризации администрации империи. Уже упомянутое смещение правителей в Китае и Хорасане сопровождалось беспрецедентным решением Дорегене назначить женщину своим высшим советником. Назначение на эту должность Фатимы[9] проливает свет на некоторые интересные аспекты женского правления в Монгольской империи. Во-первых, происхождение Фатимы подчеркивает важность женских «орд» в политическом развитии внутренней политики монголов. Она была захвачена во время походов Чингисхана в Хорасан (в окрестностях города Мешхед) и подарена Дорегене в качестве рабыни.

---

9   Ее имя в персидских источниках — مطاف خاتون (Фатэмэ-хатун).

Между двумя женщинами установились близкие отношения, которые в конечном итоге привели к тому, что Фатима заняла значительное положение в администрации, поскольку, как упоминает Рашид ад-Дин, она стала «доверенным лицом хатун и хранительницей ее секретов» [Rawshan, Musavi 1994, II: 799; Boyle 1971: 176; 1997: 244–245; Qazvini 1912–1937: 200]. Во-вторых, назначение Фатимы подчеркивает представление о женском правлении среди этих кочевников как о чем-то, что может быть достигнуто не только путем брака, но и через отношения между самими женщинами, без какого-либо явного вмешательства со стороны мужчины — члена семьи. Действительно, Джувайни утверждает, что Дорегене передала бо́льшую часть своих политических полномочий Фатиме, которая отвечала за смещение предыдущих амиров и губернаторов и проведение реформ администрации [Qazvini 1912–1937, II: 200–201; Boyle 1997: 245].

Назначение Фатимы верховным советником вызвало жесткую реакцию среди членов правящей семьи. Однако разногласия, похоже, были вызваны не противодействием правлению женщин как таковому, а, скорее, их политической программой. В современных и более поздних источниках обе женщины (Дорегене и Фатима) описываются как компетентные, проницательные и проявившие немалые способности к государственным делам [Rawshan, Musavi 1994: 799; Boyle 1997: 176; Khwandamir 1954, III: 55; Thackston 1994: 31]. Восстания против них описываются без особого акцента на то, что они были женщинами, и кажется, что недовольство правящей семьи возникло из-за политических мер, принятых Фатимой (а именно, смещение амиров), или из-за процедур наследования в Великом ханстве (восстание Отчигина)[10]. Заговор свергнутых амиров и возвращение Гуюка в Монголию с Западного фронта ознаменовали конец этого периода правления женщин в Монгольской империи. Фатиму обвинили

---

[10] Что касается восстания Отчигина, Ким предполагает, что значительное количество воинов и территории (в Маньчжурии и Корее), выделенные ему Чингисханом, дали Тэмуге значительную военную и политическую силу, чтобы оспорить преемственность Гуюка, но нигде не упоминается о каких-либо его возражениях относительно женщины-регента империи [Kim 2005: 328].

в колдовстве и в том, что она вызвала смерть Кётена (защитника свергнутых амиров), и жестоко казнили: «Ее верхние и нижние отверстия были залеплены; ее завернули в ковер и бросили в воду» [Banakati 2000: 393; Lane 2006: 238]. По мнению некоторых историков того периода, обвинение в колдовстве было не более чем политическим ходом со стороны изгнанных амиров, чтобы отстранить Фатиму от власти и восстановить свою роль в управлении. Одновременно это дало Гуюку возможность дистанцироваться от своей матери и политики Фатимы, что, возможно, помогло ему в обращении за поддержкой к некоторым мятежным членам правящей семьи. Дорегене пыталась избежать передачи Фатимы в суд, но судьба той была предрешена, и

> когда инквизиторы проводили расследование в отношении Фатимы-хатун, они держали ее голодной и голой в течение некоторого времени, угрожая ей насилием, пока бедная женщина не призналась и не поплатилась за действия, которых она не совершала [Khwandamir 1954, III: 56; Thackston 1994: 32].

Правление Дорегене не считается важным периодом в истории империи и обычно игнорируется историками. Однако благодаря своему искусству дипломатии эта хатун сумела продержаться у власти шесть лет. Более того, ей удалось противостоять попыткам членов правящей семьи захватить власть. Она провела важные политические реформы, пытаясь избавиться от зависимости от аппарата чиновников, укоренившихся в традициях Китайской империи: например, отстранила от должности Елюя Чукая, восстановив в звании хорезмийца Абдурахмана [Allsen 1994: 383–384]. Это рассматривалось как конкуренция между двумя различными концепциями экономического развития империи, основанными на налогообложении сельскохозяйственных земель. С одной стороны, реформы с целью разорвать зависимость от таких мужниных чиновников, как кидань по происхождению Елюй Чукай, предусматривали облегченное налогообложение оседлого населения и уважение к собственности землевладельцев Северного Китая. Этот подход был в основном поддержан толуидской ветвью правящей семьи, которой принадлежали обширные уделы в регионе. С другой стороны, подход, заключавшийся в высоком налогообложении оседлого населения, был представлен Абдурахманом в поздние годы правления Угедэй-хана. Восстановление Дорегене Абдурахманом и назначение Фатимы следует рассматривать в этом контексте, наряду со стратегией, призванной завоевать поддержку Чагатая, используя его вражду с Махмудом Ялавачем. Неприязнь и враждебность, с которыми ее правление описывается как в китайских, так и в персидских источниках, похоже, были вызваны ее приверженностью собственной модели империи и четкой программе политических реформ, а не ее принадлежностью к женскому полу[11]. Дорегене скончалась в 1246 году, но до того она использовала всю свою власть, чтобы обеспечить воцарение на престоле своего сына Гуюк-хана (пр. 1246–1248), которому она благоволила, в чем «большинство амиров были согласны с ней» [Rawshan, Musavi 1994, II: 806; Boyle 1997: 181]. Она умерла, но институт женского регентства в империи был создан, и он будет оставаться опцией престолонаследия до тех пор, пока монголы будут оставаться единым целым под управлением всемирно признанного Великого хана.

Женщины как протагонисты династических перемен: участие женщин в толуидском перевороте

Ориентированные на толуидов источники более чем склонны подчеркивать роль Сорхахтани-беки (ум. 1252) как не только очень влиятельной женщины, но и как альтер эго Дорегене[12].

---

[11] «Юань ши», цит. по: [Kim 2005: 311]; здесь стоит отметить, что единственное враждебное упоминание о Дорегене, основанное на том, что она женщина, можно найти в рассказе Джузджани, где он говорит, что хатун «следовала женским путем, таким, что исходит из недостатка интеллекта и избытка чувственности» [Habibi 1963–1964, II: 167; Raverty 1881: 1144].

[12] Сорхахтани-беки была женой Толуя (четвертого сына Чингисхана) и матерью Мункэ-хана (пр. 1251–1259), Кубилай-хана (пр. 1260–1294), Хулагу (пр. 1260–1265) и Ариг-Буга. Упоминается, что она принадлежала к народу кераитов и исповедовала христианскую веру [Rawshan, Musavi 1994, II: 823; Boyle 1997: 200].

Хотя ее так и не признали императрицей, Сорхахтани-беки изображается в тех же источниках как защитница той модели империи, которая основывалась на облегченном налогообложении оседлого населения [Rossabi 1979: 164]. Она считается приверженцем линии наследования от Чингисхана, которая была прервана родичами Угедэя, когда Дорегене захватила контроль над империей и выдвинула своего сына Гуюка в качестве правителя монголов в ущерб Ширемуну[13]. Однако это идиллическое представление Сорхахтани-беки в источниках нельзя воспринимать буквально. Эта грозная женщина не просто выступала за правое дело, а делала то же самое, что и Дорегене, то есть реализовывала свою политическую волю, преследуя собственные интересы — и интересы своих приближенных. Она была дочерью Джагамбо, брата кераитского правителя в первые годы правления Чингисхана[14]. Союз между Чингисханом и Онг-ханом кераитов против меркитов был закреплен и упрочен браком между старшим (Джучи) и младшим (Толуй) сыновьями Чингисхана и двумя племянницами кераитского правителя (соответственно, Бек-Тутмиш и Сорхахтани-беки) [Rawshan, Musavi 1994, II: 962; Thackston 1998: 471][15]. Об отношениях между Сорхахтани-беки и ее мужем известно немного, но Толуй был одним из самых активных военачальников монгольской армии и бо́льшую часть своей взрослой жизни провел в военных походах, препоручив жене заниматься воспитанием их сыновей, тогда как сам практически не имел влияния на своих отпрысков [Rossabi 1989: 12][16].

Сорхахтани-беки добилась исключительно высокого статуса во всей империи. Большинство доступных источников, как

---

[13] Рашид ад-Дин изображает ее как человека, который повлиял на Бату, чтобы тот выдвинул Мункэ в качестве преемника в 1251 году [Rawshan, Musavi 1994, I: 725; Boyle 1997: 121].

[14] Джагамбо, или джакамбу, — титул, данный отцу Сорхахтани-беки, когда после поражения от Чингисхана он бежал и нашел убежище у тангутов [Dunlop 1944: 283, прим. 6].

[15] О межродовых браках между чингизидами и кераитскими женщинами см. рис. 4.1.

[16] См. также [Nicola 2017].

христианских, так и мусульманских, сходятся в том, что она обладала огромной властью и влиянием[17]. В «Татарских реляциях» («Tartar Relation»), западном источнике, написанном восточно-европейским священнослужителем, который встретил Плано де Карпини по его возвращении в Европу из Монголии, говорится, что она была «следующей по старшинству среди татар после матери императора [Дорегене]» [Skelton et al. 1965: 76]. Тот же текст дает нам еще одно указание на статус хатуны, когда автор не может вспомнить имя Толуя, но явно признает влияние, оказываемое Сорхахтани-беки [Там же]. Ее положение в семейной структуре монголов закрепилось благодаря браку с сыном Чингисхана, а после смерти Толуя в 1233 году она получила его зависимые земли (*улус*) и орду, то есть людей и территории в Монголии и Северном Китае [Rawshan, Musavi 1994, II: 822; Boyle 1971: 199; Rachewiltz 1993: 481]. Доходы и поддержка, унаследованные от мужа, позволили ей противостоять Угедэю, когда тот попытался устроить брак между ней и его сыном Гуюком. Сорхахтани-беки предпочла остаться незамужней и направила хану послание с отказом:

> Как можно изменить условия *ярлыка* [королевского указа]? И все же я мыслю только о том, чтобы воспитывать этих детей, пока они не достигнут возраста мужественности и независимости, и попытаться взрастить их так, чтобы они были хорошо воспитаны и не были склонны к разладу и ненависти друг к другу, чтобы, возможно, из их единства могло получиться нечто великое [Rawshan, Musavi 1994, II: 792; Boyle 1971: 169].

Это заявление интересно по двум причинам. Во-первых, оно показывает, что Сорхахтани-беки была достаточно сильна, чтобы, пользуясь своими родственными и брачными связями, противостоять желаниям Великого хана, и, во-вторых, это можно интер-

---

[17] Хотя при жизни она никогда не занимала монаршую должность, посмертно она была названа императрицей монгольского Китая [Farquhar 1990: 233, прим. 198].

претировать как разумную долгосрочную политическую стратегию, поскольку, оставаясь незамужней, она могла свободно плести
интриги, что в итоге обеспечило ханство ее сыну Мункэ. Во время
правления Дорегене Сорхахтани-беки держалась в тени и начала
«завоевывать расположение знати с помощью подарков и благо-
деяний» [Khwandamir 1954, III: 58; Thackston 1994: 33; Budge 2003:
417]. В мусульманских источниках она также представляется
весьма влиятельной; Квандамир даже утверждает, что решение
об избрании Гуюк-хана было принято совместно Дорегене и Сорхахтани-беки, с чем согласились все остальные амиры и чиновники [Khwandamir 1954, III: 55; Thackston 1994: 32]. Она проявила
большие дипломатические способности, поддерживая хорошие
отношения со сторонниками Угедэя и одновременно заручившись
поддержкой Бату-хана, самого старшего из живых членов семьи
чингизидов. Она ждала подходящего момента, чтобы воспользо-
ваться враждой между Бату и Гуюком, когда в 1247 году последний
двинулся с армией на запад, чтобы, очевидно, напасть на Бату на
территории Руси [Pelliot 1922–1924, 1931, III: 195; Kim 2005: 314–
330]. Когда новости об этом достигли Сорхахтани-беки, она послала Бату сообщение: «Будь готов, ибо Гуюк-хан отправился в те
края во главе большого войска». «...Бату был благодарен и приго-
товился к битве с ним» [Rawshan, Musavi 1994, II: 809; Boyle 1971:
185; Kim 2005: 328–332], но битва так и не состоялась. Когда караван Гуюка прибыл в Самарканд, он умер, и в империи развернулась
новая борьба между династиями[18].

Поскольку, строго говоря, Сорхахтани-беки так и не получила
номинального признания в качестве императрицы или регентши
империи, следующей женщиной, занявшей роль регентши, стала
жена Гуюк-хана, Огул-Гаймыш (пр. 1248–1250)[19]. И в очередной
раз, после смерти Великого хана в 1248 году, монголам пришлось

---

[18] Рашид ад-Дин не приводит дату смерти Гуюка, но в китайских источниках
упоминается, что он умер в третьем месяце (27 марта — 24 апреля) 1248 года. Пеллио [Pelliot 1922–1924, 1931, III: 195–196] предполагает, что Гуюк умер
в Кум-Сенгире, в Восточном Туркестане.

[19] О различении номинальной и реальной власти монгольских женщин в Средневековье см. раздел 2 в [Nicola 2006].

столкнуться с кризисом престолонаследия, и, как и во время кончины Угедэя, женщине пришлось решать внутренний конфликт между различными ветвями семьи чингизидов. В данном случае дипломатические стратегии Сорхахтани-беки способствовали появлению на политической карте толуидов и, благодаря плодотворным отношениям жены Толуя с Бату, эта ветвь потомков Чингисхана стала ключевой в развитии империи. Альянс, созданный Сорхахтани-беки, ускорил противостояние между толуидами и джучидами, с одной стороны, и сторонниками Угедэя и Чагатая, с другой [Allsen 1985–1987: 15].

Если верить рассказу Рашид ад-Дина, возвышение Огул-Гаймыш представляется там как следствие «традиции» монголов после смерти хана назначать регентом империи женщину. Он упоминает, что Бату предложил

> Огул-Гаймыш продолжать, как и прежде, управлять делами, советуясь с Чинкаем и [другими] министрами, и пусть она ничем не пренебрегает, ибо из-за старости, слабости и подагры я не могу двигаться, а вы, *ини* [младшие монгольские князья], все там начеку, здоровые [Rawshan, Musavi 1994: 810; Boyle 1971: 185–186].

Однако единственным прецедентом была и оставалась Дорегене, и поэтому упомянутую Рашид ад-Дином «традицию» следует понимать не как «монгольскую», а, скорее, как «кочевую», восходящую к временам Каракитая. Кроме того, если Дорегене обладала как номинальной, так и реальной властью в государственных делах, то новая женщина — глава империи получила лишь номинальное признание, в то время как реальная власть в империи находилась в руках Сорхахтани-беки[20]. В источниках нет ясности относительно политических шагов, предпринятых Огул-Гаймыш. Некоторые предполагают, что она пыталась противостоять выстроенной Сорхахтани-беки дипломатической сети, назначив внука Угедэя Ширемуна кандидатом на престол,

---

[20] Огул-Гаймыш получила благословение Бату, вероятно, потому что тот рассчитывал, что она долго не протянет [Qazvini 1912–1937, II: 217; Boyle 1997: 262].

но не исключена и возможность того, что она поддерживала одного из собственных сыновей [Rossabi 1979: 165]. Толуиды предложили избрать нового хана на родине Бату и провести курултай в Центральной Азии, что противоречило обычаю монголов проводить выборное собрание в Монголии. Сторонники Угедэя некоторое время бойкотировали собрание, но настойчивость Сорхахтани-беки повлияла на окончательное решение Бату, который, по словам Рашид ад-Дина, сказал: «Посадите его [Мункэ-хана] на трон. Тот, кто выступит против *ясы* [кодекса Чингисхана], пусть лишится головы» [Rawshan, Musavi 1994, II: 828; Boyle 1971: 204]. Несмотря на слабое положение, в котором оказалась Огул-Гаймыш после смерти мужа, она распорядилась так, чтобы «дороги были закрыты, и собирался *ясак*, чтобы каждый остановился в любом месте, до которого он дошел, будь оно населенным или пустынным. И по приказу Огул-Гаймыш гробница Гуюк-хана была перенесена в Эмиль, где находилась его орда» [Qazvini 1912–1937, II: 217; Boyle 1997: 262; Rawshan, Musavi 1994, II: 810; Boyle 1997: 185]. Похоже, что Сорхахтани-беки признала ее правление и даже направила ей «слова совета и утешения, послала ей одежду и *боктаг*» [Qazvini 1912–1937, II: 217; Boyle 1997: 262; Rawshan, Musavi 1994, II: 810; Boyle 1971: 185][21].

Трудно дать реальную оценку двум годам правления Огул-Гаймыш, поскольку источники либо яростно ее критикуют, либо вообще о ней не упоминают[22]. Если говорить о тех, кто все же посвятил часть своих хроник этому периоду, то Рашид ад-Дин в основном вторит рассказу Джувайни и пишет о ее правлении

---

[21] Боктаг — головной убор, который в XIII и XIV веках носили богатые монгольские женщины в качестве знака монаршей власти. Этот головной убор все еще использовался монгольскими женщинами при дворе Тимуридов в XV веке [Cammann 1963: 161–162]. Об этом предмете одежды среди тимуридских хатунов см. [Clavijo 2005: 258–259]. Гильом де Рубрук также упоминает об этих шапках хатун [Dawson 1955: 102].

[22] В своем рассказе об этом периоде Тэкстон [Thackston 1994] ни разу не упоминает Огул-Гаймыш, возлагая всю ответственность за сторонников Угедэя на сыновей Гуюка, Ходжу и Наку [Khwandamir 1954, III: 58–61; Thackston 1994: 33–35].

в том смысле, что «мало что было сделано, за исключением сделок с купцами. Бо́льшую часть времени Огул-Гаймыш проводила в затворничестве с *камсами* [шаманами или знахарями], воплощая в жизнь их фантазии и всякие нелепости» [Qazvini 1912–1937, II: 219; Boyle 1997: 265; Rawshan, Musavi 1994, II: 810; Boyle 1997: 186].

В этой схватке за престол Огул-Гаймыш была не одинока, хотя иногда те, кто считался ее ближайшими союзниками, вносили раздор и разногласия в среду сторонников Угедэя. По-видимому, ее сыновья сыграли важную роль в борьбе за престол. Ходжа и Наку, сыновья Гуюк-хана и Огул-Гаймыш, упоминаются среди тех, кто доверил Бату решить, кого избрать Великим ханом, вероятно, ожидая, что он выберет одного из них или, по крайней мере, их племянника Ширемуна, который, в конце концов, пользовался благосклонностью Угедэя и был поддержан императрицей-регентшей Огул-Гаймыш[23]. Однако Бату решил назначить Мункэ, сына Сорхахтани-беки и Толуя, после того как ему самому был предложен трон и он отверг предложение[24]. В то же время можно утверждать, что роль, которую сыграла Сорхахтани-беки, предупредив Бату о возможном нападении Гуюка, и ее открытая поддержка своего сына в борьбе за ханство, возможно, имели решающее значение для восшествия на престол Мункэ, ставленника Бату [Budge 2003: 417].

Были созваны разные курултаи, и среди потомков Чингисхана возникли разногласия. В некоторых источниках говорится о попытках достичь соглашения и убедить сторонников Угедэя смириться со своей участью, но в итоге избран был Мункэ-хан, а толуиды провели кровавую чистку своих противников [Qazvini

---

[23] Среди потомков Гуюка, по-видимому, существовали разногласия по поводу того, кто имел право на власть. Огул-Гаймыш, Ходжа и Наку, похоже, создали параллельные дворы, что вызвало замешательство среди последователей Угедэя [Rawshan, Musavi 1994, II: 810; Boyle 1971: 186; Qazvini 1912–1937, II: 219; Boyle 1997: 265]. С другой стороны, Джузджани не упоминает в своем рассказе о регентстве Огул-Гаймыш, называя только имя Мункэ как избранного Бату правителем [Habibi 1963–1964, II: 178–180: Raverty 1881: 1176–1187].

[24] О роли Бату в возведении Мункэ на престол см. [Allsen 1987: 21–30].

1912–1937, III: 23–24; Boyle 1997: 563][25]. Потомки Угедэя пытались преодолеть разногласия и противостоять узурпации власти толуидами, но было уже поздно, и толуидский переворот, поддержанный джучидами, уничтожил сторонников Угедэя и тех чагатаидов, которые вступили с ними в союз в своих уделах в Центральной Азии и Восточном Туркестане [Qazvini 1912–1937, II: 219–220; III: 28–29; Boyle 1997: 265, 566]. Что касается Огул-Гаймыш, то ее вместе с Кадакаш-хатун (мать Ширемуна) отправили в орду Сорхахтани-беки, где обе были подвергнуты жестокой казни [Qazvini 1912–1937, III: 59; Boyle 1997: 588; Ayati 2004: 312; Rawshan, Musavi 1994, II: 839; Boyle 1971: 215]. Таким образом, правление Огул-Гаймыш, как кажется, имело последствия, хотя и негативные, для монгольской знати и ознаменовало завершение определенной эпохи в истории Монгольской империи. Гильом де Рубрук комментирует ее влияние, описывая встречу с новым монгольским правителем: «Мангу (Мункэ) своими устами поведал мне, что Чамус [Огул-Гаймыш] была худшей из ведьм и что своим колдовством она уничтожила всю свою семью» [Dawson 1955: 203].

После смерти Огул-Гаймыш и восшествия на престол хана Мункэ (пр. 1251–1259) империя вступила в новый период, и Великое ханство оказалось в руках толуидов. Идея единой Монгольской империи не переживет самого Мункэ, а ее раздел на территориальные единицы в Китае, Центральной Азии, Руси и Иране вызовет постоянные споры и борьбу за территорию и влияние[26]. С 1251 года Монгольская империя разделилась на две основные сферы влияния, контролируемые джучидской и толуидской ветвями потомков Чингисхана. Великий хан останется в Китае до XIV века с провозглашением Кубилай-хана (пр. 1260–1294), но подход толуидов к институту женского регентства будет сильно отличаться от подхода их предшественников из числа сторонников

---

[25] Интересно отметить, что Джувайни упоминает о присутствии сыновей Тэмюге Отчигина, Кётена и Кёльгена на курултае, когда Мункэ был провозглашен Великим ханом. Те, кто восстал против Дорегене в начале 1240-х годов, теперь были на стороне толуидов [Qazvini 1912–1937, III: 31; Boyle 1997: 568; Rawshan, Musavi 1994, II: 839; Boyle 1971: 215].

[26] О разделе Монгольской империи см. [Jackson 1978].

Угедэя. В то время как последние удерживали свои уделы в восточных регионах Центральной Азии и Монголии, при толуидах центр тяжести империи постепенно переносился на юг, на китайские территории с более оседлым населением[27]. Хотя в источниках не прослеживается особого предупреждения относительно женского пола императриц 1240-х годов, женщина больше никогда не будет управлять всей империей. Тем не менее заимствованный от каракитаидов кочевой институт женского правления будет сохранен, упразднен или преобразован в новых ханствах.

Продолжение кочевой традиции в Центральной Азии: Оргина-хатун и правление Чагатайского ханства

Чагатайский улус, включавший территории в Западном Туркестане, облагал данью богатую Ферганскую долину и находился под властью женщины по имени Оргина-хатун (пр. 1251–1260) в течение почти десятилетия после воцарения Мункэ-хана[28]. Согласно Рашид ад-Дину, она была дочерью Тёралчи, одного из сыновей Худуха-беки, правителя ойратского народа во времена Чингисхана, и Чечейген-хатум, дочери Чингисхана[29]. Она переехала в Среднюю Азию, когда вышла замуж за Хара-Хулагу, внука Чагатай от его сына Мутугена (ум. 1221), названного наследником царства при жизни Чагатай [Rawshan, Musavi 1994, I: 752; Boyle 1971: 138]. Будучи внучкой Чингисхана, она, безусловно, занимала высокое положение и имела тесные связи с членами

---

[27] Удел Огул-Гаймыш и Гуюк-хана находился в области Дсунгария, или Джунгария, в северной части современного Синьцзяна в Китае [Bretschneider 1910, I: 160–161]. О Кубилае см. [Rossabi 1979: 131].

[28] Имя может также принимать формы Оргхана, Оркина и другие. В персидских источниках она упоминается как «Оргинэ-хатун» نوتاخ هنْغروا [Rawshan, Musavi 1994: 801]. Вассаф использует имя «Харгунэ» هنغره [Ayati 2004: 335]. Иногда ее имя пишется как «Оргхинэ-хатун» نوتاخ هنیقروا [Qazvini 1912–1937, III: 97]. Здесь я называю ее Оргиной. Расширенная версия этого раздела была опубликована в [Nicola 2016].

[29] Равшан [Rawshan, Musavi 1994: 100] называет ее یی چلاروت. «Туралчи».

толуидской ветви монгольской правящей семьи. Кроме того, она была сводной сестрой Олджей-хатун и сестрой Гуюк-хатун, — обе были женами Хулагу[30]. Более того, она стала племянницей Мункэ-хана, когда он женился на тетке Оргины Огул Коймиш, дочери Кутука-беки [Rawshan, Musavi 1994, I: 100; Thackston 1998: 55]. У нас имеется лишь скудная информация о жизни Оргины-хатун до ее восшествия на престол[31]. В то же время она сыграла важную роль в смуте, потрясшей Чагатайский улус после смерти Чагатая в 1244 году, и в последующей борьбе за Великое ханство во время правления Дорегене, Гуюк-хана и Огул-Гаймыш.

Утверждается, что Оргина-хатун пользовалась большим уважением основателя улуса (Чагатая), который «очень любил ее и называл Оргина-бэри (бэри — невестка)» [Rawshan, Musavi 1994, I: 100; Thackston 1998: 56]. Когда Чагатай скончался, ее муж стал правителем земель своего деда и сохранил это положение во время регентства Дорегене. Оказавшись на троне, Гуюк-хан решил заменить Кара-Хулагу своим другом и сотрапезником Есу Мункэ (сыном Чагатая) [Biran 2009: 48]. Помимо дружбы с ним, Рашид ад-Дин приводит еще одну причину, объясняющую замену Кара-Хулагу, и высказывает предположение, что именно вражда между Есу Мункэ и Мункэ-ханом стала причиной смещения мужа Оргины с трона [Rawshan, Musavi 1994, I: 760; Boyle 1971: 143][32]. Не отрицая соперничества между этими двумя принцами, объяснение Рашид ад-Дина кажется мне несколько противоречащим фактам и политическим реалиям того периода. Устранение Кара-Хулагу вписывается в контекст борьбы между двумя различными концепциями имперского правления, воплощаемыми Сорхахтани и Дорегене. Усилия Фатимы-хатун по замене таких принцев, как Елюй Чукай, Махмуд Ялавач, Масхуд Бег

---

[30] Как и в случае с Оргиной, матерью Гуюк-хатун была Чячяйгян-хатун, дочь самого Чингисхана от его главной жены Бортэ [Rachewiltz 2004: § 239]. Вассаф также упоминает о ее сестре, которая была замужем за Бату, хотя ее имя не называется [Ayati 2004: 13]. О ней и ее потомстве см. [Broadbridge 2016].

[31] О семейных связях чагатаидов см. рис. 2.2.

[32] Вассаф упоминает об этой замене без указания конкретных причин [Ayati 2004: 335].

и Кёргюз, как упоминалось выше, пользовалась поддержкой Кара-Хулагу и Оргины-хатун [Rawshan, Musavi 1994, II: 801; Boyle 1971: 177; Raverty 1881: 1149, прим. 7][33]. Им приписывают решение направить Курбуку и Аргун-агу в Хорасан, чтобы захватить, убить и заменить Кёргюза[34]. Учитывая это, устранение Кара-Хулагу нельзя объяснить близостью Есу Мункэ к Гуюку. Это нужно рассматривать как меру, предпринятую Гуюком, чтобы подтвердить образ независимого правителя, принимающего собственные решения после смерти матери Дорегене. Аналогичным образом, замена, по крайней мере частично, могла быть способом, с помощью которого Гуюк пытался установить внутренний мир после потрясений, происшедших во время правления его матери, и для поиска стабильности политического баланса в правящей семье.

Итак, Есу Мункэ стал правителем Чагатайского улуса в Центральной Азии и сторонником линии преемственности Гуюка (и Угедэя) с 1246 года до воцарения Мункэ-хана в Великом ханстве в 1251 году [Qazvini 1912–1937, I: 220; Boyle 1997: 265]. Учитывая эти полномочия и неприязнь, которую Есу Мункэ, вероятно, испытывал к Мункэ-хану, неудивительно, что «когда Мункэ-хан стал ханом, он дал Кара-Хулагу *ярлык*, повелевающий ему предать Есу Мункэ смерти и как наследнику стать правителем этого улуса» [Rawshan, Musavi 1994, I: 767; Boyle 1971: 149; Ayati 2004: 335][35].

Нам мало что известно о действиях Оргины в этот период. Рашид ад-Дин не знает, сопровождала ли она своего мужа, когда его сменил Есу Мункэ и он отправился в вынужденное изгнание, или оставалась в Центральной Азии [Boyle 1971: 143]. Однако Кара-Хулагу умер на обратном пути в Среднюю Азию, получив приказ Мункэ предать смерти своего дядю, и, следовательно, именно Оргина-хатун должна была действовать — «предать Есу Мункэ смерти в соответствии с ярлыком и править вместо мужа»

---

[33] По версии Джувайни, именно Дорегене посылает Аргун-аку в Хорасан вместо Кёргюза [Qazvini 1912–1937, II: 274; Boyle 1997: 538].

[34] О восхождении Аргун-аки см. [Lane 1999b].

[35] Китайские источники также упоминают о ее назначении на регентство [Biran 2009: 16, прим. 92].

[Rawshan, Musavi 1994, I: 767; Boyle 1971: 149–150][36]. После смерти Кара-Хулагу в 1252 году Чагатайское ханство вновь осталось без правителя. Оргина-хатун приняла правление от имени своего сына Мубарак-шаха (пр. 1266) в соответствии с повелением Мункэ-хана [Qazvini 1912–1937, I: 230; Boyle 1997: 274]. Следовательно, институт женского регентства, похоже, сохранил свое значение на той же территории, где когда-то правила династия каракитаев, и очень близко к тем землям, где имели свои уделы Дорегене и Огул-Гаймыш. Это интересное продолжение подобной практики, которое еще больше подтверждает прецедент женского регентства у кочевников в этом районе.

Оргина-хатун была регентшей монгольского ханства Центральной Азии в течение десяти лет. Этот период обычно описывается как спокойный с точки зрения политических потрясений, и у нас нет никаких сведений о беспорядках в регионе в течение большей части лет ее правления. Некоторые намеки позволяют предположить, что в эти годы она была полностью признана в качестве правительницы региона. Некоторые источники упоминают, что в то время, когда Хулагу начал свой поход на запад и его армии «прибыли в окрестности Алмалыка[37], Оргина-хатун как правительница чагатайских территорий вышла поприветствовать их и устроила пир, преподнеся им подобающие подарки» [Rawshan, Musavi 1994, II: 978; Thackston 1998: 479–480; Qazvini 1912–1937, III: 97; Boyle 1997: 612; Ayati 2004: 323]. Любопытную деталь приводит Рашид ад-Дин: с Хулагу путешествовали главные жены. Одной из них была сводная сестра Оргины Олджей-хатун, мать Мункэ Тимура[38]. Прием, устроенный Оргиной для каравана,

---

[36] Одна из жен Есу Мункэ по имени Токаши-хатун была жестоко казнена Кара-Хулагу [Qazvini 1912–1937, III: 59; Boyle 1997: 588–589]. У Равшана также встречается эта история, но женщина упоминается как жена Есунтоа (брата Кара-Хюлегю) [Rawshan, Musavi 1994, II: 839; Boyle 1971: 213].

[37] Она правила из города Алмалык в Восточном Туркестане [Bretschneider 1910, I: 161, прим. 440]. О городе Алмалык см. [Encyclopaedia].

[38] Ее имя транслитерируется как Ёлджя[й] или Олджей. Персидские источники приводят «Олджай-хатун» اولجای خاتون.

безусловно, свидетельствовал о ее роли как правительницы Чагатайского ханства, но и ее родственные связи с женами Хулагу могли послужить дополнительной причиной для проведения такого рода торжества[39].

Некоторую дискуссию вызывает и мимолетное замечание христианского монаха Гильома де Рубрука во время его поездки к Великому хану Мункэ в 1250-х годах. Он рассказывает, что, путешествуя по Центральной Азии,

> мы наткнулись на один большой город под названием Кайлак, в котором был рынок, и многие купцы стекались туда. Мы отдыхали в этом городе двенадцать дней в ожидании одного из писцов Баату, который должен был помочь предводителю нашей партии в деле, требующем решения при дворе Мангу [Мункэ]. Эта страна раньше называлась Органум и имела свой язык и письменность, но теперь все это захвачено туркоманами. Также несториане тех мест совершали свои службы и писали книги этим письмом и на этом языке; и, возможно, они получили свое название Органа оттого, что были очень хорошими музыкантами или органистами, так мне говорили [Dawson 1955: 137].

Город Кайлак был известен как «Куялиг» или «Каялиг» и, по-видимому, соответствует современному селу Капал на востоке современного Казахстана. Что интересно в этой истории, так это то, что топоним местности, где остановился Гильом де Рубрук, имеет поразительное сходство с именем Оргины-хатун, которая была правительницей этой территории в то же время, когда монах там находился. Среди ученых существуют разногласия по вопросу о том, имеет ли отношение «Органа» к регентше Чагатайского ханства. Один из современных переводчиков труда Гильома де Рубрука, Кристофер Доусон, без колебаний связывает эти два слова и предполагает, что слово «Органа» является явной отсыл-

---

[39] Стоит упомянуть более поздний источник: Мустафи упоминает о пиршествах, предложенных Хулагу в Средней Азии, но не упоминает о присутствии женщин. Поскольку Мустафи имел доступ к материалам Рашид ад-Дина и Джувайни, мне кажется, что это его намеренное упущение [Ward 1983: 17].

кой к Оргине-хатун [Dawson 1955: 137, прим. 2][40]. Однако другие переводчики этого произведения не согласны с Доусоном. Например, Питер Джексон утверждает, что происхождение термина — это искаженное «Ургенч», название столицы Империи Хорезмшахов, а Уильям В. Рокхилл трактует его как ссылку на уйгурский народ, живший около города Кульджа в Восточном Китае [Rockhill 1900: 148, прим. 3; Jackson 1990: 141, прим. 3]. На самом деле, сам Рубрук выражал сомнения в происхождении термина (и не был полностью уверен в том, что он верно приписывает это название мастерству музыкантов), и, следовательно, этот вопрос, по-видимому, все еще открыт для дискуссии. Тем не менее, если бы слово «Органум» относилось только к музыкантам, музыкальным инструментам, или к городу Ургенч, или к земле уйгуров, его сходство с именем Оргины было бы удивительным историческим совпадением.

Прежде чем более подробно остановиться на правлении Оргины, следует кратко упомянуть о современном ей женском регентстве. Во время правления Мункэ возникли противоречия по поводу преемственности власти Золотой Орды над русскими землями. Когда умер Бату, Великий хан Мункэ издал указ для своей главной жены Боракчин-хатун [Pelliot 1949: 39–40], повелев ей управлять [Западным] улусом от имени своего протеже Улагахчи, сына Сартака, сына Бату, который умер вскоре после того, как был принят Мункэ в Монголии [Qazvini 1912–1937, I: 223; Boyle 1997: 268][41]. Ее правление, по-видимому, было коротким и продолжалось всего год, с 1255-го по 1256-й, когда Улагахчи умер, а брат Бату Берке сместил ее с трона. Однако ее недолгое правление вызвало некоторые споры из-за упоминания в арабских источниках о посольстве, отправленном ею к Хулагу с приглашением приехать в Золотую Орду и взять улус под свой контроль [Richards 1998: 14; Spuler 1943: 382]. Однако это опроверга-

---

[40] Рокхилл также полагается на Йоля, связывая эту область с хатуной [Rockhill 1900: 140, прим. 4; Yule 1913–1916: 160–161, прим. 3].

[41] Согласно Рашид ад-Дину, она была из народа алчи-татар [Karimi 1988–1989, I: 67; Thackston 1998: 50].

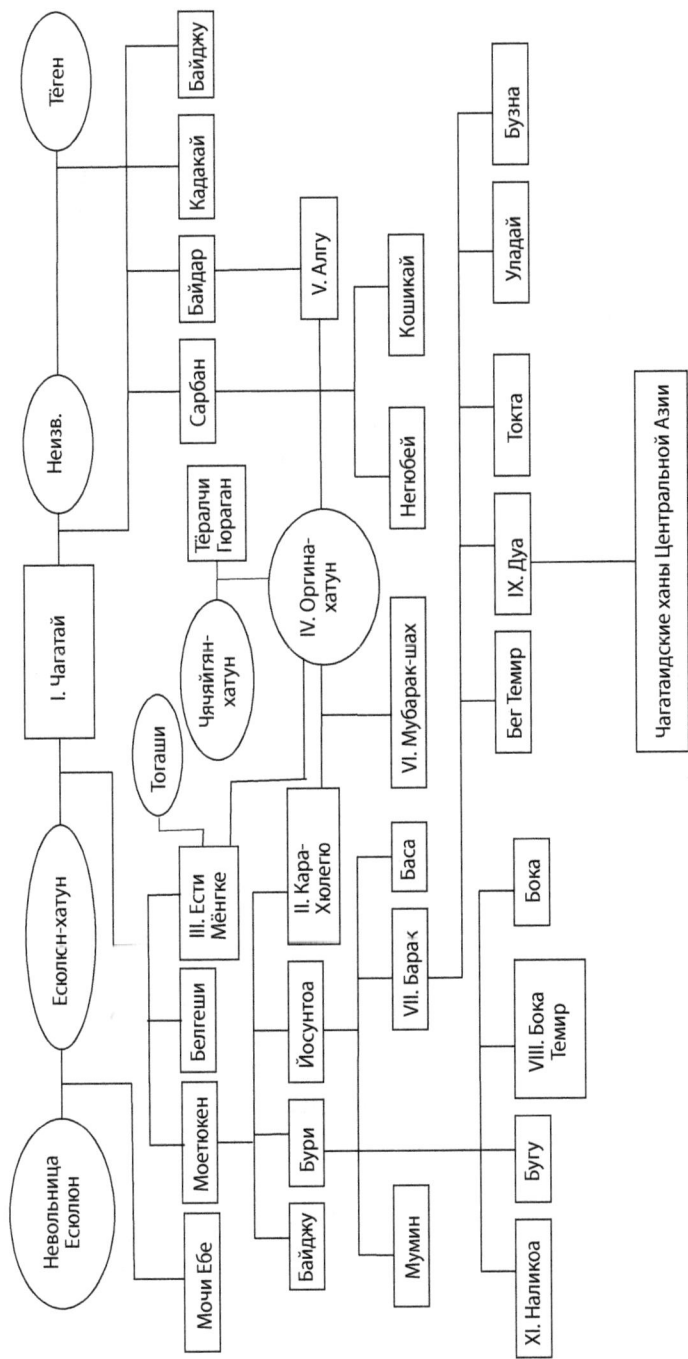

Рис. 2.2. Хатуны дома Чагатая

ет Поль Пеллио, утверждающий, что существуют серьезные проблемы с хронологией событий, о которых рассказывается в мамлюкских источниках [Pelliot 1922–1924, 1931, III: 43–44]. Для наших целей, тем не менее, интересно отметить, что регентства Оргины в Центральной Азии и Боракчин на русских землях имели место в одно время и оба были институционализированы непосредственно самим ханом Мунке. На данном этапе истории Монгольской империи, похоже, с точки зрения Великого ханства женское правление считалось обычной практикой и имело место одновременно в Чагатайском и Джучидском улусах.

События, происшедшие в Центральной Азии в конце 1250-х годов, показали важность положения, которое заняла Оргина-хатун в рамках института регентства в Монгольской империи. Мунке-хан умер в 1259 году, и без Сорхахтани-беки как бесспорной хранительницы престола прежде хорошо сплоченная ветвь толуидов вступила в борьбу за власть, подобную той, которую они спровоцировали для ветви Угедэя в начале 1250-х годов. В данном случае претендентами были Кубилай и Ариг-Буга, соответственно, второй и четвертый сыновья Толуя и Сорхахтани-беки. Кубилай опирался на армии, предоставленные Мунке для продолжения войны в Центральном и Южном Китае, а также на уделы своей матери на севере этой страны, в то время как Ариг-Бугу поддерживали земли его предков в Монголии. Конфликт еще раз поспособствовал пересмотру союзов между различными ветвями семьи Чингисхана [Jackson 1975: 1–10]. Если воцарение Мунке имело следствием союз джучидов с толуидами и вызвало упадок власти ветви Угедэя и части ветви Чагатая, то теперь джучиды вступили в союз с Ариг-Бугой, а Кубилай получил помощь от нового политического образования Хулагу в Иране[42]. В этом политическом сценарии поддержка земель Оргины-хатун стала критически важной как для Кубилая, так и для Ариг-Буги.

---

[42] Неясно, был ли Кубилай первым выбором Хулагу для Великого ханства, но как только Золотая Орда поддержала Ариг-Бугу, альтернатива Кубилаю показалась наиболее подходящим способом получить легитимность для создания нового ханства в Иране [Morgan 2007: 104].

Согласно Рашид ад-Дину, Кубилай послал Абишку (внука Чагатая) жениться на Оргине-хатун, править Центральной Азией и поддерживать его стремление к занятию престола. Однако Абишка был перехвачен по дороге и убит сторонниками Ариг-Буги[43]. На этой ранней стадии конфликта, как считается, Оргина-хатун непосредственно не участвовала в конфликте между братьями. Однако после того, как они оба провозгласили себя Великими ханами, Ариг-Буга тоже попытался заручиться поддержкой чагатаидов и передал Алгу, другому внуку Чагатая, контроль над Чагатайским ханством, чтобы тот организовал отправку из Центральной Азии припасов для войск, сражающихся против его брата. Оргина, занимая пост правительницы среднеазиатских территорий, решила отправиться в орду Ариг-Буги, где пожаловалась на свое смещение, отстояла свое право на власть и некоторое время жила у младшего сына Сорхахтани-беки[44]. Тем временем Алгу предал своего покровителя и решил придержать припасы, которые ему было велено собрать для Ариг-Буги. Он восстал против его власти и сменил сторону, теперь оказывая поддержку Кубилаю [Rawshan, Musavi 1994, I: 767–769; Boyle 1971: 150–151]. Интересно, что восстание Алгу само по себе не было достаточным для признания его правителем: он был признан законным правителем Чагатайского ханства только после женитьбы на Оргине-хатун, которая позволила ему, по словам Рашид ад-Дина, полность «закрепиться на троне улуса Чагатай» [Там же][45].

Кубилай одержал победу в борьбе за престол и был провозглашен Великим ханом в 1264 году. Он утвердил Алгу и Оргину правителями Чагатайского улуса, но Алгу скончался в 1265–

---

[43] Его убил Асутай, один из сыновей Мункэ-хана [Rawshan, Musavi 1994, I: 754; Boyle 1971: 138–139].

[44] Возможно, примерно до 661/1262–1263 годов [Rawshan, Musavi 1994, I: 768; Boyle 1971: 150].

[45] Похоже, что Оргина оставалась верной Кубилаю во время гражданской войны и поэтому изображается хранительницей легитимности Чагатайского ханства.

1266 гг. [Biran 2009: 23][46]. Тогда Оргина-хатун приняла свое последнее монаршее решение: «по согласованию с принцами и визирями» она возвела на трон Чагатайского ханства своего сына Мубарак-шаха [Rawshan, Musavi 1994, II: 885; Boyle 1971: 260–261; Barthold 1956–1963, I: 47]. В источниках, датируемых временем после его коронации, о ней больше нет никаких сведений, что позволяет предположить, что правительница, вероятно, умерла вскоре после этого (ок. 1266 г.)[47]. За более чем пятнадцать лет правления в Центральной Азии она успешно пережила две гражданские войны, более чем мудро разыграв карты, сначала в пользу толуидов, а затем поддержав Кубилая. Оргина-хатун мирно правила Центральной Азией в течение девяти лет, и в этот период была признана верховной правительницей. Ее воспринимали как хранительницу легитимности в регионе, что доказывает тот факт, что Алгу, хотя и был прямым потомком Чагатая, должен был жениться на ней, чтобы быть полностью признанным правителем улуса. Хотя этот брак мог подорвать ее политический авторитет, произошло, как представляется, обратное: ей удалось мобилизовать поддержку, необходимую для возведения своего сына на трон, что указывает на то, что вплоть до своей смерти Оргина-хатун оставалась основной политической фигурой в Центральной Азии.

---

[46] Рашид ад-Дин упоминает о его смерти в 662/1263–1264 годах [Rawshan, Musavi 1994, I: 769; Boyle 1971: 151].

[47] Моник Кервран предполагает, что погребальный памятник, найденный в Восточном Казахстане, может быть могилой Оргины-хатун [Kervran 2002].

Глава 3
Участие в политической жизни и правление женщин в Государстве Хулагуидов

Прибытие Хулагу в Иран в середине 1250-х годов было не просто военной кампанией. Это была миграция, по крайней мере для части его окружения[1]. Женщины сопровождали поход на Средний Восток и осели в Иране в ходе последовательных волн переселения. На новой территории они стали меньшинством среди многочисленного населения, которое не только состояло из мусульман, но и управлялось исключительно мусульманскими правителями в течение 600 лет до прихода монголов [Halperin 1983: 259]. Кроме того, здесь проживало как кочевое, так и оседлое население, чья интеграция в империю монголов была более сбалансированной, чем в Центральной Азии или на русских землях [Khazanov 1994: 242]. Эта территория отличалась и от Китая, как по уровню благосостояния, так и по развитию городов, и по численности населения. Династия, начало которой положил Хулагу (ум. 1265), принадлежала к ветви Толуя и Сорхахтани-беки, вероятно, той ветви ханской семьи, которая менее всего опиралась на кочевую модель добывающей экономики, поскольку в своих уделах она сталкивалась и взаимодействовала с оседлым населением [Rossabi 1979: 160]. Помимо этого, распад Монгольской империи на четыре ханства на завоеванных территори-

---

[1]   О миграции см. [Smith 2006: 131–133].

ях (Китай, Русь, Иран и Центральная Азия) после 1260 года способствовал возникновению различных типов отношений между монголами и коренным населением на каждой из этих территорий [Jackson 1978; Morgan 2009].

Этот распад также повлиял на развитие женского правления в каждом из этих улусов. В Китае женщины иногда занимали должности императриц-регентш от имени своих сыновей по аналогии с каракитаями и монголами в период единой империи. На Руси и в Центральной Азии, исключая два упомянутых в предыдущей главе примера, институт женского регентства не сохранился после 1250-х годов, как это произошло в юаньском Китае[2]. В частности, Государство Хулагуидов представляет собой любопытный пример эволюции политического статуса женщин в Монгольской империи. В своей докторской диссертации Карин Кваде-Ройттер рассматривает различия между признанием политического авторитета и фактическим политическим влиянием на дела государства, которым обладали тюрко-монгольские женщины в ильханатском Иране при хулагуидах [Quade-Reutter 2003]. Хотя применять используемый Кваде-Ройттер веберовский подход к анализу политической мысли и ситуации в Монгольской империи не так уж удобно, ее исследование понятий «власть» (Macht), «доминирование» (Herrschaft), «авторитет» (Autorität) и «насилие» (Gewalt) помогает прояснить, о чем именно идет речь при изучении роли женщин в политической жизни Государства Хулагуидов [Там же: 9–15]. Как мы увидим, женщины осуществляли «власть» в различных формах, и их политическое положение не было статичным в период монгольского господства в Иране. Эта глава посвящена эволюции женского правления в Государстве Хулагуидов и проясняет, что произошло с политическим положением женщин в Иране после того, как в регионе обосновались монголы. Глава разделена на две части, основанные на географическом и политическом делении Государства Хулагуидов. В первой части рассматривается роль женщин в центральном правлении

---

[2]   А именно, Оргина в Центральной Азии и Боракчин в России, упомянутые в главе 2. О Китае см. [Zhao 2008: 64–91]; о Золотой Орде см. [Spuler 1943].

монгольского доминиона в Иране, а вторая часть сосредоточена на тех провинциях, которые были подвластны монголам, но пользовались определенной автономией и управлялись местными династиями. Последний раздел посвящен тюркским династиям, которые управляли провинциями Фарс, Керман и Анатолия как подданные хулагуидов. Это представляет собой интересный момент для сравнения при изучении роли женщин в политике «на периферии» империи по сравнению с центром власти, представленным монаршим двором.

В поисках монгольской царицы в хулагуидском Иране

Влиятельные женщины сопровождали Хулагу в его походе на запад, а после завершения завоевания и установления Государства Хулагуидов, не без конфликтов, в 1260 году поселились в Иране [Allsen 1991: 233–234]. Рашид ад-Дин пишет, что главной женой нового самопровозглашенного ильхана была Докуз-хатун, кераитская женщина, чьим первым мужем был Толуй, после смерти которого она перешла к Хулагу [Rawshan, Musavi 1994, I: 118, 361; Thackston 1998: 64, 175][3]. Ее второй брак, по-видимому, был заключен незадолго до отъезда Хулагу в Иран в начале 1250-х годов[4]. Как и Сорхахтани-беки, она исповедовала христианство несторианского толка и по прибытии на Средний Восток открыто демонстрировала свою веру. Именно ее религиозная принадлежность привлекла основное внимание летописцев того времени. Соответственно, сведения о ее участии в государственных делах ограничены [Dunlop 1944: 276–289]. Однако по имеющимся материалам можно составить представление о некоторых аспектах Докуз-хатун жизни при дворе. Мы знаем, что она приобрела высокий социальный статус и накопила значительные богатства

---

[3] Роль Докуз-хатун как главной жены Хюлегю и ее предыдущий брак с Толуем был недавно поставлен под сомнение Широм [Shir 2006; Brack 2016].

[4] Краткая биография Докуз-хатун см. [Melville 2006a: 243–244; Dunlop 1944: 276–289].

в своей орде, которые после ее смерти перешли к другим хатунам [Allsen 2001: 30]. Первый брак Докуз-хатун с Толуем обеспечил ей авторитет и признание в ханской семье. Рашид ад-Дин объясняет, что «поскольку она [Докуз-хатун] была женой его отца, она была выше других жен, хотя он [Хулагу] женился на некоторых из них до нее» [Rawshan, Musavi 1994, II: 963; Thackston 1998: 471][5]. Кроме того, персидский историк вспоминает случай, когда хан Мункэ дает совет своему младшему брату Хулагу перед походом последнего на запад. Он перечисляет различные территории, которые тот должен завоевать, прежде чем сделать несколько заключительных замечаний:

> Будь бодр и трезв во всех ситуациях. Пусть подданные будут свободны от чрезмерных налогов и поборов. Верни опустошенные земли в процветающее состояние. Завоевывай царство мятежников с помощью могущества великого Бога, чтобы у тебя было много летних и зимних пастбищ. По всем вопросам испрашивай совета Докуз-хатун [Rawshan, Musavi 1994, II: 977; Thackston 1998: 479].

Неизвестно, произносил ли Великий хан эти слова, и даже если бы произносил, это не представляло бы особого интереса, но эта цитата иллюстрирует высокий статус, приобретенный Докуз-хатун, если не на ее родине, то по крайней мере в Иране, где Рашид ад-Дин писал свою хронику. Эта цитата придает вес представлению о толуидской концепции правления, основанной главным образом на защите оседлых земель путем взимания с них налогов в соответствии с идеей властвования, развитой сначала Сорхахтани-беки, а затем ее сыном Хубилаем в Китае. Если толуиды не были полностью осведомлены об этой модели, то «официальные» персидские историки начала XIV века рассматривали их — и особенно их женщин Сорхахтани и Докуз — как хранительниц именно такой идеи управления.

Примеры прямого участия Докуз-хатун в политической жизни зафиксированы в двух арабских источниках. В них упоминается,

---

[5]   Об этом говорит и Байани [Bayani 1974: 34].

что один айюбидский принц отправился ко двору Хулагу, чтобы выразить монголам покорность от лица своего отца. Докуз-хатун предложила принцу остаться с ней и стать ее сыном, пообещав ему командование областью и сотню всадников[6]. Второй пример относится к ее посредничеству перед ханом по поводу предоставления этому принцу амана[7]. Он иллюстрирует политическую вовлеченность царицы в государственные дела; подобное вмешательство очень напоминает действия монгольских хатунов в доимперской Монголии. К сожалению, насколько мне известно, о других фактах участия Докуз-хатун в управлении государством в доступных источниках, где большинство ее деяний увязывается с ее положением христианской царицы, не упоминается[8].

Докуз умерла вскоре после Хулагу и за три месяца до восшествия на престол его преемника Абака-хана (пр. 1265–1282). Процедура престолонаследия значительно отличалась от тех, которые проводились в империи в 1240-х годах, где борьба за власть возникала во время женских регентств в промежутках между курултаями. В данном случае кандидатуры женщин на регентство не рассматривались, и Абака взошел на престол, потому что он «хорошо знал обычаи и древние *йосун* [монгольские традиции], и *ясу*, и Хулагу-хан назначил его наследником еще при своей жизни» [Rawshan, Musavi 1994, II: 1059; Thackston 1998: 517][9]. Близость наследника ко двору (он находился в провинции Мазандаран на севере Ирана) могла послужить причиной того, что после смерти Хулагу в междуцарствии не было нужды, что позволило Абаке быстро занять трон в Государстве Хулагуидов. Однако можно также добавить, что тот факт, что Докуз, самая влиятельная хатун Ирана, скончалась несколькими месяцами

---

[6] У Хулагу было по меньшей мере шестнадцать жен и наложниц и столько же сыновей, но ни одного от Докуз-хатун [Banakati 2000: 412; Ward 1983: 206–207; Rawshan, Musavi 1994, II: 963–964; Amitai 1995–1997: 12–13].

[7] Арабское слово *аман* означает гарантию безопасности [Amitai 1995–1997: 12–13].

[8] Информацию об участии Докуз в религиозных делах см. в главе 5.

[9] هولاگو تو را در حال رعایات ولیعهد کرده .

ранее, не оставив собственных сыновей, мог затруднить дальнейшее участие женщин в процессе престолонаследия.

Абака-хан был сыном Есунджин-хатун (ум. 1272), которая не сопровождала Хулагу на запад, а прибыла позже с другими хатунами и сыновьями нового правителя Ирана [Rawshan, Musavi 1994, II: 964][10]. Он сделал Тебриз своей столицей и относительно мирно занял трон, столкнувшись лишь с незначительной оппозицией со стороны своего брата Йошмута, который, оказавшись без поддержки, вернулся в свой удел на севере Ирана [Boyle 1968: 349]. Отношения между братьями, похоже, не были конфликтными, поскольку вскоре после этого Йошмут возглавил армию против Ногая из Золотой Орды, с которым возобновились военные действия. На самом деле ильхан Абака был окружен врагами, поскольку, помимо вражды со своими двоюродными братьями из Золотой Орды и Средней Азии, ему приходилось иметь дело с сопротивлением мамлюкской династии в Египте[11]. Эта политическая ситуация, которая представляла мусульманскую альтернативу на Среднем Востоке новым языческим монгольским правителям Ирана, заставила Абаку постоянно искать союзников на христианском Западе, и несколько раз он отправлял посольства к европейским королевствам и папам. Но, хотя легитимность Абаки, похоже, никем не ставилась под сомнение, ситуация изменилась после его смерти в 1282 году, когда в Государстве Хулагуидов начался период смуты, в результате которой появился первый монгольский правитель, принявший ислам, Тегудер-Ахмад-хан (пр. 1282–1284), свергнутый через два года сыном Абаки Аргуном (пр. 1284–1291)[12].

Источники в целом не изображают Тегудера великим правителем, а его короткое правление не позволило ему оставить

10 Мустафи не упоминает ее в своей «Зафарнаме» среди жен Хулагу [Ward 1983: 206–207]. После описания Рашидом она впервые упоминается в: Mu'izz al-ansab, Bibliothèque nationale, ancient fonds, Persian, Paris, ms. 67, в листе, открывающем раздел о женах и принцах Хулагу.

11 О дипломатических связях между мамлюками и Золотой Ордой против Государства Хулагуидов см. [Sadeque 1956: 113; Holt 1995: 24–28].

12 О правлении Тегудера и его обращении в ислам см. [Amitai 2001a].

сколько-нибудь значимое политическое наследие помимо его обращения в ислам. Однако его мать была интересным персонажем, хотя обычно не упоминается специалистами в этой области. Кутуй-хатун принадлежала к народу конкуратов и прибыла в Иран со второй волной родственников Хулагу, теми, кто оставался в Монголии, когда он отправился на завоевание Ирана[13]. Эта более поздняя группа, по-видимому, прибыла около 1268 года, когда Абака «вышел поприветствовать их» [Rawshan, Musavi 1994, II: 1064; Thackston 1998: 519]. В том же абзаце Рашид ад-Дин несколько раз говорит о Кутуй-хатун, и несмотря на то что рядом находились и многие сыновья Хулагу, повествование, кажется, строится вокруг нее [Там же]. Частота упоминания ее имени указывает на то, что к тому времени, когда Рашид ад-Дин писал свою хронику, эта конкретная хатун была достаточно известна его читателям, чтобы ее присутствие как ведущей фигуры в экспедиции было особо отмечено. Другой персидский летописец, Хамд-уллаха Мустафи, описывает Кутуй-хатун как «луну, напоминающую солнце, которая радовала сердце шаха», а Рашид ад-Дин говорит, что она была «чрезвычайно умна и сообразительна» [Ward 1983: 206–207; Rawshan, Musavi 1994, II: 1130; Thackston 1998: 551]. Так и не став императрицей, она, тем не менее, играла активную роль в коронации, правлении и низложении своего сына.

После смерти Абаки в 1282 году друг другу противостояли две политические партии, и, что интересно, их возглавляли жены Хулагу, хотя они прибыли в Иран в разных походах. Одной из них была Олджей-хатун, ойратская женщина, сопровождавшая Хулагу на запад, другой — вышеупомянутая Кутуй-хатун из народа конкурат[14]. Обе они поспешили поддержать претензии своих сыновей на престол. Как и Кутуй, Олджей-хатун тоже добилась высокого положения в Иране и, помимо того, что была женой

---

[13] В персидских источниках ее имя встречается в различных формах, таких как «Кути» یتوق или «Кутуй» یىوتوق. Чтобы избежать путаницы, мы будем придерживаться транслитерации имени у Бойла — «Кутуй».

[14] Мать Мункэ Тимура, сына Хулагу.

и Хулагу, и Абаки, взяла на себя заботу о сыне аббасидского халифа после того, как последний был казнен Хулагу в 1258 году[15]. Неудивительно, что на курултае, проведенном для избрания нового ильхана, между двумя сторонами «возобладали разногласия»[16]. Олджей-хатун настаивала на выдвижении своего сына, в то время как другие члены ханской семьи и принцы поддерживали притязания Тегудера[17]. Переломный момент наступил, когда во время спора между двумя фракциями пришло известие о смерти Мункэ Тимура, сына Олджей-хатун, что открыло Кутуй путь к возведению сына на иранский престол [Rawshan, Musavi 1994, II: 1125; Thackston 1998: 548][18].

Тегудер был окончательно возведен на престол 6 мая 1282 года и, в силу своей мусульманской веры, принял имя Ахмад [Rawshan, Musavi 1994, II: 1126; Thackston 1998: 549; Smith 2006: 68]. Его вера изменила динамику внешних союзов монголов, особенно по отношению к Мамлюкскому султанату. После вступления на престол новый ильхан отправил султану Египта Калауну посольство с угрозами, подчеркивая, что правитель Ирана теперь мусульманин и защитник веры. Тегудер также сообщил султану о своем намерении установить исламские законы в своем королевстве и приступил к помилованию преступников, проверке

---

[15] Мубарак-шах, младший сын халифа, был отдан ей, и она отправила его к Насир ад-Дину Туси в Марагу, где он женился на монголке и имел двух сыновей [Rawshan, Musavi 1994, II: 1018; Thackston 1998: 499]. Она также поддерживала тесные контакты с *сахиб-диваном* при дворе Хулагу, которых «она спасла от беды» [Rawshan, Musavi 1994, II: 1113; Thackston 1998: 543].

[16] По мнению Бродбридж, в этой борьбе имелся элемент племенного соперничества между представителями народов конкират и ойрат, чьи интересы в ильханате представляли, соответственно, Кутуй-хатун и Олжей-хатун [Broadbridge 2016].

[17] Гораздо более простое объяснение дает Равшан, который не объясняет разногласия, но утверждает, что все принцы и вельможи (داژهاش و ارما) согласились посадить Тегудера на трон [Smith 2006: 68].

[18] Интересно, что Рашиду следовало бы указать на то, что в этот момент Кутуй была на стороне Аргуна в его борьбе за трон, что, казалось бы, противоречит той роли, которую она играла в качестве хатун во время правления Тегудера [Rawshan, Musavi 1994, II: 1125; Thackston 1998: 548].

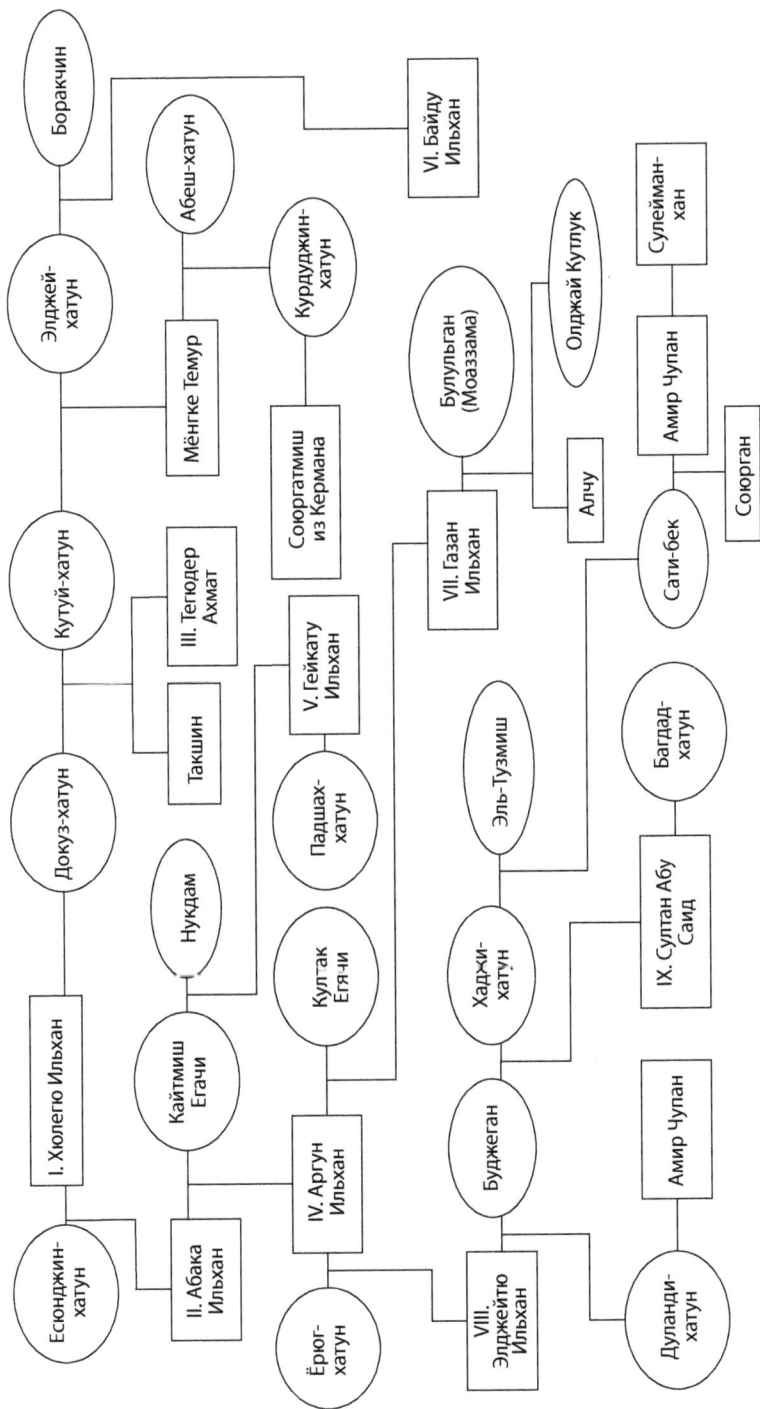

Рис. 3.1. Хулагуиды и хатуны Ирана

Боракчин

Элджей-хатун

Абеш-хатун

VI. Байду Ильхан

Курдуджин-хатун

Мёнгке Темур

Кутуй-хатун

Соорратмиш из Кермана

III. Тегюдер Ахмат

Такшин

V. Гейкату Ильхан

Докуз-хатун

Нукдам

Падшах-хатун

Кут-ак Егя-чи

Есюнджин-хатун

I. Хюлегю Ильхан

Кайтмиш Егачи

II. Абака Ильхан

IV. Аргун Ильхан

Ёрюг-хатун

VIII. Энджейто Ильхан

Булульган (Моаззама)

Олджай Кутлук

Алчу

VII. Газан Ильхан

Амир Чупан

Суорган

Сати-бек

Суйлейман-хан

Эль-Тузмиш

Багдад-хатун

IX. Султан Абу Саид

Хаджи-хатун

Буджеган

Дуланди-хатун

Амир Чупан

религиозных даров, защите паломников и поиску зданий для размещения религиозных учреждений[19]. Как отмечает Энн Ф. Бродбридж, эти меры подорвали легитимность Калауна как «защитника ислама», а требование подчинения и вассалитета было включено в письмо, отправленное Тегудером и его писцами в Египет [Broadbridge 2008: 40]. В ответ канцелярия Калауна попыталась разыграть карту старшинства в исламе (или старшинства обращения в ислам), чтобы сохранить его статус как «царя ислама», и указала, что он примет мир как равный, но не как вассал монгольского ильхана [Там же: 41–43]. Тот факт, что мир рассматривался как опция на определенном этапе этой дипломатической игры, некоторые исследователи интерпретируют как попытку монгольских правителей впервые достичь мира с мамлюками; такая попытка, если она и была искренней, оказалась безуспешной [Amitai 1995: 208; 2005: 360][20].

Несмотря на столь заметную дипломатическую активность во время своего правления, Тегудер, похоже, не уделял слишком много времени заботам о государственных делах. Рашид ад-Дин описывает ситуацию при дворе султана Ахмада следующим образом:

> Он [Ахмад Тегудер] часто ходил в дом [шейха Абдул-Рахмана], который находился недалеко от задних ворот орды, и участвовал в «сама» [музыке], уделяя мало внимания финансовым и государственным делам. Его мать Кутуй-хатун, которая была чрезвычайно умна и сообразительна, заботилась о финансовых делах вместе с Асиком... Короче говоря, с одобрения шейха Абдул-Рахмана и сахиба Шамсуддина он отправил Мавлану Кутб ад-Дина Ширази, самого ученого человека в мире, с посольством в Египет [25 августа 1282 года] [Rawshan, Musavi 1994, II: 1129–1130; Thackston 1998: 551].

---

[19] Анализ послания, отправленного Хулагу, см. [Allouche 1990; Amitai 2013: 51–52].

[20] О череде военных кампаний Газана против мамлюков см. [Guo 1998, I: 97–207]. Более прочный мир между Государством Хулагуидов и Египетским султанатом будет полностью достигнут только при правлении Абу Саида (пр. 1317–1335) [Amitai 1996: 8–9]. О походах см. [Amitai 2006; Boyle 1998; Irwin 1986a: 119].

Этот сценарий похож на тот, что реализовывался в Монгольской империи во времена Дорегене, где правители опирались в государственных делах на членов семьи и местных князей, но в основном оставляли свою власть в руках матери. Однако Кутуй никогда не была признана императрицей или ильханом Ирана, в то время как Дорегене фигурирует в китайских и персидских источниках именно как императрица. Трудно точно оценить ситуацию, но разумно предположить, что Кутуй в какой-то степени отвечала за управление державой. Она не только принимала дипломатических посланников, направленных к ее сыну, но и разрабатывала, по крайней мере частично, внешнеполитическую стратегию монголов по отношению к Мамлюкскому султанату [Rawshan, Musavi 1994, II: 1129; Thackston 1998: 550]. Хотя ее власть не была признана официально, некоторые намеки говорят о том, что ее признавал главной сам ильхан, который не принимал решений по государственным делам, пока последнее слово не было сказано его матерью [Rawshan, Musavi 1994, II: 1141; Thackston 1998: 556]. Иными словами, используя политологические термины Кваде-Ройттер, Кутуй осуществляла «власть» (Macht), но не «правление» (Herrschaft) над хулагуидами.

Правление Тегудера, судя по всему, было совсем не популярным среди определенных слоев монгольской и персидской элиты. Начала зарождаться оппозиция, подстрекаемая сторонниками Аргуна, сына Абаки, и, соответственно, племянника ильхана[21]. Вражда между Аргуном и Тегудером усилилась за два года правления последнего (и правления Кутуй), причем Аргун и важные члены семьи Хулагу заключали союзы против правящего ильхана за его спиной. Одним из важных соглашений, которое удалось закрепить Аргуну, был союз с Конкуртаем. Рашид ад-Дин утверждает, что «12 июля 1282 года Ахмад наградил Конкуртая, дал ему Токиятай-хатун и отправил его охранять Анатолию» [Rawshan, Musavi 1994, II: 1129; Thackston 1998: 550][22].

---

[21] Сына Абаки и наложницы по имени Кайтмиш Эгачи, о которой нам мало что известно.

[22] Эта женщина была внучкой Хулагу [Rawshan, Musavi 1994, II: 966; Thackston 1998: 474].

Аргун завоевал доверие этого члена монаршей семьи, который первоначально поддерживал Тегудера, и заключил с ним политический союз. Интересно, что этот договор был скреплен «в орде Токиятай-хатун, которая была посредницей в их дружбе, и они поклялись, что впредь будут обмениваться посланниками. Именно по этой причине [позднее] Конкуртай был убит [Тегудером]» [Rawshan, Musavi 1994, II: 1127; Thackston 1998: 549][23]. Аргун также, по-видимому, заручился поддержкой той группы, которая в 1282 году предложила на трон Мункэ Тимура в качестве альтернативы Тегудеру. Ведущую роль в этой группе играла вдова Хулагу Олджей-хатун, и, как только Аргун оказался на троне, на нее была возложена ответственность наказать мятежников от имени нового ильхана [Rawshan, Musavi 1994: 1171–1172; Thackston 1998: 571].

Когда Тегудер обнаружил предательство, он немедленно заменил Конкуртая на Алинака и послал последнего арестовать Аргуна. Некоторые члены царской семьи присоединились к Алинаку и перешли под его командование, положив начало открытой гражданской войне в Государстве Хулагуидов[24]. Лагзи, сын влиятельного принца Аргун-аки, «отправился с войском, напал на орду Кутлуг-хатун [главной жены Аргуна] и разграбил ее имущество» [Rawshan, Musavi 1994, II: 1140; Thackston 1998: 556]. Увидев, что орда одной из его жен разграблена, Аргун решил покориться и отправился с Булуган-хатун [«Бозорг»] в лагерь Амада, и в четверг 13-го числа Раби II [19 июня 1284 года] он предстал перед Амадом, который обнял его и поцеловал в лицо. Затем он передал его Алинаку и сказал: «Держите его в порядке,

---

[23] Получив дочь Тегудера (Кучук), кераит Алинак заменил Конкуртая в качестве «правой руки» Тегудера [Rawshan, Musavi 1994, II: 1134; Thackston 1998: 553].

[24] Например, Лагзи, сын влиятельного амира Аргун-аки, его жена Баба-хатун, дочь Хулагу и Олджей-хатун и одна из жен Аргун-аки [Rawshan, Musavi 1994, II: 1140; Thackston 1998: 556]. Интересно, что Баба-хатун (также Мама-хатун) была дочерью Олджей и Хулагу и поэтому была вынуждена присоединиться к мужу вопреки интересам матери. О ней см. [Rawshan, Musavi 1994, II: 972; Thackston 1998: 476]. О ее семейных связях вплоть до правления Абу Саида см. [Hambly 2005: 7].

пока мы не приедем к Кутуй-хатун и не испытаем его» [Rawshan, Musavi 1994, II: 1141; Thackston 1998: 556].

Здесь две женщины представлены как участники политической борьбы. С одной стороны, мать ильхана вновь выступает как человек, которому принадлежит последнее слово в государственных делах. С другой стороны, на сцене появляется новая женщина: Булуган-хатун (ум. 1286 г.) — единственная упомянутая особа, которую Аргун взял на встречу с ильханом [Rawshan, Musavi 1994, I: 181; Thackston 1998: 97][25]. В дополнение к значению Булуган в экономическом и военном балансе сил державы, ее описывают как ответственную за организацию пира для Тегудера и его приближенных после того, как он заключил Аргуна в тюрьму[26]. Во время трапезы, пока Аргун находился под наблюдением Алинака, она отправила мужу послание, в котором предупредила, что готовится заговор: Алинака напоят допьяна, нападут на стражников и освободят мятежника из плена. План удался, и 4 июля 1284 года «Аргун, который был пленником, когда наступила ночь, утром проснулся как владыка лица земли» [Rawshan, Musavi 1994, II: 1144; Thackston 1998: 557]. Сразу же после этого Алинак был предан смерти, а победившая группировка двинулась в лагерь ильхана, чтобы захватить его и посадить на его трон Аргуна.

Все описание событий, сделанное Рашид ад-Дином, а за ним и другими персидскими историками того времени, подчеркивает важность женщин в процессе цареустройства. Женщины были глубоко вовлечены в политическое развитие Государства Хулагуидов в начале 1280-х годов. Сначала Аргун заявил о своих претензиях на трон, аргументируя это тем, что именно Мункэ Тимур должен был стать ильханом после смерти своего отца; тем

---

[25] Ее также высоко ценил Тегудер-Ахмад, что говорит о том, что ее влияние выходило за границы круга сторонников ее мужа [Smith 2006: 77]. О самом имени см. [Melville 2006].

[26] Поскольку Булуган была бывшей женой Абаки, это могло придать ей достаточно престижа, чтобы ее сочли достойной сопровождать своего нового мужа Аргуна ко двору Тегудера и организовать пир. О значимости этой женщины в военных делах см. [Nicola 2010].

самым он заручился поддержкой матери Мункэ, Олджей-хатун. Перед лицом дипломатического и военного сопротивления со стороны Аргуна Тегудер-Ахмад отступил и возложил ответственность за новый кризис престолонаследия на свою мать Кутуй-хатун [Khwandamir 1954, III: 124; Thackston 1994: 70][27]. Она снова вступилась за сына и начала организовывать оппозицию сторонников сына против узурпатора Аргуна. Однако, к несчастью для Кутуй, она не могла предвидеть, что внезапно прибывшее войско племени караунасы разграбит орду так основательно, что, кроме пепла в очагах, не останется и следа. Они оставили Кутуй-хатун, Тодай-хатун и Армини-хатун нищими, а две тысячи из них взяли под арест Ахмада[28].

Вторжение караунасы и тот ущерб, который они причинили владениям и армии Тегудера, разграбив его жен и мать, по-видимому, нанесли решающий удар, разрушив надежды Кутуй сохранить сына на троне [Shirazi 2010: 65].

После падения Кутуй быстрая замена на роль влиятельной женщины в Государстве Хулагуидов была найдена в лице Булуган-хатун. Как отмечает Мелвилл, о значении Булуган свидетельствует тот факт, что, когда она умерла 23 сафара 685 года (20 апреля 1286 года), Аргун хотел, чтобы ее преемницей стала женщина из ее семьи, и послал запрос Хубилаю в Китай, чтобы родственницу Булуган отправили в Иран [Melville 2006a]. Из Китая была отправлена принцесса Кокачин, которая была предназначена в жены Аргуну, но к моменту ее прибытия он уже умер, и она

---

[27] В этом источнике имя Кутуй фигурирует как «Кутет» (توتوق).

[28] Караунасы были монгольским племенем, обитавшим в Афганистане и Центральной Азии и близким к чагатайцам того периода. Термин «карауны» и его использование в источниках см. [Jackson 1999b: 328; Rawshan, Musavi 1994, II: 1147; Thackston 1998: 559]. Тодай и Армини принадлежали к народу конкират и были женами Тегудера-Ахмада. Их казнь говорит о потенциальной угрозе, которую представляли влиятельные женщины для соперничающих группировок. Армини-хатун, по-видимому, была еще одной влиятельной женщиной во время правления Тегудера. Упоминается, что в это время она давала убежище и защиту персидскому сахибу Шамс ад-Дину [Rawshan, Musavi 1994, II: 1127; Thackston 1998: 549].

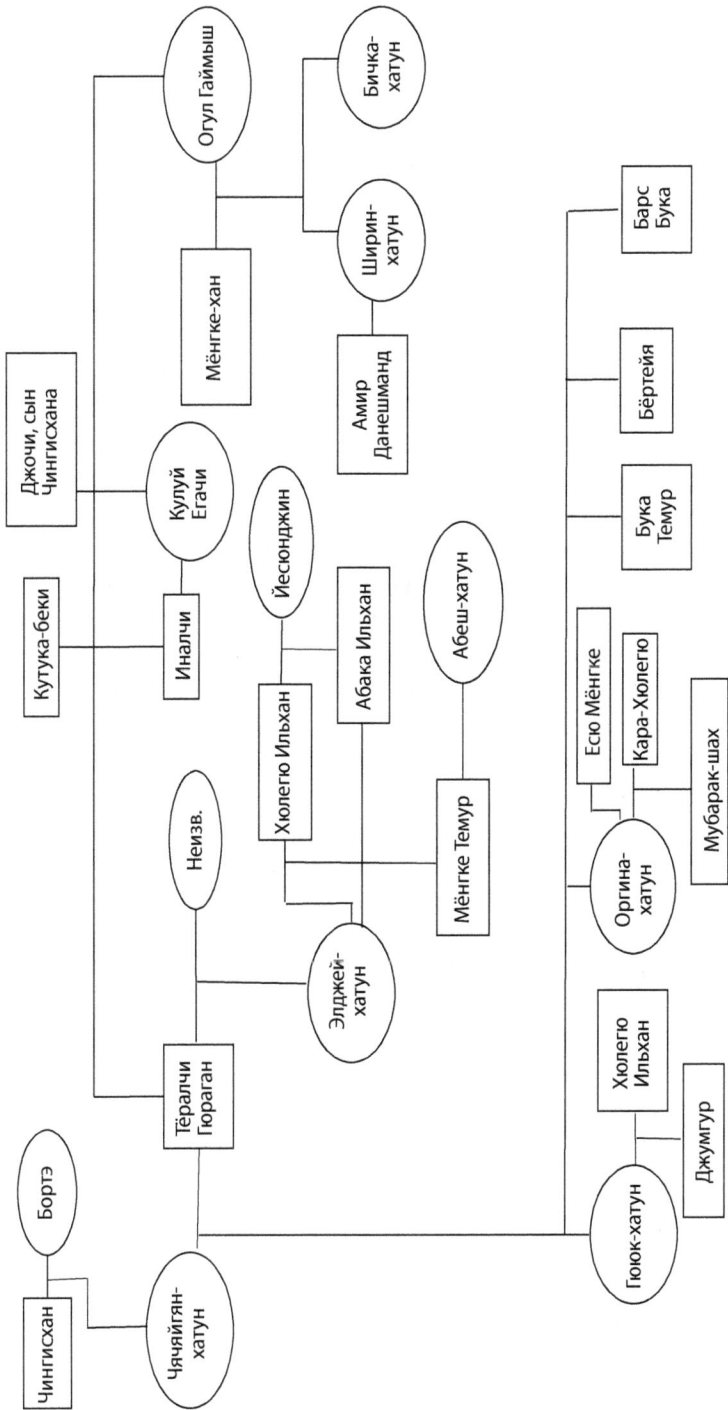

Рисунок 3.2. Ранние ойраты и их связь с семейством чингизидов

вышла замуж за Газана (пр. 1295–1304) [Rawshan, Musavi 1994, II: 1237; Thackston 1998: 606][29]. Во время правления Аргуна Булуган и Олджей оставались самыми влиятельными женщинами при дворе, но после их смерти увеличилось значение других жен[30]. Более того, ключевую роль среди жен Аргуна в качестве царственной особы сыграла Урук-хатун, о которой ничего не известно в источниках до смерти ее мужа в 1291 году и возвышения ее нового мужа, Гейкату Ильхана (пр. 1291–1295)[31]. Рашид ад-Дин упоминает, что в 1291 году, сразу после смерти Аргуна, она разработала план в поддержку Гейкату против его соперника Байду [Rawshan, Musavi 1994, II: 1184; Thackston 1998: 576]. Преемственность первоначально оспаривали три группировки: Гайхату, Байду (внук Хулагу от его сына Тарагая) и Газан (сын Аргуна). Однако Газан отступил и остался в Хорасане[32].

Очевидно, что все потенциальные претенденты на трон хулагуидов были прямыми потомками Хулагу, но если Гайхату и Газан были из ветви Абаки, то Байду представлял другую ветвь наследования [Lambton 1988: 250; Brack 2016]. В борьбе за трон соперничали две ветви, одна из которых была представлена абакаидами, а другая — неабакаидскими хулагуидами [Kamola 2013: 88; Brack 2016]. В свою очередь, кочевая традиция выборного регентства, похоже, среди монголов в Иране уже исчезла, и собрание членов семьи для выборов нового ильхана стало скорее ритуалом, нежели встречей для избрания правителя. Возможно, сравнительно небольшие расстояния в Государстве Хулагуидов по сравнению с объединенной Монгольской империей сыграли свою роль в том, что отпала необходимость назначать регента на ко-

---

[29] Она скончалась в 1296 году и известна также тем, что была той самой монгольской принцессой, которую Марко Поло сопровождал из Китая на обратном пути в Европу в XIII веке [Polo 1903, I: 32].

[30] Например, Падшах-хатун, о которой речь пойдет далее в этой главе.

[31] Она была кераитской христианкой, матерью ильхана Олджейту (пр. 1304–1316), прямого потомка Онг-хана и племянницей Докуз-хатун [Boyle 1971: 25–26, прим. 68].

[32] Описание этих группировок см. [Hambly 2005: 7; Rawshan, Musavi 1994, II: 1182–1184; Thackston 1998: 576; Aubin 1995: 45–46].

роткие периоды междуцарствия в монгольском Иране, как это требовалось в Великом ханстве. Также, как только монаршая преемственность начала определяться наследованием по мужской линии сыновей Хулагу, женщины, естественно, уже не могли стать регентшами или правительницами Государства Хулагуидов. Однако они, похоже, приспособились к новому политическому сценарию. Во время правления Гайхату Урук-хатун выступает в качестве советницы ильхана, которой требуется его одобрение, чтобы отдавать приказы. Источники обычно подчеркивают нежелание Гайхату проливать кровь, а надзор за исполнением наказания возлагается на его жену. Например, мятежник Тоган был приговорен к смерти только после того, как Урук-хатун убедила ильхана, что, если тот его помилует, «никто не будет служить тебе искренне с этого дня» [Rawshan, Musavi 1994, II: 1192; Thackston 1998: 581]. В отличие от монгольских правительниц предыдущих времен, таких как Оргина, Дорегене, Кутуй и даже Олджей (жена Хулагу), влияние Урук ограничивалось советами своему мужу, и у нас нет свидетельств того, что она эффективно управляла государственными делами. Тоган был казнен, только когда ильхан сказал свое слово: «...конечно, этого заслуживает тот, кто совершил то, что совершил» [Rawshan, Musavi 1994, II: 1192; Thackston 1998: 581].

После окончания правления Гайхату в 1294 году и в XIV веке количество информации о женщинах в государственных делах ильханидов медленно, но неуклонно уменьшается. Одна из причин заключается в том, что повествование Рашид ад-Дина о Монгольской империи заканчивается правлением Газана, и поэтому мы лишены подробного рассказа о женщинах, который персидский историк изложил применительно к более раннему периоду. Однако у нас есть «Тарих-и Олджейту» Кашани за период правления Олджейту (1304–1316 гг.), его упоминания о женщинах ярко контрастируют с более ранними хрониками Рашид ад-Дина о Государстве Хулагуидов. Кашани посвящает всего несколько страниц описанию жен и дочерей нового правителя и лишь спорадически упоминает их далее в тексте, в основном только для того, чтобы отметить даты их смертей или браков

[Hambly 2005: 7–8]. Некоторые жены Олджейту упоминаются, но в основном в связи с «восстанием амиров», которое произошло после его смерти[33]. Возможно, Рашид ад-Дин имел лучший доступ к сведениям о роли женщин в политических событиях Государства Хулагуидов, чем те персидские историки, которые последовали за ним. Однако, как мы увидим в главах 4 и 5, экономические и религиозные преобразования, безусловно, изменили ключевую роль женщин на политической арене Государства Хулагуидов с конца XIII века и далее. Несмотря на недавно возникшие споры вокруг обоснованности утверждения об «упадке» Монгольской империи [Morgan 2009: 1–11; Melville 2006a], в эпоху Абу Саида (пр. 1317–1335) намечаются сдвиги в структуре управления государством, утверждается абакаидская ветвь наследования, которая ограничивала политическое влияние членов двора (включая женщин) на государственные дела.

После смерти Олджейту в 1316 году на трон был возведен его старший сын, Абу Саид, и, что само по себе было новым событием для ильханата, это не встретило никакой оппозиции [Ward 1983: 618–619]. Он родился в 1305 году, и когда его провозгласили правителем, ему было всего одиннадцать лет. Молодость нового ильхана Абу Саида вызвала вакуум власти, подобный тому, который возник после смерти Угедэй-хана в 1241 году и Гуюк-хана в 1248 году, или даже после смерти Кара-Хулагу из Чагатайского ханства в 1252 году. Как мы видели в главе 2, во всех этих трех случаях женщины брали на себя управление царством в качестве регентш своих сыновей. Однако, несмотря на аналогичную ситуацию, женское регентство не было принято в Государстве Хулагуидов, несмотря на то что мать молодого царя была не только жива, но и сама являлась благородным потомком Хулагу[34]. Вместо нее регентом был выбран амир Чопан, сын Тодан-

---

[33] См., напр., Кутлуг-хатун [Ward 1983: 637–638]. Абу Саид был сыном Хаджи-хатун [Hambly 2005: 44].

[34] Матерью Абу Саида была Хаджи-хатун, дочь влиятельного военачальника Тангиза и Тодогач (дочери Хулагу) [Hambly 2005: 7; Bayani 1936: 50, прим. 4].

бахадура из народа сулдусов, который сделал стремительную карьеру, поддерживая сначала Гайхату, затем Байду, но в конце концов отказался от последнего, чтобы объединиться с Газан-ханом [Melville 2006a]. Выборы амира Чопана, похоже, были организованы напрямую Олджейту [Kirmani 1957: 6], но его легитимность также в некоторой степени основывалась на его браке с двумя дочерьми покойного ильхана[35]. Он получил титул *амир аль-умара* (главный амир, или главнокомандующий армией) и все чаще брал на себя управление государством, что вызывало неприятие у других принцев при дворе[36]. Только около 1325 года ильхан, которому уже исполнилось двадцать лет, начал оспаривать власть Чопана, и именно женщина послужила толчком для последующего конфликта[37].

Багдад-хатун была дочерью эмира Чопана, и Абу Саид безумно влюбился в нее. Поскольку дочь Чопана уже была замужем, амир аль-умара изначально был против любого нового союза, что дало ильхану основание сместить Чопана и преследовать его сыновей[38]. После того как амир был разбит и убит, Абу Саид женился на Багдад-хатун, которая, как считается, с тех пор полу-

---

[35] Он был женат сначала на Дуланди-хатун, а после ее смерти — на ее сестре Сати-бек [Bayani 1936: 50; 1971: 71]. Позже Чопан женился на Курдуджин-беки-хатун [Bayani 1936: 105–106].

[36] Более подробное исследование конфликта между Чопаном и противоборствующими принцами можно найти в [Melville 1999].

[37] Мустафи посвящает целую главу своей «Зафарнамы» одержимости Абу Саида дочерью Чопана, Багдад-хатун [Ward 1983: 648–649; Bayani 1936: 91; 1971: 117].

[38] Абу Саид цитирует ясу, где предъявляются претензии Багдад-хатун и требуется аннулировать ее брак с шейхом Хасаном [Bayani 1936: 117]. Интересно, что эта апелляция к монгольскому традиционному праву имела место на столь позднем этапе истории монголов в Иране. Это подчеркивает, с одной стороны, что, несмотря на свои мусульманские имена, монгольские правители все еще чувствовали себя «монголами», но, с другой стороны, пренебрежение Чопана к этому закону свидетельствует о высокой степени ассимиляции, когда яса утрачивает свой сакральный статус у таких монгольских государственных чиновников, как Чопан. См. реакцию Чопана в [Ward 1983: 649]. Историю см. в [Boyle 1968: 410].

чила на него значительное влияние [Melville 2006a: 29]. Этот период в истории Ирана характеризуется постоянным чередованием при дворе альянсов и предательств, в которых эти женщины играли видную роль [Gilli-Elewy 2012]. Однако их политическая деятельность, как она представлена в доступных источниках, похоже, ограничивалась только двором, и роль женщин в этот период сводилась к организации заговоров с целью устранения различных членов правящего семейства с целью обеспечения своих личных или семейных интересов. Если доверять послеильханидским источникам, описывающим ее жизнь, Багдад-хатун была королевой-консортом Ирана, постоянно устраивавшей интриги, чтобы манипулировать своим мужем в интересах остальных членов семьи Чопан. Около 1330 года вместе со своим бывшим мужем шейхом Хасаном она была отдана под суд, по обвинению в организации заговора с целью убийства Абу Саида [Bayani 1936: 108; 1971: 142]. Вначале ильхан поверил обвинению, но ее жизнь была спасена благодаря вмешательству ее матери Курдуджин-беки-хатун. Помимо матери Багдад-хатун и вдовы амира Чопана, Курдуджин-беки была теткой самого ильхана, что, безусловно, объясняло его благосклонность к ней [Melville 2006b: 24][39]. Была создана комиссия для расследования этого вопроса, и в конечном итоге оба обвиняемых были оправданы. Этот инцидент, похоже, усилил роль Багдад-хатун при дворе таким образом, что «двое влюбленных вместе управляли делами королевства так, что затмили любое другое влияние [в правительстве]» [Bayani 1936: 108; 1971: 142][40].

Похоже, что правящей семье удалось смягчить внутреннюю смуту, которую переживал монгольский Иран в третьем и четвертом десятилетиях XIV века. Как отмечает Мустафи в своей истории, «после того как брак [между Багдад-хатун и Абу Саидом] был торжественно оформлен и все было сделано правильно, главная из принцесс заняла свое место рядом с шахом, и в резуль-

---

[39] Мелвилл нашел эту историю не только в [Bayani 1936: 103; 1971: 131], но и в других мамлюкских источниках.

[40] Об этом также упоминается в [Ward 1983: 669].

тате царство и государь стали великими. Благодаря судьбе знаменитые чопаны смогли вновь услужить ему [султану]» [Ward 1983: 666].

Однако смерть Абу Саида 13 раби II 736 (30 ноября 1335) года [Bayani 1936: 110; 1971: 144] ознаменовала начало новой борьбы за престолонаследие, которая в итоге привела к прекращению ветви Хулагу в Иране. Борьба за Государство Хулагуидов велась между различными фракциями, такими как чопаниды, которые представляли бюрократическую и более «персианизированную» ветвь монгольской элиты, и другими промонгольскими *нойонами* (военачальниками), которые поддерживали более традиционное монгольское государственное устройство [Aubin 1995: 85]. Разногласия по поводу престолонаследия привели к глубокому кризису, в котором на карту было поставлено политическое единство государства. Нойоны обвинили Багдад-хатун в отравлении Абу Саида и в предательстве, предположив (скорее всего, ложно), что она связалась с ханом Узбеком, правителем Золотой Орды, чтобы организовать вторжение в Государство Хулагуидов [Bayani 1936: 112–113; 1971: 146][41]. В то время как Багдад-хатун представляла интересы чопанидов, Арпа-хан стал альтернативным кандидатом для нойонов, и одним из первых его действий после прихода к власти стал указ о казни Багдад-хатун по вышеуказанным обвинениям[42]. Войска Золотой Орды вторглась в Северный Иран, и Арпа увидел свой шанс узаконить право на правление, несмотря на то что не был прямым потомком Хулагу. Хотя он разбил войска Узбека, этого, похоже, было недостаточно, чтобы претендовать на престол, и ему, чтобы представить себя законным правителем Ирана, пришлось жениться на Сати-бек,

---

[41] Предполагаемое убийство Абу Саида Багдад-хатун рассматривается Судаваром как связанное с изображением сцены отравления Ардашира его женой в рукописных иллюстрациях в «Шахнаме» Фирдоуси XIV века [Soudavar 1998: 157]. См. илл. 4.

[42] Хотя Арпа был толуидом, он происходил из рода Ариг-Буги, брата Хулагу, и описывается как «монгол старой школы» [Boyle 1968: 413; Bayani 1936: 111; 1971: 145]. Смерть Багдад-хатун упоминается в [Muhaddith 1984: 299].

сестре Абу Саида и вдове Чопана [Bayani 1936: 113; 1971: 147; Muhaddith 1984: 299][43].

Но, несмотря на женитьбу и военные победы, положение Арпы все еще не было упрочнено. Монгольский обычай избирать монарха из числа членов ханской семьи канул в Лету, а прямая родственная связь с основателем династии по линии его сына Абаки долгое время была главным критерием легитимации нового правителя в глазах многих представителей хулагуидской элиты. Судя по всему, существовало большое внутреннее противодействие «монгольским» манерам Арпы, и визири различных регионов оспаривали его право на правление. Правитель Багдада Али-падишах и дядя Абу Саида по материнской линии выдвинули альтернативного ильхана в лице Мусы (внука Байду) и решили напасть на Арпу[44]. Обе стороны вели военные действия в 1336 году, причем Арпа бежал, но в конечном итоге был схвачен и месяц спустя казнен. Новые ханы стали появляться в различных областях Ирана и Хорасана, имела место серия вооруженных столкновений, предательства и казни прошли чередой среди визирей и членов обширной монгольской правящей семьи [Spuler 1985: 107–115]. Из представителей многочисленных фракций преобладали два основных претендента: шейх Хасан «Бозорг» и шейх Хасан Кучек[45]. Пытаясь задобрить своих сторон-

---

[43] Шабанкараи рассказывает, что к Арпе обратился амир Шараф ад-Дин Махмуд-шах вместе с матерью (Хаджи) и сестрой (Сати-бек) Абу Саида. Они предложили Арпе занять трон. Этого же амира Шабанкараи считает лжецом, обвиняя его в том, что он сказал, что Абу Саид назвал Арпу преемником, хотя, по словам Шабанкараи, султан никогда этого не говорил [Muhaddith 1984: 293–294].

[44] По некоторым данным, Али-падишах начал представлять себя ревностным мусульманином, чтобы заручиться поддержкой ойратских амиров «арабских стран» для восстания против Арпы [Bayani 1936: 115; 1971: 148].

[45] Шейх Хасан «Бозорг» был сыном амира Хусейна Джалаира и Олджатай-хатун (дочери ильхана Аргуна). Он был основателем династии джалаиридов в Иране и Ираке, правившей в 1336–1356 годах [Rawshan, Musavi 1994: 1153; Thackston 1998: 562; Hambly 2005: 8; Roemer 1986: 5]. Его новым противником стал другой шейх, Хасан Кучек, сын Темур-Таша и внук Чопана. Он также был пасынком Сати-бек. Он умер в 1343 году, когда «две или три женщины убили его, сжав его яички», что вдохновило поэму Салмана Саваджи [Khwandamir 1954, III: 231; Thackston 1994: 132].

ников, они постоянно меняли союзы и назначали ханов, но интересно то, что в какой-то момент этой борьбы чопанидский шейх Хасан Кучек решил вернуться к монгольской традиции, никогда ранее не существовавшей в Иране, а именно назначить женщину, Сати-бек (пр. 1339), ильханом Ирана[46]. Будучи сама прямым потомком Хулагу и в то же время бывшей женой Чопана, она теоретически должна была стать подходящей регентшей в глазах обеих сторон. Отчаянные поиски правителя уже заставили некоторых вельмож пересмотреть вопрос о женском правлении в качестве последнего варианта за некоторое время до назначения Сати-бек[47].

Таким образом, в хаотичные последние годы на троне Государства Хулагуидов в конце концов оказалась женщина. Казалось, когда в мечетях ее имя упоминалось в хутбах и в честь ее царствования чеканились монеты, это означало, что она получила признание как правительница[48]. Однако ее воцарение было частью политического маневра, проведенного Хасаном Кучеком в контексте внутренних разногласий в Иране. Сати-бек было предоставлено катастрофически мало полномочий для осуществления какой-либо политической власти[49]. В источниках она изображается как марионетка в руках Хасана. Он самолично отправил своему сопернику послание, в котором предложил ему Сати-бек в жены, преследуя единственную цель — заманить того в ловушку. По словам Хафиз-и Абру, Сати-бек не имела права голоса

---

[46] Она была дочерью Олджейту, сестрой Абу Саида, и женой амира Чопана [Hambly 2005: 7; Bayani 1971: 71; Bayani 1936: 50; Kirmani 1957: 6].

[47] Мамлюкские источники упоминают, что Али-падишах дал приют беременной жене Абу Саида по имени Дельшад-хатун и объявил, что ее ребенок «будет султаном, независимо от того, окажется ли он мужского или женского пола» [Melville 2006b: 46].

[48] Упоминание о монетах, на которых было написано السلطانة العادلة ساتی بك خان خدلله ملكمها, и о том, что в ее имя произносились хутбы, можно найти в [Üçok 1983: 116; Mernissi 1993: 105; Album 1985].

[49] Например, в «Истории шейха Увайса» ее правлению посвящен раздел, но ей не приписывается участие в каких-либо достойных упоминания событиях [Loon 1954: 67–68, 166–167].

в этом вопросе и полностью зависела от желаний мужчин — членов правящей семьи и принцев [Bayani 1936: 128–129; 1971: 160]. Соответственно, источники этого периода предлагают совершенно иной взгляд на влияние женщин, чем документы более раннего периода Монгольской империи. Разница между этой царицей и хатунами кочевников середины XIII века весьма существенна. Женщины в этот период, похоже, утратили свое значение, поскольку они не только больше не принимали активного участия в государственных делах, в отличие от своих предшественниц — монгольских императриц, но и были лишены экономической автономии и тех весьма влиятельных позиций, которые они когда-то занимали (см. главу 4). Похоже, эти женщины играли только символическую роль, когда не было консенсуса относительно того, кто должен быть правителем-мужчиной, а женское правление полностью зависело от мужской опеки. Именно в этих условиях правление единственной официальной царицы Государства Хулагуидов длилось всего девять месяцев, а далее «в конце 739 года [июль 1339 года] "маленькому" амиру Шейху Хасану пришло в голову, что Ираном не может править женщина... и он заставил Сати-бек выйти замуж за Сулейман-хана» [Khwandamir 1954, III: 228; Thackston 1994: 131; Bayani 1936: 130; 1971: 162], что положило конец правлению рода Хулагу, который прибыл в Иран более чем за восемьдесят лет до этих событий.

Для монгольского правления в Иране нехарактерно признание женщин в качестве правительниц, как это было во времена единой империи или в Центральной Азии. Однако это не мешало женщинам участвовать в государственных делах различными способами. Рассмотренные в предыдущей главе примеры участия женщин в политической жизни, которые относятся к периоду, предшествовавшему походу Хулагу на запад, являются основными характеристиками политической деятельности женщин. Женщины продолжали занимать высокие должности при дворе, участвовали в выборах нового правителя, создавая союзы в поддержку своих сыновей, и выступали в качестве советников своих соправителей-мужчин (сыновей или мужей). В этот период номинально женское правление не признавалось, но, тем не менее, монгольские женщины играли важнейшую роль на политической арене Ирана, поддерживая членов правящей семьи, претендовавших на престол. Роль женщин в монгольском Иране изменилась после обращения Газан-хана в ислам. Меры нового «падишах аль-Ислама» и его персидских «амиров», направленные на централизацию страны, постепенно лишили женщин роли активных политических игроков, ограничив их возможности придворными интригами, и способности действовать в рамках четкой политической программы так, как поступали их предшественницы. Похоже, что роль женщин свелась к передаче легитимности правления, что было даровано им в силу их места в структуре родства правящей семьи. Пример Сати-бек является исключением, подтверждающим правило, и представляет собой последнюю попытку политической группировки, которая, пытаясь получить контроль над Государством Хулагуидов, возродила монгольский обычай женского правления, не имевший прецедента в монгольском Иране. Утверждение женщины в качестве правительницы иллюстрирует характерный монголо-кочевой феномен: явление, которое к концу четвертого десятилетия XIV века, как можно считать, проиграло «битву за идентичность» с мусульмано-персидским коренным населением, по крайней мере в отношении принципа женского правления[50].

Правление женщин в провинциях Государства Хулагуидов

Если за восемьдесят лет монгольского правления в Иране только одна женщина получила номинальное признание в качестве главы государства при весьма специфических обстоятельствах, это не означает, что женщины-правительницы полностью исчезли в Государстве Хулагуидов. Регионы к югу от Иранского нагорья, Анатолии и Кавказа управлялись местными династиями

---

[50] Здесь стоит отметить, что в других аспектах жизни монголов в Иране иранизация, по-видимому, была менее значительной. См., например, анализ кешика (личной императорской гвардии) в [Melville 2006b].

тюркского происхождения (кутлугханидами, салгуридами и правителями Сельджукского султаната), которые подчинялись монголам [Aigle 2008: 74]. В этих областях политический статус женщин развивался иными путями, отличными от центра власти, расположенного в Северо-Западном Иране. В некоторых провинциях женщины правили как легитимные главы государства, подобно женщинам во времена объединенной Монгольской империи и Центральной Азии в 1250-х годах, но в любом случае во всех они сохраняли свое активное участие на политической сцене.

Данный раздел посвящен трем конкретным регионам под властью Государства Хулагуидов. Во-первых, мы исследуем особенности женского правления в провинции Керман при династии кутлугханидов (р. 1222–1306). Во-вторых, мы обратим наше внимание на провинцию Фарс и правление Абеш-хатун, женщины из династии салгуридов, связанной с монголами, которые правили Юго-Западным Ираном в XIII веке. Наконец, мы рассмотрим некоторые примеры правления влиятельных женщин в Анатолии и на Кавказе, где близость к центру власти могла повлиять на развитие женского правления в XIII–XIV веках.

Кутлугханиды Кермана

Основателем этой местной династии был Бурак Хаджиб (ум. 1234–1235), амир династии каракитаев в Центральной Азии, который в 1222 году воспользовался возможностью захватить провинцию Керман [Qazvini 1912–1937, II: 210–212; Boyle 1997: 476–477]. Чтобы упрочить свое положение, он выдал одну из своих дочерей замуж за Джалал ад-Дина Хорезмшаха, а другую — за сына Чингисхана Чагатая, тем самым заручившись благосклонностью двух сил, которые в то время боролись за Центральную Азию и Хорасан [Muhaddith 1984: 196.]. Каракитаидское происхождение династии является ключевым элементом в понимании преемственности института женского регентства в Кермане, как показано в главе 2. Подобно процессу преемственности, наблюдавшемуся у западных Ляо или в случаях Дорегене и Огул-Гай-мыш, именно после смерти правителя-мужчины Кутб ад-Дина Мухаммада в 1257 году женщина взяла на себя управление провинцией Керман [Parizi 1976–1977: 107–108; Lambton 1988: 279]. Теркен Кутлуг-хатун (ум. 1282/1283) правила Керманским царством двадцать шесть лет — период, который считается «золотым веком» региона Керман, — несмотря на то что был еще жив сын ее мужа, Хиджадж-султан [Kirmani 1983–1984: 41; Rawshan, Musavi 1994, II: 934; Boyle 1971: 305; Ward 1983: 209].

В источниках сообщается о, казалось бы, простой преемственности, а восшествие женщины на трон изображается как естественное и обычное явление. Своими первыми политическими шагами Теркен следовала той же логике, что и прежние монгольские правительницы. Согласно Вассафу, она взяла под контроль государственные дела и начала посылать дары, чтобы добиться признания своего права на власть [Smith 2006: 165]. Источники неоднозначно оценивают отношения между Теркен и двумя возможными наследниками Кермана мужского пола. В одних источниках говорится, что Хиджадж был ее пасынком, а другие считают его ее биологическим сыном[51]. Если верно первое, то обстоятельства воцарения Теркен отличались от обстоятельств восшествия на престол ее предшественниц в том смысле, что монгольские женщины обычно принимали регентство от имени своих биологических сыновей. Однако в большинстве источников Хиджадж представляется ее сыном и говорится, что после смерти мужа она отправилась к Хулагу, чтобы испросить ярлык, подтверждающий ее регентство в Кермане. Судя по всему, процесс был несложным, и нет никаких признаков того, что монгольский правитель колебался в вопросе предоставления ей трона [Muhaddith 1984: 198–199]. Такое отношение неудивительно, если рассматривать Монгольскую империю в целом. Помимо каракитайского происхождения династии Теркен, в рамках все еще единой

---

[51] Бахрие Учок считает Хиджаджа пасынком (*beau-fils*) Теркен [Üçok 1983: 66]. Однако персидские источники описывают Хиджаджа как сына царицы [Browne 1910–1913, II: 132; Muhaddith 1984: 199; Parizi 1976–1977: 315].

Монгольской империи ее правление осуществлялось одновременно с правлением Оргины-хатун в Центральной Азии, женщины, признанной правителем Великим ханом Мункэ, и хатуны, которая приветствовала Хулагу на его пути в Иран (см. выше).

Твердая решимость Теркен обеспечить себе политическое положение в качестве регентши Кермана видна по тому, как она разыгрывала свои карты на политической арене Государства Хулагуидов. Полученный ею от Хулагу ярлык не давал ей власти над армией, которая была предоставлена ее зятю старшей дочерью Биби-Теркен [Parizi 1976–1977: 106–107; Kirmani 1983–1984: 38]. Она оспорила это решение и «отправилась в орду [к Хулагу] в сопровождении великих людей Кермана. Там она получила новый ярлык, доверявший ей все дела провинции, гражданские и военные» [Lambton 1988: 279–280]. Кроме того, она устроила политический союз между Керманом и Монгольским улусом Ирана, определявшего политическое развитие региона в XIII веке[52]. Этого она добилась разными способами. Во-первых, она обеспечила брак, ранее запланированный ее мужем между Хиджаджем и дочерью могущественного амира Аргун-аки (Беки-хатун), который был заключен во время похода амира в Грузию. Невесту привезли в Керман в 1264 году [Parizi 1976–1977: 182–184]. Во-вторых, она сделала важный шаг, когда несколько лет спустя ей удалось выдать свою дочь Падишах-хатун замуж за ильханида Абаку, который стал новым правителем Ирана в 1265 году[53]. Ее политическая связь с ильханами не ограничивалась брачными союзами: она мобилизовала керманские войска для помощи военному походу Абаки против Чагатайского ханства в 1271–1272 гг., назначив командующим Хиджаджа [Rawshan, Musavi 1994, II: 1079; Thackston 1998: 527][54]. Эта кампания имела два последствия

---

[52] Например, выдав свою дочь Падишах-хатун замуж за ильханида Абаку; см. ниже.

[53] Судя по всему, брак состоялся в 1271–1272 гг. [Lambton 1988: 281; Parizi 1976–1977: 139–140; Üçok 1983: 73].

[54] О последствиях победы Абаки для монголов в Центральной Азии см. [Biran 1997: 31–33].

для правления Теркен: 1) она почтила своей военной поддержкой кутлугханидов брачный союз между ильханом и Падишах-хатун; 2) славная победа прибавила подрастающему Хиджаджу политического веса, необходимого, чтобы бросить вызов Теркен и попытаться захватить контроль над царством [Khwandamir 1954, III: 268; Thackston 1994: 155].

В хрониках несколько поэтично описывается противостояние, которое Хиджадж, воодушевленный успехом военной кампании, начал выстраивать против правления Теркен. Упоминается, что на публичном собрании он прочитал ей следующие стихи:

دهد ناوج اب دوخ تبون ریپ مک هب نا
ناوجونوت تخب و رتخا و خرچ دنریپ

[Nava'i 1960, I: 531; Kirmani 1983–1984: 47; Muhaddith 1984: 199] («Юноша, стары небосвод, звёзды и судьба твоя. К лучшему, когда старик уступает место молодому»[55]).

Такие оскорбительные слова сына, похоже, обеспокоили Теркен настолько, что она отправилась в орду Абаки, чтобы испросить второй ярлык, подтверждающий ее право на управление Керманом [Kirmani 1983–1984: 48; Parizi 1976–1977: 261; Banakati 2000: 425; Smith 2006: 166]. По словам Рашид ад-Дина, из-за брака ее дочери с ильханом «она каждые два-три года отправлялась ко двору и всякий раз возвращалась с почестями» [Rawshan, Musavi 1994, II: 934; Boyle 1997: 305]. Несмотря на получение ярлыка, напряжение между матерью и сыном росло, пока в 1279–1280 годах Хиджадж, наконец, не попытался взять Керман под контроль и отстранить свою мать от власти [Lambton 1988: 281]. Ему не удалось добиться успеха, и молодой принц был вынужден отправиться в изгнание в Дели, где через десять с лишним лет и умер[56].

---

[55] Перевод — к. ф. н. А. А. Лукашев (Институт философии РАН).

[56] Согласно Мухаддису [Muhaddith 1984: 199], он умер через десять лет после изгнания; другие авторы упоминают, что он оставался в Индии в течение пятнадцати лет [Rawshan, Musavi 1994, II: 934; Boyle 1997: 305; Browne 1910–1913, I: 531; II: 133; Khwandamir 1954, III: 269; Thackston 1994: 155; Parizi 1976–1977: 315].

Похоже, что Теркен удалось пресечь эту попытку переворота не только благодаря успешному союзу, который она заключила с Монгольским двором, но и благодаря сильной поддержке, которую она получила от самого населения Кермана. Рассказы о ее правлении обычно отмечают справедливость ее решений и порядок, который она смогла сохранить в регионе [Rawshan, Musavi 1994, II: 934–935; Boyle 1997: 305–306][57]. Похоже, что она была официально признана правительницей; некоторые источники сообщают, что ее имя упоминалось в хутбе [Kirmani 1983–1984: 51]. Впрочем, в 1282 году после смерти Абаки и восшествия на престол Тегудера-Ахмада политическая ситуация в Государстве Хулагуидов переменилась. Благосклонность, которой пользовалась Теркен при предыдущем ильхане (ее зяте), была подорвана новой концепцией государства, которую теперь воплощал в жизнь мусульмано-монгольский ильхан. Короткое правление Ахмада подорвало стабильность Ирана, дав пасынку Теркен Союргатмышу возможность осуществить то, что не удалось его брату Хиджаджу несколькими годами ранее. Получив от Тегудера ярлык, дающий ему право на Керман, он сместил Теркен с должности, которую она занимала двадцать шесть лет [Muhaddith 1984: 200; Khwandamir 1954, III: 269; Thackston 1994: 155].

В потрясениях, происходивших в царской орде во время правления Тегудера, вошли в противоречие политические планы влиятельных дам. Как мы видели выше, в течение двух лет правления этого мусульманского ильхана ответственность за государственные дела находилась в руках его матери Кутуй-хатун. Упоминается, что мать ильхана сыграла решающую роль в поддержке претензий Союргатмыша к Теркен, не позволив последней вернуться в Керман и тем самым предотвратив возможный союз между ней и принцем Аргуном, который управлял Хорасаном [Parizi 1976–1977: 57–58; Üçok 1983: 68; Muhaddith 1984: 200].

---

[57] Очень лестный рассказ о ее жизни дает Паризи, который неоднократно восхваляет ее справедливость. Например, в [Parizi 1976–1977: 96] повествование о Теркене открывается упоминанием о том, что ее называли «законной хатун» (خاتون حلال).

Политическая стратегия Кутуй заключалась в том, чтобы отсечь всю поддержку, которую Теркен за долгие годы создала для себя в орде Абака. Теперь орду возглавлял Аргун, который стал самым главным соперником Тегудера в борьбе за престол [Lambton 1988: 282; Aubin 1995: 34–35]. Столкнувшись с таким положением дел, Теркен возложила надежды на сахиб-дивана Шамс ад-Дина Джувайни и отправилась в Тебриз, чтобы встретиться с ним [Spuler 1943; Lane 2003: 177–212]. К несчастью для нее, она не добилась успеха в своей попытке использовать этот политический канал для восстановления своего правления, и скончалась в этом городе на северо-западе Ирана в 1282 году[58].

Династическая история Государства Хулагуидов того времени отмечена борьбой между сторонниками линии Хулагу через его сына Абаку и теми, кто выступал за более широкую легитимизацию власти с привлечением правителей из числа потомков основателя этого государства[59].

Нестабильность престолонаследия, по-видимому, охладила желание хатунов сохранить контроль над Керманом, но именно благодаря этому «качанию маятника» в Кермане после окончания правления Теркен скоро будет восстановлено женское правление. Сначала Союргатмыш оставался во главе Кермана в течение двух лет, но когда Аргун стал ильханом в 1284 году, Союргатмыш был вызван в суд для допроса о его поддержке Тегудера; кроме того, необходимо было принять решение о том, что должно произойти с регионом. Союргатмыш, как записано, «со страхом и трепетом» отправился в суд, где его ждали дочери Теркен, Падишах-хатун и Биби-Теркен, которые выступили против его притязаний на трон Кермана[60]. Биби-Теркен вместе со своим сыном Нусрат

---

[58] Вероятно, она умерла в июне или июле того же года [Spuler 1985: 154]. Она была похоронена в Тебризе, но затем ее дочь Биби-Теркен привезла ее в Керман, чтобы похоронить в мечети [Khwandamir 1954, III: 269; Thackston 1994: 155].

[59] Этот вопрос не был решен до 1295 года, когда Газан-хан был назначен ильханом. См. заключительные замечания к этой главе.

[60] Небольшой рассказ о жизни Биби-Теркен можно найти в [Lambton 1988: 283–285; Khwandamir 1954, III: 269; Thackston 1994: 155].

ад-Дином Юлук-шахом бросила вызов Союргатмышу перед ильханом, который первоначально приказал, чтобы Керманом совместно правили Падишах-хатун и Союргатмыш. Однако Падишах-хатун не была удовлетворена такой договоренностью. Она пожаловалась на предлагаемые условия и выразила разочарование в связи с соглашением, достигнутым одним из ее представителей, который был сторонником Биби-Теркен[61]. Это вызвало раскол среди женщин. Союргатмыш воспользовался ситуацией и нашел возможность получить политическую поддержку, женившись на Курдуджин-хатун, монгольской принцессе, внучке Хулагу от Мункэ Тимура и Абеш-хатун[62]. Этот брак закрепил притязания Союргатмыша на Керман. Аргун отменил свое решение и повелел, чтобы Союргатмыш был единственным правителем региона [Muhaddith 1984: 200].

Однако примечательно, что имения Хиджаджа (инджу), оставшиеся в Кермане после его изгнания, не были переданы новому правителю, а перешли под управление сына Биби-Теркен Нусрат ад-Дина Юлук-шаха[63]. Далее следует отметить тот факт, что монголы, похоже, контролировали Керман с помощью политических игр, которые напоминают стратегию, используемую китайской династией Юань для контроля таких зависимых территорий, как династия Корё в Корее [Zhao 2004: 20–23], которая заключалась в выдаче монгольских принцесс замуж за местных правителей и достижении таким образом жесткого контроля над подданными. Несомненно, это было возможно и эффективно благодаря сильному характеру монгольских женщин и тому статусу, которым они наделялись в решении политических вопросов. Так, чтобы свести к минимуму вражду между дочерьми

---

[61] В [Muhaddith 1984: 200] упоминается, что Падишах-хатун пыталась убить Союргатмыша.

[62] Мункэ Тимур был сыном Олджей-хатун, которая была той женщиной, что выступила против Кутуй во время правления Тегудера.

[63] Об инджу см. [Lambton 1988: 78]; похоже, это был дипломатический успех Биби-Теркен; это также помогло Аргуну уравновесить власть Союргатмыша в регионе [Aubin 1995: 41].

и сыновьями Кутб ад-Дина (кутлугханида), Падишах-хатун была выдана замуж за брата Аргуна Гайхату и получила приказ сопровождать его на территории Рума (Анатолии) [Muhaddith 1984: 200; Parizi 1976–1977: 316; Rawshan, Musavi 1994, II: 1155; Thackston 1998: 563]. Девять лет она ждала, пока ее сводный брат правил Керманом, вероятно, понимая, что рано или поздно маятник качнется назад и что представится шанс завладеть тамошним престолом. После смерти Аргуна его вдова Урук-хатун быстро добилась избрания на трон Гайхату (пр. 1291–1295)[64]. Одной из первых мер нового правителя было возвращение Кермана в руки Падишах-хатун, которая поспешила на родину, чтобы отомстить тому, кто лишил ее мать трона. Когда она приехала, ее сводный брат Союргатмыш сбежал и отправился к Гайхату в поисках убежища. Монгольский ильхан «отправил его к Падишах-хатун... [она] продержала его под стражей несколько дней, а затем предала смерти» [Rawshan, Musavi 1994, II: 935; Boyle 1997: 306][65]. Устранив оппозицию, она закрепила за собой роль правительницы Кермана, следуя традиции женского правления, начатой ее матерью в этом регионе и ее предками-каракитаями в Центральной Азии.

Подобно тому, как политические события при Монгольском дворе стали основой для воцарения Падишах-хатун, новая борьба за престол привела к ее падению. После смерти Гайхату (ум. 1295 г.) два разных представления о власти снова вошли в противоречие. На этот раз соперниками были Байду (внук Хулагу от его сына Тарагая) и Газан (сын Аргуна и внук Абаки). Первый пытался захватить трон в 1291 году после смерти Аргуна, но ему помешала политическая стратегия Урук-хатун. Сначала именно Байду добился кратковременного успеха против Газана, и в этот период женщины вновь стали главными действующими лицами в определении политического будущего Кермана. Необходимо

---

[64] Согласно Рашид ад-Дину, воцарение Гайхату было запланировано Урук-хатун (женой Аргуна и Гайхату), чтобы предотвратить восшествие Байду на престол в 1291 году [Rawshan, Musavi 1994, II: 1182–1184; Thackston 1998: 576].

[65] Казнь состоялась 21 августа 1294 года [Spuler 1943: 154].

учитывать, что Байду был женат на дочери Союргатмыша по имени Шах-Алам, которая сразу после того, как ее отец начал предпринимать свои политические и военные шаги в отношении Байду, обратилась к Курдуджин-хатун в Кермане за помощью в свержении Падишах-хатун [Там же]. Первая мобилизовала на поддержку своих верных амиров и окружила Керман, вынудив Падишах-хатун сдаться [Kirmani 1983–1984: 76; Smith 2006: 168; Muhaddith 1984: 202–203]. Находясь в осаде, правительница Кермана послала гонцов в орду Газана, чтобы заключить с ним союз, но, несмотря на его согласие, была захвачена и доставлена Курдуджин ко двору Байду. Похоже, что она присутствовала на курултае, на котором в 1295 году был избран новый правитель, и сразу после этого Шах-Алам убедила ее мужа дать согласие на то, чтобы группа мужчин вошла в шатер Падишах и убила ее [Kirmani 1983–1984: 76; Browne 1910–1913, I: 537; Rawshan, Musavi 1994, II: 935; Boyle 1997: 306].

Курдуджин-хатун, хотя и победила в этой борьбе, по-видимому, не была провозглашена правительницей Кермана официально, и источники не рассматривают ее как властительницу региона. Тот факт, что Газан быстро сверг Байду и сделал себя ильханом, возможно, помешал этой женщине продолжить традицию женского правления в Кермане. Ильхан Газан решил положить конец женской линии и возвысить вместо себя сына изгнанного Хиджаджа[66]. Той же схеме следовал и Олджейту, когда он передал царство сыну Союргатмыша, но того обвинили в злоупотреблениях, и провинция перешла под прямое управление ильхана[67]. Соответственно, после окончания правления Падишах-хатун женское верховенство в Кермане исчезло, но женщины династии кутлугханидов продолжали развитие того института, что сохранился со времен своих каракитайских истоков в Центральной Азии, пройдя путь через Монгольскую империю на юг Ирана. Примечательно, что прекращение этой практики в Кермане

---

[66] Его звали Музаффар ад-Дин Мухаммад (умер в 1303–1304 гг.) [Browne 1910–1913, I: 533–535].

[67] Кутб ад-Дин Шах-Джахана [Browne 1910–1913, I: 535].

хронологически совпало с уменьшением числа женщин, публично выступающих в роли царедворцев в Государстве Хулагуидов. Эти данные в очередной раз демонстрируют, как изменилось восприятие женского правления во время правления Газан-хана (1295–1304 гг.).

Салгуриды Фарса и правление Абеш-хатун (1263–1284)

Юго-западная провинция Фарс, постоянно зависимая от внутриполитической динамики в Кермане, похоже, испытала влияние традиции, согласно которой женщины могут открыто признаваться в качестве правительниц, обладающих правом руководить государственными делами в регионе [Smith 2006: 105][68]. Женское правление возникло в этом регионе в 1261 году, в эпоху Хулагу, когда правитель салгуридов Са'д II умер на пути в Шираз, куда он направлялся, чтобы принять власть после смерти своего отца Абу Бакра [Aigle 2005b: 113–114]. Так и получилось, что Туркан-хатун[69], жена Са'да, родом из Йезда, получила от Хулагу ярлык на управление Фарсом в качестве регентши от имени своего двенадцатилетнего сына Мухаммада. В итоге на данном этапе истории Государства Хулагуидов монгольские правители дали разрешение на управление югом Ирана как Теркен Кутлуг-хатун в Кермане, так и Туркан-хатун в Фарсе. Однако, по сравнению со своей керманской соперницей, Туркан была не так успешна и не настолько способна сохранить свое

---

[68] Документально зафиксировано несколько браков между династией кутлуг-ханидов из Кермана и династией салгуридов из Фарса. Например, Лэмбтон упоминает попытку устроить брак Джахан-хатун с Абу Бакром из Фарса и Рукн ад-Дином, третьим правителем Кермана [Lambton 1988: 277]. О династии салгуридов см. http://www.iranicaonline.org/.

[69] Сестра Алаха ад-Даула, атабега Йезда [Shirazi 1972: 62] и племянница Теркен Кутлуг-хатун [Rawshan, Musavi 1994, II: 936]. Я буду транслитерировать ее имя Туркан, а не Теркен, как ее обычно называют, чтобы избежать путаницы между ней и Теркен Кутлуг-хатун из Кермана. Следует отметить, что обе они обычно упоминаются как «Туркан» ناکرت в персидских источниках.

положение верховной правительницы в регионе. Похоже, что местные амиры имели больше влияния при дворе Шираза, чем в Кермане; по крайней мере, кажется, что они сильно влияли на решения правительницы. Источники особо отмечают, что в управлении государственными делами она опиралась на поддержку Низам ад-Дин Абу Бакра и Шамс ад-Дина, а когда сын Туркан-хатун умер всего через год и семь месяцев после получения ею ярлыка от Хулагу, она уже больше не могла сохранить за собой статус матери-правительницы [Shirazi 1972: 62; Browne 1910–1913, I: 508].

В последующие годы Туркан-хатун тем не менее играла важную роль в борьбе за престол, которая происходила в Фарсе. В источниках имеются расхождения в деталях, но похоже, что после смерти ее сына на престоле недолго находился зять Туркан-хатун Мухаммад-шах, племянник атабега Абу Бакра [Rawshan, Musavi 1994, II: 936; Boyle 1997: 307; Shirazi 1972: 62; Browne 1910–1913, I: 508]. Но всего через несколько месяцев Туркан-хатун, сговорившись с племенем шуль и туркменскими князьками, обвинила Мухаммад-шаха в «непригодности к правлению» и отправила его на суд к ильхану[70]. На его место поставили его брата Салджук-шаха, за которого Туркан поспешила выйти замуж [Lambton 1988: 272]. Поддержка туркмен может свидетельствовать о том, что в Фарсе происходила идеологическая борьба между двумя концепциями верховной власти. По-видимому, кочевые группы, что характерно, были более заинтересованы в том, чтобы их представителем в борьбе за престол была женщина, в то время как оседлое население Шираза больше благоприятствовало назначению на пост правителя мужчины — потомка династии Салгуридов. Этот контекст внутреннего противостояния может объяснить, почему в итоге между Туркан и Салджук-шахом был заключен брак в попытке разрешить этот конфликт интересов. Однако это также может помочь нам лучше понять причины смерти Туркан в 1264 году и различные версии о ее кончине, описанные

---

[70] О народности шуль см. [Encyclopaedia].

в источниках[71]. Время ее правления в Фарсе не считается «золотым веком», как, например, правление ее современницы Теркен Кутлуг из Кермана. Некоторые ученые описывают политическую программу Туркан как *désastreuse* («разрушительную»). Это, наряду с некомпетентностью ее подчиненных и смутой в провинции, привело к нестабильности, которая помогла монголам оправдать установление более тесного контроля над провинцией [Aigle 2005b: 118].

Однако устранение монголами Салджук-шаха в 1264 году дало возможность другой женщине претендовать на власть в провинции Фарс [Smith 2006: 109; Aigle 2005b: 118–119]. Дочь Туркан Абеш-хатун была назначена монголами правительницей этого царства в тот же год, когда умерла ее мать, хотя ей было всего четыре или пять лет [Spuler 1985: 272, прим. 88]. Союзы, уже заключенные ее матерью, сделали ее идеальным кандидатом на трон. Поскольку Абеш была обручена с Мункэ Тимуром, сыном Хулагу, последний увидел возможность укрепить свой контроль над провинцией и в то же время сохранить поддержку местных кочевых племен [Smith 2006: 113; Aigle 2005b: 123]. Несмотря на то что она была всего лишь марионеточной правительницей на службе у монголов, Абеш официально признавалась главой династии, и ее имя упоминалось в хутбе [Shirazi 1972: 64]. Монголы все больше ограничивали автономию провинции: один раз в 1265 году, когда некоторые сторонники Абеш восстали против них, другой — в 1271 году, когда при правлении ильхана Абаки возникли проблемы со сбором доходов в провинции [Lambton 1988: 272]. В 1273 году Абеш доставили ко двору для торжественного бракосочетания с Мункэ Тимуром, у которого она стала главной женой [Smith 2006: 113]. Этот брак обычно рассматривается как пример монгольской политической стратегии брачных союзов с дочерьми и родственни-

---

[71] С одной стороны, Казвини [Browne 1910–1913, I: 508–509] объясняет, что Салджук-шах убил Туркан, что привело к тому, что ее брат, атабег Йезда, попросил Хюлегю о помощи против Салджук-шаха. Ильхан послал армию, в результате чего Шираз был взят, а его правитель — предан смерти (в 663/1264–1265 гг.). Джавади [Shirazi 1972: 63] соглашается с этим, обвиняя Салджука в убийстве, но Лэмптон замечает, что он убил ее, будучи пьян [Lambton 1988: 272; Aigle 2005b: 119].

цами правящих семей зависимых от них государств, с намерением в конечном итоге унаследовать эти государства и сделать их частью своей империи [Üçok 1983: 96]. Фарс, похоже, находился под опекой Мункэ Тимура и управлялся местными амирами, в то время как Абеш проводила время в орде своего мужа в компании влиятельной жены Хулагу, Олджей-хатун. Когда Тегудер-Ахмад стал ильханом в 1282 году, он отправил Мункэ Тимура править Ширазом[72], а Абеш, по-видимому, осталась при Монгольском дворе. Однако Мункэ Тимур умер вскоре после своего назначения, и тогда Абеш была призвана стать правительницей Шираза как полностью легитимная правительница, признанная и монголами, и местной династией салгуридов [Smith 2006: 124][73].

В Ширазе Абеш была встречена с восторгом: население украсило улицы города цветами, чтобы приветствовать свою новую госпожу [Shirazi 1972: 68]. Однако время ее правления было отмечено постоянными конфликтами со двором Хулагуидов по поводу выплаты дани и присвоения земель [Lambton 1988: 272; Smith 2006: 211]. Тот факт, что Абеш получила Шираз от Тегудера, по-видимому, спровоцировал Аргуна на попытку прямого вмешательства в дела этого региона. Новый ильхан решил отправить в Шираз Имад ад-Дина в качестве правителя региона с приказом вернуть правительницу в орду. Так Аргун смог выполнить двойную задачу: он вознаградил Имада за его заслуги в войне против Тегудера и в то же время назначил человека, которому доверял, для укрепления и контроля центра над регионом [Shirazi 1972: 70; Smith 2006: 121][74]. Между новым правителем и правительницей

---

[72] Вероятно, чтобы держать его подальше от центральной власти после оппозиции Тегудеру со стороны ее матери.

[73] Назначение Абеш пришлось на 1283–1284 годы, поэтому Мункэ Тимур должен был умереть за некоторое время до этой даты, когда женщины решали вопрос об избрании нового ильхана. Согласно Шпулеру (http://www.iranicaonline.org/), Мункэ Тимур умер в апреле 1282 года. У Равшана смерть Мункэ Тимура упоминается в контексте коронации Тегудера в 1282 году [Rawshan, Musavi 1994, II: 1125; Thackston 1998: 548].

[74] Смит [Smith 2006] упоминает, что эта должность была дарована в качестве вознаграждения за победу Имад ад-Дина над Бугой, одним из союзников Тегудера.

возник конфликт, и вскоре после этого некоторые из последователей Абеш организовали заговор с целью убийства Имад ад-Дина [Smith 2006: 122; Aigle 2005b: 133]. Аргун был в ярости и немедленно отправил племянника убитого губернатора расследовать дело. Интересно, что в этот момент Аргун попросил разрешения и обосновал свои действия перед свекровью Абеш, Олджей-хатун[75]. Затем он послал за правительницей Фарса, чтобы доставить ее ко двору. Сначала юная Абеш отказалась подчиниться и вместо этого направила дары некоторым особо уважаемым монгольским и персидским вельможам, перейдя в дипломатическое наступление, которое напоминает стратегию Дорегене и Сорхахтани-беки [Smith 2006: 122; Aigle 2005: 134]. Но Абеш не смогла противостоять новой атаке ильхана, и в конце концов ее схватили и отправили в орду в Тебриз, чтобы предать суду вместе с некоторыми из ее сановников. Они были признаны виновными, и в то время как некоторые из ее родственников были казнены, другие были просто оштрафованы, а их поместья конфискованы, а имущество отдано бедным и сиротам [Rawshan, Musavi 1994, II: 1161–1162; Thackston 1998: 565–566; Shirazi 1972: 70–71].

Абеш пощадили, но причина такого милосердия ильхана в отношении подобной измены, судя по всему, была вызвана не мягкосердечием с его стороны, а вмешательством некоторых влиятельных женщин двора. Как мы видели выше, Аргун рассчитывал на поддержку Олджей-хатун в своей борьбе с Тегудером, поэтому, когда он хотел казнить Абеш, пожилая дама с успехом вступилась за невестку [Smith 2006: 124]. Когда Абеш вернулась в Шираз, во главе царства стоял Джалал ад-Дин, племянник Имада. Через несколько дней после ее возвращения в 1286–1287 гг. он отомстил за своего дядю и убил двадцатишестилетнюю Абеш, «разрубив ее на куски» [Shirazi 1972: 70–71; Smith 2006: 125][76].

---

[75] Еще одно свидетельство того, какую роль играли женщины в центральной орде до 1294 года [Aigle 2005b: 134].

[76] Ее похоронили по монгольскому обычаю, а имущество разделили между ее дочерьми от Мункэ Тимура (Курдуджин-хатун и Алгачи), ее слугами и сыном Мункэ Тимура от другой женщины [Aigle 2005b: 135].

Взлет и падение Абеш — история непростая, и многие рассказы о ней противоречивы. Однако общая картина выглядит так: женщина, которая сначала была номинально признана правительницей Шираза в детстве, а затем, с возрастом, обрела возможность править по-настоящему. Однако похоже, что ей с трудом удавалось продвигать свою собственную политическую программу для региона, поскольку Шираз был целью монголов еще со времен Хулагу; они воспринимали его как территорию, которая должна перейти под их непосредственный контроль. Память о правлении Абеш-хатун и судьбе династии салгуридов историк Мустафи, писавший через несколько десятилетий после этих событий, изложил следующим образом: «Абеш в течение года правила Фарсом, после чего была выдана замуж за Мункэ-Тимура, сына Хулагу-хана, и Фарс перешел под контроль монголов, хотя Абеш продолжала оставаться номинальной правительницей в течение почти 20 лет» [Browne 1910–1913, I: 509; II: 122].

Во время правления Гайхату вышеупомянутая Курдуджин, дочь Абеш, была назначена царицей Шираза, но ей было отказано в управлении провинцией Фарс. Похоже, что эта стратегия была нацелена на то, чтобы сохранить *apparences extérieurs* («внешние признаки») власти салгуридов и в то же время поставить налоги и доходы провинции под прямой контроль монгольских представителей [Aigle 2005b: 144]. В то же время назначение Курдуджин могло послужить новому ильхану способом оградить ее от борьбы, которую Падишах-хатун вела в Кермане с мужем Курдуджин Союргатмышем. Наконец, после восстания амиров в 1319 году ильхан Абу Саид снова назначил Курдуджин в Шираз, а вскоре после ее кончины ее сменила племянница Султан-хатун [Aigle 2005: 158]. Однако их политическая власть была ограничена пределами города, и их правление, по-видимому, носило скорее символический, нежели политический характер. Таким образом, после Абеш институт женского регентства в Фарсе прекратил свое существование, а потомки этих женщин оставались влиятельными, не будучи признанными в качестве титулованных правителей за пределами Шираза[77]. Процесс адаптации монголов в отношении местного восприятия принципа женского правления, похоже, распространялся в направлении «север-юг», и по мере того как более южные провинции попадали под их контроль, монгольские правители становились все более зависимыми от своих персидских подданных. Спорадические выпады против этой тенденции, похоже, имели место в XIV веке в таких населенных преимущественно кочевниками районах Ирана, как Луристан, но, как и в случае с Сати-бек, они были недолгими и столкнулись с прямым противодействием со стороны правящей орды после 1295 года[78].

Политическое вмешательство в Анатолии (Малой Азии) и на Кавказе

Помимо Южного и Юго-Западного Ирана после прихода Хулагу под власть монголов попали и другие регионы Среднего Востока. До монгольского завоевания Анатолия имела тесные политико-дипломатические и экономические отношения с христианскими царствами Южного Кавказа [Peacock 2006]. В Грузинском царстве, как и при династии Айюбидов в Сирии и Египте, в период между двумя монгольскими вторжениями на Средний Восток женское правление набирало силу. Царица Русудан (пр. 1223–1245), как представляется, была смелой женщиной, взявшей на себя управление царством, когда ее брат умер, а племянник был еще несовершеннолетним[79]. Она правила долго, но в самом начале своего правления ей пришлось отражать нападение сул-

---

[77] Роль Курдуджин-хатун, дочери Абеш-хатун, в истории Кермана уже упоминалась в разделе, посвященном кутлугханидам Кермана.

[78] См., например, случай Давлат-хатун دولت خاتون, которая стала правительницей Луристана на короткий период в 1316–1331 гг. [Browne 1910–1913, I: 556–557; Üçok 1983: 105–108]. Краткий рассказ о ее правлении также можно найти в [Khudgu 1999–2000: 74–75].

[79] Она серьезно рассматривала возможность возглавить крестовый поход, когда этого потребовал Папа Римский. В итоге это так и не осуществилось [Toumanoff 1966: 625].

тана Джалал ад-Дина из Хорезма, который под давлением монголов на востоке был вынужден двинуться на запад [Lang 1955: 86][80]. После монгольского завоевания и Армения, и Грузия продолжали быть частью баланса политических сил на Среднем Востоке. Однако значение этих двух христианских царств постепенно снижалось, и больше ни одна женщина не брала на себя управление ими. Тем не менее зафиксированы некоторые случаи политических браков между армянскими женщинами и персидскими знатными особами под монгольским владычеством, хотя их вмешательство в государственные дела не отмечается в источниках, как в случае с тюрко-монгольскими дамами [Margarian 1999–2000: 157–158].

В то время Анатолия (Малая Азия)[81] находилась под властью местной династии сельджуков, которая с конца XII века постепенно расширяла свой контроль над Анатолией и достигла пика своего могущества в первой половине XIII века в эпоху правления султана Ала ад-Дин Кайкубада I (пр. 1220–1237). К сожалению для сельджуков, регион был захвачен в 1243 году, когда монголы победили султана в битве при Кёсе-Даг и в итоге включили Малоазийский полуостров в зону своего влияния [Cahen 1968: 135–138]. Монгольский нойон из джучидской (золотоордынской) ветви монгольского царского рода по имени Байджу был назначен управляющим этой областью в 1255 году [Grousset 1948: 423][82]. В 1260 году, когда Хулагу взял на себя управление Государством Хулагуидов, между монголами в нем и монголами Золотой Орды быстро усилились разногласия из-за Анатоли. Связи Байджу с монголами Русского улуса делали его в глазах Хулагу ненадежным военачальником. После его участия в разграблении Багдада и кампании в Сирии в 1260 году Байджу был устранен, а многие монголы Золотой Орды были вынуждены покинуть Анатолию и искать убежища у египетских мамлюков [Melville 2009: 61].

---

[80] Грузинская царица Русудан в конце концов добровольно приняла яд, и царство перешло к ее родственнику мужского пола [Dashdondog 2009: 79].

[81] В мусульманской традиции Малая Азия называется Рум.

[82] О имени Байджу см. [Cleaves 1949: 413; Pelliot 1922–1924, 1931, II: 109–110].

В регионе был создан марионеточный султанат, который находился под постоянным надзором различных монгольских полководцев. Как правило, ильхан контролировал смену сельджукских султанов в Анатолии, которая не обходилась без потрясений и беспорядков, пока сельджуки не исчезли без следа в 1308 году [Cahen 1968: 301–303].

С тех пор как в 1243 году монголы победили сельджуков Рума в битве при Кёсе-Даге, и особенно после продвижения Хулагу по Ирану в 1250-х годах, Анатолия оставалась спорной территорией между джучидскими монголами (Золотой Орды) и ильханами Ирана. Монголы Золотой Орды сохраняли повышенный интерес к региону и влияние в нем на протяжении всего XIII века, а султаны сельджукской династии были сосланы в Крым, где доминировали монголы. Изз аль-Дин Кайкаус II (ум. 1280) женился на монгольской хатун Золотой Орды. Эта женщина по имени Урбай-хатун была дочерью Берке-хана (ум. 1266), и этот брак позволил консолидировать поддержку монголов Русского улуса ветви Изз ад-Дина в нестабильной династии румских сельджуков Рума второй половины XIII века [Melville 2006b: 72]. Однако после создания Государства Хулагуидов в 1260 году сельджукские владения были включены в зону его влияния, и с этого момента началось вмешательство монгольских женщин в дела Анатолии. Одна из подобных историй упоминается Рашид ад-Дином, который утверждает, что султан Рукн ад-Дин (пр. 1248–1265) был доставлен ко двору Хулагу, чтобы ответить за недостаточное «внимание» его предшественника к монгольскому военачальнику Байджу. Тюркский султан выразил почтение монгольскому ильхану, но был помилован только после вмешательства Докуз-хатун в дела своего мужа, которая оказала покровительство анатолийскому правителю [Rawshan, Musavi 1994, II: 1023; Thackston 1998: 501][83]. В то время как сельджукские султаны приезжали

---

[83] Зафиксирован еще один подобный эпизод женского вмешательства в политическую жизнь Анатолии. Неназванная женщина вступилась за своего мужа после того, как он попытался напасть на Конью [Cahen 1988: 243; Melville 2006b: 56].

в Иран с целью изъявления покорности ильханам и получали защиту со стороны хатун, монгольские мужчины и женщины также по разным причинам мигрировали в Малую Азию с момента установления там Государства Хулагуидов. Например, в 1271 году Аджай, сын Хулагу, был послан Абакой с 3000 воинов для подавления восстания, а другой брат ильхана Цонкуртай последовал за ним некоторое время спустя с той же целью [Melville 2006b: 70; Rawshan, Musavi 1994, II: 1129; Thackston 1998: 550]. В общем, в период правления Абаки наблюдалось усиление монгольского контроля над Анатолией, дабы противостоять влиянию Золотой Орды и мамлюков в регионе.

Среди сельджуков Рума тюркские женщины имели свою долю политической власти и влияли на принятие решений мужчинами-правителями в различные периоды доминирования монголов в Анатолии [Shukurov 2012; Nicola 2014a; Redford 2015]. Например, после смерти своего мужа вдова султана Гийат ад-Дина Кейхосрова III (ум. 1284) убедила нового ильхана, что он должен заново разделить Румский султанат между ее малолетними детьми [Cahen 1968: 276]. Этот эпизод имел место в контексте восшествия Аргуна на престол после гражданской войны между хулагуидами и его дядей Тегудером-Ахмадом. Аргун пытался проводить политику «разделяй и властвуй», чтобы добиться более прямого участия в делах Анатолии [Melville 2006a: 74]. Вмешательство этой тюркской женщины соответствует моделям политического участия, обычно наблюдаемым среди монгольских женщин. Ей пришлось столкнуться с оппозицией Масуда, и по этой причине она обратилась за поддержкой к туркоманам, которые постоянно восставали против власти монголов и сельджуков [Cahen 1951: 335–354; Korobainikov 2004]. Эта политическая авантюра обернулась против принцессы, которая из-за этого «опасного» союза столкнулась с оппозицией в Конье [Cahen 1968: 278]. Масуд не отказался от своих притязаний на трон, и женщина решила отправиться в лагерь монголов в Иране, чтобы вновь утвердить свое положение. Она умерла всего через несколько дней после отъезда в Конью, где хотела спасти своих сыновей из рук султана [Melville 2006b: 75].

Таким образом, план жены Кейхосрова оказался недолговечным. Чтобы усилить контроль над регионом, Аргун отправил своего брата Гайхату в Анатолию, где тот действовал в качестве монгольского наместника в компании своей жены Падишах-хатун. Масуд был назначен султаном Рума под покровительством монголов примерно в 1285 году [Rawshan, Musavi 1994, II: 1155]. Чтобы усилить свой контроль над регионом, монголы, по обыкновению, заключали брачные союзы между монгольскими женщинами и местными лидерами. Так, Аргун послал ту же Урбай-хатун, дочь Берке, замуж за Масуда и таким образом обеспечил «надежный пригляд» за тюркским султаном [Cahen 1968: 284; Melville 2006b: 77; Richards 1998: 216–217][84]. Новый кризис престолонаследия, последовавший за смертью Аргуна в 1291 году, вылился в конфликт между Гайхату и Байду. Анатолийские подданные монголов поддержали первого, в то время как второй заручился поддержкой восточных провинций Государства Хулагуидов. Хотя новый ильхан был принят в регионе с радостью, его военная кампания против Коньи и последующие политические потрясения, которые пережило царство при Гайхату, изменили отношения между султанатом Рума и центральным правительством монголов [Melville 2006a: 78–79]. После Гайхату (ум. 1295 г.) отношения Анатолии с монголами изменились, хотя ее экономическое и символическое значение не уменьшилось. С приходом к власти Газан-хана усилился контроль центра над полуостровом, что привело к череде восстаний, продолжавшихся до 1298 года [Melville 2006b: 81–82].

Интересно, что в этот период местные династии Кермана, Йезда и в некоторой степени Фарса прекратили свое существование (около 1304 года), и с тех пор монголы осуществляли прямое управление провинциями [Там же: 86]. Опять же, этот период совпал с исчезновением явного женского вмешательства в политические дела, и информация о провинции ограничивается перечнем имен наследников престола с незначительным

---

[84] Об управлении корейской династией Корё принцессами Юань см. [Zhao 2004].

влиянием на политическую жизнь всего монгольского Ирана. Наконец, при Абу Саиде произошел новый раздел территории в рамках реорганизации, проведенной ильханом после восстания амиров в 1319 году [Там же: 90].

Имеется не так много информации о вмешательстве монгольских женщин в политическую жизнь Анатолии в период ильханидского господства. Анатолийские женщины также не приобрели такого же значения в политике Государства Хулагуидов, как женщины из Фарса или Кермана. Скорее, влияние монгольских женщин больше просматривалось в других областях анатолийской жизни, таких как религия и патронаж зданий, как мы увидим в главе 5. Несмотря на это, женщины у сельджуков играли яркую роль в политике Малой Азии и его политическом развитии. Возможно, здесь не место углубляться в эту тему; стоит лишь признать тот факт, что многое из специфики женского вмешательства в политику у монголов можно было наблюдать и при дворе румских сельджуков; отметим, например, их эпизодическую роль в качестве царедворцев, их влияние в вопросах наследования и их роль в качестве советников правителей-мужчин. Тем не менее ни одна женщина никогда не была возведена на престол в Анатолии и не выступала в качестве регента при султанах Рума, которые, похоже, доверяли легитимизацию правления исключительно мужчинам.

Илл. 1. Портрет Алан Коа в рукописи XIX века «Му'изз аль-ансаб».
Британская библиотека, оп. 467

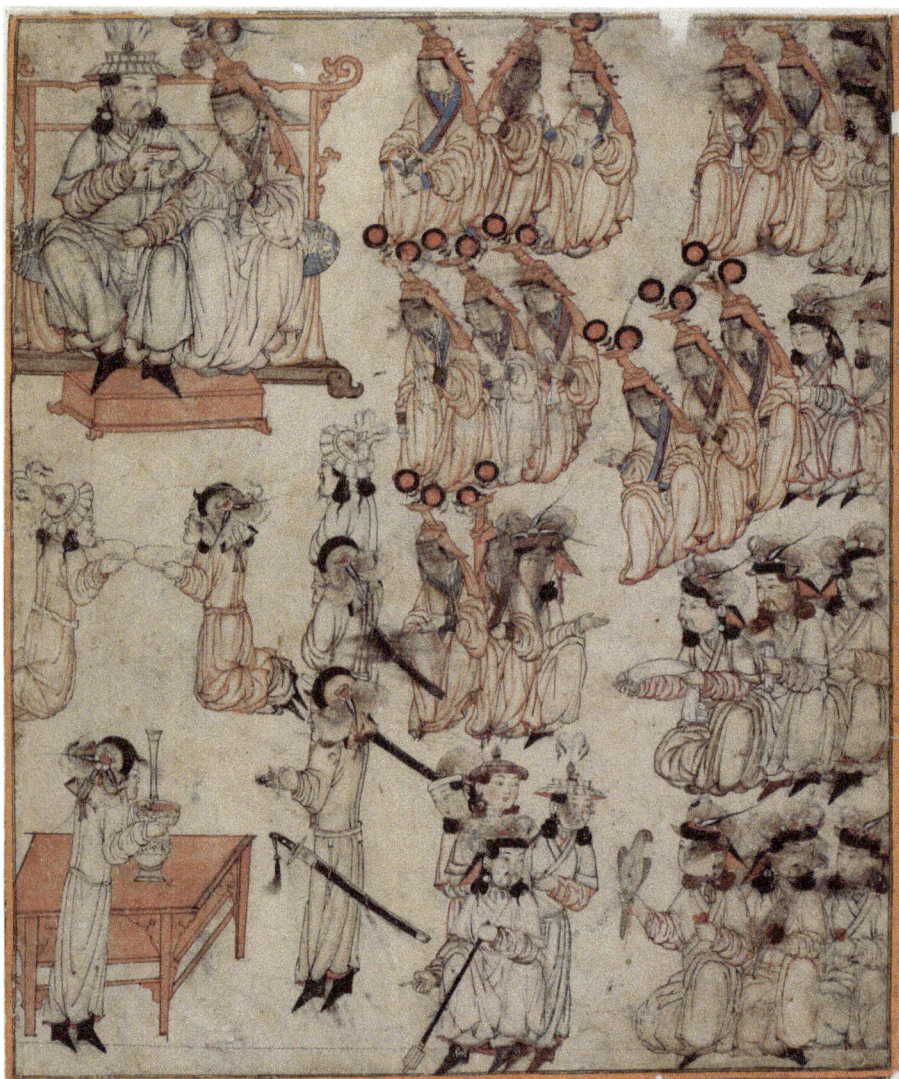

Илл. 2. Монгольская придворная сцена.
Diez Album, Staatsbibliothek zu Berlin, fol. 70, S. 10, Nr. 1

Илл. 3. Рождение монгольского принца. Diez Album, Staatsbibliothek zu Berlin, S. 8, Nr. 2

Ил 4. Ардашира отравляет его жена (из рукописи «Великая монгольская Шахнаме»). Arthur M. Sackler Gallery, Smithsonian Institution, Washington DC, ms S86.0106

Илл. 5. Монгольские мужчины и женщина в орде. Bibliothèque Nationale de France, Supplément Persan 1113, f. 174a

Илл. 6. Портрет хана и хатуны.
Diez Album, Staatsbibliothek zu Berlin, S. 63, Nr. 2

Илл. 7. Приготовления к монгольскому празднику.
Diez Album, Staatsbibliothek zu Berlin, S. 18, Nr. 1

Илл. 8. Два монгола читают Коран.
Diez Album, Staatsbibliothek zu Berlin, S. 8, Nr. 1

Глава 4
Женщины и экономика Монгольской империи

Захват этой орды со всеми слугами, стадами, шатрами и снаряжением внуки Чингисхана, несомненно, посчитали значительной потерей.

[*Allsen 2001a*]

Чтобы понять, какую влиятельную и важную роль играли монгольские женщины в политике Монгольской империи, как это было показано в предыдущих главах, следует выяснить, участвовали ли эти дамы в экономических процессах империи, и если да, то как. Однако написание экономической истории кочевых сообществ сопряжено с рядом трудностей, обусловленных отсутствием источников, связанных с экономикой империй, таких как завещания, торговые договоры, нотариальные документы и так далее. Отсутствие подобных документов вынуждает нас полагаться на те источники, которые мы используем для написания более общей истории Монгольской империи, и пытаться вычленить из них упоминания об экономике. В случае с женщинами империи задача усложняется еще более, поскольку информация об их деятельности, пожалуй, еще скуднее, чем то, чем мы располагаем по мужчинам. Чтобы обойти эту методологическую проблему, в настоящей главе основное внимание будет уделено базисному элементу жизни монгольских кочевников — орде. Учитывая центральное место орды в экономической жизни Монгольской империи, я считаю, что ее можно отнести к числу монгольских институтов, которые помогали подробно описать состояние имперской экономики, находящейся в постоянной трансформации.

Слово «орда» широко использовалось монголоведами в течение десятилетий для обозначения монгольского монаршего становища[1]. Тюркское слово, по-видимому, первоначально обозначало группу шатров, принадлежащих конной дружине хана, в центре которой стояла юрта правителя [Rachewiltz 2004: 454][2]. Персидские летописцы использовали его, когда указывали, где находился в определенное время правитель или другой член правящей семьи[3]. Однако это не означает, что точное значение слова всегда оставалось неизменным; иногда источники называют орду политическим образованием (подобно странствующему двору средневековых европейских королевств), в другое время — центром, обладающим экономической и военной значимостью[4]. Более четкое определение предложил Кристофер Этвуд, который определяет орду как «большие дворцы-палатки и лагеря монгольских принцесс, князей и императоров, которые служили центральным ядром их власти» [Atwood 2004a][5]. Таким образом, орда функционировала не только как ядро семейной и общественной жизни, но и как центр экономической деятельности, вокруг которого концентрировались от-

---

[1] Моя цель в этой главе состоит в том, чтобы изучить орду как экономическую единицу. Продолжающиеся дебаты о «племенной модели» и те коннотации, которые этот термин имел (и продолжает иметь) в европейской историографии Центральной Азии, здесь не рассматриваются [Sneath 2007: 118–119].

[2] По поводу этимологии слова и описания его значения см. [Pelliot 1949: 30, прим. 1].

[3] Например, Карпини в некоторых случаях использует слова «орда» и «шатер» как синонимы [Dawson 1955: 54].

[4] О сезонном маршруте хана Угедэя в Монголии см. [Boyle 1997: 125–131]. Джувайни говорит, что члены правящей семьи прибыли из Центральной Азии на выборы Гуюка, «из орды Чагатая» [Qazvini 1912–1937, I: 204–205; 1997: 249]. В другом случае он называет орду лагерем конкретного члена правящей семьи [Qazvini 1912–1937, I: 215, 217; Boyle 1997: 260, 262].

[5] Олсен отмечает, что отдельная монгольская юрта называлась *ордо гер*, что буквально означает «лагерная палатка» [Allsen 1997a: 13; Sneath 2007: 72].

расли коневодства, скотоводства и торговля⁶. Вероятно, будучи знакомыми с этим кочевым институтом еще со времени сельджуков, персидские историки не были особенно впечатлены ордой монголов [Durand-Guédy 2009: 75–101]⁷. На самом деле, похоже, что орды существовали в Евразии в течение значительного периода ко времени начала монгольской экспансии. Возможно, подобно тому, как они переняли институт женского регентства, монголы переняли орду у династии Ляо, создав гарнизоны в Монголии во время своего правления в Северном Китае [Biran 2004a: 344; Rachewiltz 2004: 454].

Странствующий даосский монах из Северного Китая в рассказе о своем путешествии к Чингисхану в начале XIII века так описал орду:

> Вскоре мы оказались внутри лагеря; здесь мы оставили наши повозки. На южном берегу реки стояли сотни и тысячи повозок и палаток... Орда по-монгольски означает «временный дворец», и паланкины, шатры и прочие великолепия этого лагеря, несомненно, поразили бы ханов древних хунну [Waley 1931: 71].

Этот рассказ аналогичен описанию современных историков и не только подчеркивает впечатляющие размеры лагеря, но и делает акцент на том, что такое жилище было типичным для кочевых империй степей, будь то хуннская, киданьская или монгольская держава. В XIII веке Гильом де Рубрук описал свою встречу с лагерем Бату в следующих выражениях: «Когда я увидел [орду] Бату, меня охватил страх, ибо его собственные дома казались огромным городом, вытянувшимся на большое расстояние и заполненным со всех сторон людьми на расстояние трех или четырех лиг» [Dawson 1955: 126]. Ибн Баттута подобным же образом наблюдал, как мобильно передвигаются монгольские орды, во время своего

---

⁶   Например, Джувайни упоминает, что во время смерти Чингисхана «каждый мужчина покинул свою орду и отправился на курултай», где должен был быть избран новый хан [Qazvini 1912–1937, I: 144; Boyle 1997: 183].

⁷   О кочевом образе жизни ранних сельджуков см. [Peacock 2010: 89–98].

визита на территорию Золотой Орды в XIV веке. Он писал: «Достигнув лагеря, они [монголы] снимали шатры с повозок и ставили их на землю, так как они были очень легкими, и то же самое они
делали с мечетями и лавками» [Gibb 2005: 147]. Таким образом,
орда включала в себя не только жилища монголов, но и места их
религиозного поклонения, и пункты торгового обмена.

В Иране политическая и экономическая власть сменявших друг
друга правителей Государства Хулагуидов была сосредоточена
в их ордах [Aigle 2008a: 74]. Каждый член правящей семьи, а также любой из других важных персон имел свою собственную
орду, и такой порядок сохранялся в Иране при Олджейту (пр.
1304–1316) вплоть до XIV века [Melville 1990b]. Центральная роль
орды привела к тому, что при взаимодействии местных элит при
дворе происходило дублирование полномочий и чиновников.
Это явление иллюстрируется, например, множественностью
кешиков[8] в ордах членов семьи чингизидов в Государстве Хулагуидов [Melville 2006b: 161; Atwood 2006]. Но если орда создавала
определенные неудобства в политическом управлении империей,
она также служила центральным, но при этом мобильным институтом хозяйственной деятельности. Постепенно орда становилась центром накопления стад скота, имущества и личного
богатства. Расширение империи привело к такому обогащению
этих лагерей, что, если какой-либо претендент на престол полу-
чал в руки орду, это могло сыграть решающую роль в перевесе
в его пользу во время спора о престолонаследии[9].

Опираясь на анализ орды как института, в этой главе мы по-
пытаемся определить, кто из монгольских женщин имел орду,
и дать объяснение структуре и функциям этих институтов.
Во-вторых, мы рассмотрим, как женщины накапливали богатство
в своих ордах в различные периоды существования Монгольской

---

[8] Кешик — личная гвардия ханов. — *Примеч. перев.*

[9] См., например, случай Малика Тимура (сына Ариг-Буги), который воспользовался захватом орды одной из жен своего отца для получения необходимых
ресурсов, чтобы считаться могущественным союзником Кайду, монгольского владыки-соперника Хубилай-хана [Biran 1997: 41].

империи и как их экономическая деятельность адаптировалась к различным моментам истории державы. Наконец, мы сосредоточимся на том, как эти орды сначала передавались от женщины к женщине, а затем, в конце концов, были присвоены мужчинами в Иране XIV века в рамках разработанной политической стратегии во время правления Газан-хана. В целом в настоящей главе планируется пролить свет на экономическое положение монгольских женщин в империи и то, как они накапливали, расширяли и передавали принадлежавшие им богатства, а также изучить ту степень автономии, которой они пользовались при распоряжении ресурсами, полученными в ходе расширения империи.

Орда как кочевнический институт и ее роль в экономической деятельности женщин

Исследования кочевых обществ в основном повествуют о том, что женщины отвечали за домашнее хозяйство, в то время как мужчины обычно были заняты охотой и войной [Krader 1963: 186; Dawson 1955: 96, 103; Rossabi 1979: 154]. Как отмечает Россаби, монголы были патрилинейным обществом, где мужчины владели большей частью семейного богатства, которым в домашней сфере управляли женщины [Rossabi 1979: 154]. По мере того как монголы становились все богаче за счет накопления завоеванных богатств, мужчины могли брать в жены большее количество женщин и распределять свое имущество для управления между ними[10]. Поэтому, следуя этому доимперскому обычаю, главные жены правителя или мужчины — члена правящей семьи имели свои собственные орды или уделы, где имущество, скот и люди управлялись и приумножались ими[11]. Однако монголь-

---

[10] Например, Ибн Баттута замечает, что во время путешествий хатуны в ордах следовали отдельно от своих мужей [Defrémery et al. 1962: 483].

[11] Прецеденты, когда женщины владели имуществом, зафиксированы и в других обществах Внутренней Азии, например, у ляо-хитанов [Wittfogel, Feng 1949: 199; Vernadsky 1938: 357]. У монголов обычно было четыре главных жены, хотя это количество разнилось по империи [Shir 2006].

ским женщинам не препятствовалось владеть и своей собственностью. Некоторые женщины получали имущество от своих мужей (в виде приданого), управляли соответствующими ордами и использовали их для реализации собственных политических планов [Там же]. Если орды хатунов играли роль не только в экономике, но и в политике Монгольской империи, возникает два вопроса: кто имел право возглавлять орду? Все ли женщины имели в своем подчинении орду? На второй вопрос, возможно, ответить легче. В источниках однозначно указано, что некоторые женщины присутствовали в ордах других женщин, но сами никогда не получали орду в управление. Следовательно, похоже на то, что только знатные мужчины и их жены имели в своем подчинении соответствующие лагеря[12]. Что касается первого вопроса, то здесь ситуация сложнее и, по-видимому, она зависела от исторического контекста, в котором жили женщины на разных этапах расширения империи. Все женщины, имевшие право управлять ордой, были главными женами правителей или других членов правящей семьи; разница заключается в том, каким образом они становились хатунами. Право монгольской женщины на собственность укреплялось по мере того, как менялось ее положение на протяжении жизни. В отношении алтайских обществ в целом отмечено, что, когда женщина не замужем, ее статус низок и она экономически зависит от своей семьи, потому что «ее правосубъектность низшего порядка» [Krader 1963: 188]. Выйдя замуж, она получает контроль над своим брачным приданым, что повышает ее экономический статус в семейном хозяйстве. Наконец, после рождения сына она получает полное право распоряжаться имуществом и управлять не только своим личным состоянием, но и средствами своих несовершеннолетних сыновей в случае смерти мужа [Там же].

В ранний период жизни Чингисхана, до создания империи, самыми ценными товарами, которые могло накопить скотоводческое общество, были стада и люди. О первом в источниках сказано немного, однако стада были привязаны к людям, и если

---

[12] Особенно это касается наложниц [Lambton 1988: 293].

установить контроль над людьми, то можно было извлечь выгоду и из их скота. Как отметил Олсен, «политическая борьба, сопровождавшая формирование монгольского государства, была связана с контролем над людьми и стадами скота, а не над землей как таковой» [Allsen 1997a: 4]. Все большее число людей включалось в семью монголов, и этот ресурс находился в распоряжении монгольских женщин. Постепенно побеждая соперничающие племена, Чингисхан отправлял пленников в уделы разных членов правящей семьи [Atwood 2004a: Vladimirtsov 1948: 123–126]. Хотя источники расходятся по вопросу о количестве людей, приписанных к матери Чингисхана, она была включена в это распределение и получила больше подданных, чем сыновья Чингисхана[13]. Интересно отметить, что в ряде источников подчеркивается тот факт, что Оэлун оспаривала количество своих людей и, похоже, не хотела делиться ими со своим сыном [Rachewiltz 2004: § 242][14]. Жена Чингисхана получила тысячу человек, которые служили ее личной охраной, а две другие жены монгольского хана получили каждая в свою орду выделенных им людей [Thackston 1968, I: 75, 593–594, 613; 1998: 43, 272–273, 282].

По мере расширения империи увеличивалось количество подчиненных людей, находящихся в распоряжении женщин, а структура орд все более усложнялась. Массовое накопление богатства после военной экспансии означало, что к 1230-м годам монголам пришлось провести перепись населения для организации «взимания налогов, обеспечения воинской повинности и поиска культурных и технических специалистов» [Allsen 1997a: 6]. Однако, несмотря на такое изобилие, похоже, что только главные жены повелителя или военачальника имели долю богатств в своих личных ордах. Путешественники из оседлых

---

[13] Хотя цифры относительны, Рахевильц упоминает, что она получила 10 000 человек, включая долю младшего брата Чингисхана Отчигина [Rachewiltz 2004: § 242]. Рашид ад-Дин упоминает, что она получила 8000, из которых только 3000 принадлежало ей, а остальное — ее младшему сыну [Thackston 1998, I: 611; 1998: 281].

[14] Однако упоминается, что она «не жаловалась».

обществ, которые не общались с алтайскими скотоводами, были впечатлены существованием этих женских лагерей и их организацией. В своей поездке ко двору Гуюка (ум. 1248) Карпини заметил, как четко разделялись орды разных женщин в лагере: «Когда у татарина много жен, у каждой из них есть свое жилище и хозяйство, и муж ест, пьет и спит один день с одной, а другой — с другой» [Dawson 1955: 17–18]. Особо отмечается, что та или иная орда принадлежала женам мужчины, в то время как наложницы или другие женщины в монгольском доме были лишены личных орд. Гильом де Рубрук дает нам более четкое представление о построении этих индивидуальных орд при Монгольском дворе, упоминая, что

> замужние женщины сами управляют повозками при перевозке своих жилищ, и когда они выгружаются из повозки, группа кибиток, образующих их орду, распределяется иерархически с запада на восток в лагере, начиная с главной жены, а затем следуют остальные в соответствии с их рангами [Там же: 95].

Далее он описывает, как хан проводит одну ночь в орде одной из своих жен, и в этот день «там собирается двор, и подарки, которые преподносятся повелителю, кладутся в сокровищницу этой жены», тем самым проливая свет на распределение богатства среди этих дам [Там же: 96]. Похожие описания можно найти в рассказе Ибн Баттуты об уделах жен узбеков в Золотой Орде, где женщины сами управляли своими повозками [Dunn 1986: 168]. Он упоминает о том, что у хана было четыре главных хатун, которые распределялись по иерархии, подобной той, которую наблюдал Рубрук, и подтверждает то, что правитель проводил свои ночи последовательно с разными своими женами в их ордах [Defrémery et al. 1962: 486]. «У каждой хатун была отдельная орда, и он посещал своих женщин по очереди; у каждой из них было свое имущество и люди, ей подчиненные» [Там же: 486–489].

Персидские источники не очень конкретны в отношении принадлежности орд потомкам Чингисхана. Например, и Рашид ад-Дин, и Банакати отмечают, что у Угедэя было четыре главных хатун, но упоминают только первых двух: Боракчин-хатун, которая была старшей женой, и Дорегене-хатун[15]. Нет никаких указаний на то, что у первой была своя орда, в то время как у второй она явно была, что позволило ей принять на себя регентство в империи[16]. Разница между этими женщинами заключалась в том, что у Боракчин не было сыновей от хана, и поэтому она не могла распоряжаться своим имуществом. Из наложниц упоминается только Эркене, мать шестого сына Угедэя Кадан Огула [Thackston 1968, I: 631; Boyle 1971: 27][17]. Любопытно, что Рашид отмечает, что он был воспитан в орде Чагатая, в то время как те, кто был рожден от жены хана (например, Гуюк), похоже, воспитывались в орде своей матери. Аналогичная ситуация описывается в рассказе о женах второго сына Чингисхана — Чагатая[18]. Хотя у него было много жен, две из них были старше остальных: Есулун-хатун и ее сестра Тоген-хатун[19]. Однако сын Чагатая Муджи Яя родился не от одной из этих хатунов, а от девушки-рабыни. Она была в орде Есулун и подверглась насилию со стороны Чагатая, пока его жена была в отъезде. Этот эпизод не только указывает на существование орды Есулун, но и определяет статус сына, родившегося от этой незаконной связи. Упоми-

---

[15] Упоминается, что у хана было много жен и шестьдесят наложниц [Thackston 1998, I: 620; Boyle 1971: 18; Banakati 2000: 282].

[16] См. главу 2.

[17] Интересно, что Банакати отмечает, что мать Кадан Огула звали Кубайи (قوباىی). Возможно, из-за ошибки в издании рукописи она не упоминается как старшая жена; однако это также может свидетельствовать о том, что, несмотря на путаницу с именем, этот сын Угедэя не происходил от главной хатун. По Банакати, четыре хатун именуются Бурак Хаджиб (بوراقجین), Туркинэ (تورکینی), Мука (اکوم) и Джаджин (جاجین) [Banakati 2000: 282].

[18] Различаются два персидские издания «Джами' ат-таварих». Тогда как Рашид ад-Дин Табиб упоминает, что у Чагатая было восемь сыновей [Karimi 1988–1989, I: 533], Тэкстон упоминает только шесть [Thackston 1998, II: 751], не говоря о Кадакае и Байджу. Их описания также отсутствуют в [Thackston 1998].

[19] Первая была двоюродной сестрой матери Чагатая Бортэ, а вторая вышла за него замуж после смерти Есулуна [Thackston 1998, I: 752; Boyle 1971: 135].

нается, что Чагатай «не признал Муджи Яя и дал ему меньше войск и земель» [Karimi 1988–1989, I: 534; Boyle 1971: 136][20].

Что касается Китая, информации об уделах женщин во времена Хубилая немного. По свидетельству Марко Поло, у Хубилая было четыре главных жены, и только их сыновья имели право на власть. Но, что более важно, он упоминает, что у каждой из них был свой двор, с которым было связано более десяти тысяч человек [Polo 1903, I: 356]. Однако некоторые источники не указывают только четырех, а называют множество жен [Karimi 1988–1989, II: 612–615; Boyle 1971: 241–245; Thackston 1998, II: 865–868][21]. Из этих упомянутых Марко Поло орд только орда Чабун, жены Хубилая, хорошо известна и отмечена учеными [Rossabi 1989: 16]. Таким образом, чтобы иметь право на орду, женщине требовалось не только быть старшей женой или произвести на свет сына, но выполнить оба эти условия в одно и то же время[22]. Однако на территории Ирана эта формула не применялась. Хотя Докузхатун не родила Хулагу сыновей, Рашид ад-Дин наделяет ее статусом старшей жены, потому что «она была женой его отца» [Thackston 1998, II: 963]. Согласно Мустафи, у Хулагу было семь главных жен, но Докуз среди них не упоминается [Ward 1983: 206–207]. Такое расхождение в источниках может быть результатом того, что статус правительницы Ирана был чистой импровизацией: в ней возникла необходимость, когда Хулагу решил присвоить себе эти территории, в то время как позднее Рашиду понадобилось обосновать положение этой женщины [Shir 2006; Brack 2016]. С другой стороны, Мустафи, писавший в середине XIV века, не видел необходимости оправдывать правление Докузхатун, а Рашид ад-Дин не мог ставить под сомнение легитимность своего покровителя Газан-хана. Однако, несмотря на то что Докуз

---

[20] Тэкстон [Thackston 1998, I: 759] пишет, что порядок сыновей Чагатая обратный, и Муджи Яя фигурирует как второй вместо первого у [Karimi 1988–1989].

[21] Рашид упоминает по крайней мере семь жен, которые подарили сыновей Хубилаю. Примерно о том же говорится в [Defrémery et al. 1962: 486].

[22] И Есулун, и Тоген имели сыновей от Чагатая; первая была матерью «всех его главных сыновей», вторая — матерью седьмого сына Чагатая Кадакая [Thackston 1998, I: 540; Boyle 1971: 144].

не была старшей женой и не имела сына от Хулагу, она управляла ордой, которая сохранялась в качестве орды хатун для всех поколений хулагуидских женщин вплоть до XIV века. Примеру Докуз, похоже, последовали и другие женщины в Государстве Хулагуидов во второй половине XIII века. Несмотря на то что от первого мужа (Абака) у нее была только дочь и ни одного сына, а от второго (Аргуна) детей не было вообще, Булуган-хатун «Бозорг» имела свою собственную орду[23]. У нас мало информации о ее дочери, кроме упоминания о ее браке с Тогеномбугой[24]. Почему же при таких обстоятельствах Булуган получила орду? Тому есть две возможные причины. Во-первых, Рашид говорит, что, поскольку Абака любил ее так сильно, она была поставлена выше двух других его жен, на которых он уже был женат [Thackston 1998, II: 1056; 1994: 515]. Из этого следует, что личная привлекательность хатун может быть достаточной причиной для предоставления ей орды[25]. Во-вторых, поскольку она не могла иметь сына, она занималась воспитанием ханского внука Газана как своего собственного ребенка [Thackston 1998, II: 1212][26]. В одном любопытном месте Рашид ад-Дин утверждает, что Абака решил, что, поскольку Булуган собиралась выступать в роли приемной матери Газана, ее орда будет принадлежать ему после ее смерти [Thackston 1998, I: 1208–1210; 1994: 590–591]. Эти два обстоятельства могут быть причиной того, что Булуган получила орду, которая, как мы увидим ниже, в итоге сыграла ключевую роль в политическом развитии монгольского Ирана после ее смерти.

Наконец, последние три ильхана Ирана, принявшие ислам, похоже, следовали аналогичной схеме. Согласно Рашид ад-Дину,

---

23 См., например, ссылку на ее орду в [Hambly 2005: 7].

24 Ее звали Малике [Thackston 1998, II: 1057; 1994: 516].

25 Абака отдавал предпочтение Булуган перед Мартай-хатун и Деспине-хатун. Ни одна из них не родила ему сына, и только первая подарила ильхану дочь по имени Нуджин [Thackston 1998, II: 1056; 1994: 515–516].

26 У монголов не было проблем с признанием усыновления детей членами правящей семьи. См., например, об усыновлении Шиги Кутука Чингисханом и Бортэ в [Rachewiltz 2004: § 203] и комментарии в [Rachewiltz 2004: 769]. См. также [Ratchnevsky 1965; Rachewiltz 1993: 76–79].

у Газан-хана было семь жен [Thackston 1998, II: 1215; 1994: 593–
594][27]. В этом рассказе упоминается одна конкретная орда, орда
Докуз-хатун, которая была дана Кокачин-хатун, женщине, сопро-
вождавшей Марко Поло во время его возвращения из Китая. Она
упоминается на четвертом месте в перечислении Рашидом жен
Газана. Она умерла вскоре после воцарения своего мужа, и именно в этот момент Газан женился на своей седьмой жене, Караму,
которой он передал орду, принадлежавшую когда-то Докуз,
а затем Кокачин [Там же: 1289; 1994: 644]. В силу отсутствия
точных данных о датах смерти некоторых из этих хатунов трудно
оценить, всегда ли в стране в одно и то же время было четыре
старших жены. Нам известно, что всего у Газана было семь жен,
и две из них умерли вскоре после того, как Газан-хан занял трон,
после чего он женился на двух других. Судя по всему, на протяжении всего его правления было пять старших хатунов, при этом,
возможно, что их было четыре, если его первая жена Йеди-курта
умерла раньше супруга[28]. Из семи жен Газана только одна упоминается как обладательница орды. Возможно, у остальных были
свои уделы, но они не были такими важными и престижными,
как тот, что принадлежал Докуз-хатун. Наличие сына, похоже,
более не было обязательным условием, поскольку у Газана был
только один сын от пятой жены, но мальчик умер в детстве [Там
же: 1215; 1994: 593][29].

Снижение уровня рождаемости среди монголов в Иране могло
повлиять на политику, связанную с наделением женщин ордой.
При низком уровне выживаемости среди потомков правящего
дома, не говоря уже о скудости наследников мужского пола,
требование родить сына, похоже, было отменено к XIV веку.
Получив контроль над царством, Олджейту (ум. 1316), а затем
Абу Саид (ум. 1335) были вынуждены изменить соотношение

---

[27] Банакати повторяет Рашид ад-Дина в своем рассказе о женах Газана
[Banakati 2000: 450–451].

[28] О ней известно, что она была сестрой Мубарак-шаха, сына Оргины-хатун
из Чагатайского ханства [Thackston 1998, II: 1215; 1994: 593].

[29] Ее звали Булуган Моаззама, а краткую биографию можно найти на сайте
http://www.iranicaonline.org/.

хозяйств между хатунами. Говорят, что, несмотря на то что у него было много жен[30], Олджейту передал орду жены Газан-хана Караму своей собственной жене Кутлуг-хатун, хотя она, по-видимому, не родила ему сына [Hambly 2005: 42][31]. Последний ильхан Ирана также не смог произвести на свет потомков мужского пола ни от одной из своих шести жен [Melville 1999: 7].

Таким образом, при этих конкретных обстоятельствах женщины, как монаршие особы в Монгольской империи, так и в других средневековых кочевых обществах, имели личный лагерь, где хранилось их имущество. Однако менее очевидно, как эти орды функционировали изнутри и какую управленческую структуру они имели [Lambton 1988: 293; Aubin 1995]. Имеющиеся у нас описания христианских путешественников не предоставляют достаточной информации о том, кто участвовал в управлении ими, или о функциях тех, кто был прикреплен к хатун. Изредка можно встретить упоминание о таких людях, но их роль в структуре лагеря не указана. Мы знаем, что скот был частной собственностью, и когда владелец скота присоединялся к орде, его стада сразу же становились прикрепленными к этому лагерю[32]. Однако можно предположить, что в этих условиях пастух все же нес личную ответственность за своих животных.

Разрозненные упоминания можно найти о периоде до 1260 года, когда империя еще находилась под непосредственным управлением одного хана. В это время женщины имели в своих ордах различных амиров, которым поручалось выполнять их приказы и управлять их имуществом. Например, когда императрицей была Дорегене, некоторые из ее посланников были отправлены

---

[30] В [Hambly 2005: 7–8] упоминается по меньшей мере пятнадцать, если включить Кутлуг-хатун. Следует признать, что сокращение продолжительности жизни монголов в Иране в XIV веке стало еще одной причиной уменьшения числа членов монгольской правящей семьи [Smith 2000].

[31] У нее был сын (не от Олджейту) по имени Амир Шейх Али, который пользовался уважением Абу Саида (اعتبار یی داشت) при дворе [Bayani 1936: 76; 1971: 99].

[32] В то время как в кочевых обществах собственность на скот была частной, пастбища оставались общинной собственностью [Khazanov 1994: 123–126].

в Хорасан для сбора налогов на территориях, находившихся под юрисдикцией могущественного Аргун-ака [Qazvini 1912–1937, II: 243–234; Boyle 1997: 507]. Другие представители были направлены с той же целью в улус Бату [Qazvini 1912–1937, II: 244–245; Boyle 1997: 508]. У Сорхахтани-беки также имелись люди для управления ее доходами. По словам Жана Обена, по крайней мере трое из них по ее поручению находились под командованием Аргун-аки в Хорасане, а когда в 1251 году на престол вступил Мунгэ-хан, им были переданы в управление различные регионы Ирана[33]. Наконец, в Центральной Азии люди при Оргине-хатун в ее орде сыграли важную роль в выдвижении ее сына Мубарак-шаха на трон улуса после смерти Алгу в 1266 году [Thackston 1998, II: 895; Boyle 1971: 265][34]. На присутствие таких «доверенных представителей» в ордах членов королевской семьи, как мужчин, так и женщин, ученые обратили внимание в последнее время [Melville 2006b: 161]. Однако свидетельств того, что женщины несли индивидуальную ответственность за управление этими структурами, мало. По мере роста империи увеличивалось количество имущества и число людей в орде, поэтому возникла необходимость в каком-то центральном управлении. На вершине управленческой структуры в персидских источниках несколько раз появляется фигура *амира ордо* (управляющего, или начальника лагеря) [Thackston 1998, I: 72; 1994: 41]. Их функции неясны, но похоже, что наряду с участием в управлении богатством в орде, они могли отвечать за воинов[35]. Упоминания об этих людях можно найти, особенно в связи с женщинами ильханата. Среди жен Хулагу у Олджей-хатун был *амир ордо* по имени Занги, сын Найи. Также упоминаются другие амиры с различными рангами, такие как *амир тумен*, который

---

[33] Насир аль-Дин Али Малик получил тумены Нишапура, Туса, Исфахана, Кума и Кашана; Сираг аль-Дин был назван сахиб-диваном вместе с Баха аль-Дином Джувайни, а Ифтихар аль-Дин был поставлен во главе области Казвин [Aubin 1995: 19].

[34] Также упоминается женитьба Аргун-аки на дочери амира из орды Есу Мункэ в Центральной Азии [Qazvini 1912–1937, II: 250; Boyle 1997: 513].

[35] См. казнь Эсен-Тимура и его амира после их восстания против Газана в 1296 году [Thackston 1998, II: 1294; 1994: 631].

командовал военным подразделением, состоящим из десяти тысяч воинов, и амир по оружию, задачи которого понятны [Thackston 1998, II: 1168; 1994: 569]. Хотя эти двое принадлежали к мужской орде, нет причин полагать, что в женских лагерях также не было амиров с подобными функциями. У Кутуй-хатун также был *амир ордо* по имени Асик, который управлял ее имуществом и командовал зависимыми от нее воинами. Он, как и Занги, сыграл важную роль в политических событиях, благодаря которым ильхан Аргун взошел на трон. Рашид ад-Дин рассказывает, что в 1282 году, незадолго до коронации Тегудера-Ахмада, сын Абаки отправился в Сиях-Кух и «завладел сокровищницей отца», чтобы помешать своему собирающемуся короноваться дяде взять под контроль ханские средства. Именно в этом контексте Асик приказал заключить сахиб-дивана Аргуна в тюрьму, и так он содержался в орде Тегудера-Ахмада [Там же: 1126; 1994: 549][36]. Хотя их конкретные обязанности не описаны в источниках, *амир ордо*, по-видимому, в XIV веке приобрели значительный статус, накопив значительные богатства[37]. Это видно из брака ильхана Олджейту с Адилшах, которую Кашани конкретно называет дочерью Сартака, *амира ордо* Булуган-хатун [Hambly 2005: 7]. Это говорит о том, что, если человек был *амиром ордо* хатун, это придавало ему достаточный статус при Монгольском дворе, чтобы было позволено выдать замуж свою дочь за ильхана и тем самым связать с ним свою семью.

Помимо этих главных распорядителей, в орду хатун входили еще несколько сановников, чиновников и слуг. Согласно Марко Поло, у императорских жен Хубилай-хана было «много пажей и евнухов, а также множество других слуг обоего пола; так что каждая из этих дам имеет не менее 10 000 человек при своем дворе» [Polo 1903, I: 356]. Можно утверждать, что описание Поло относи-

---

[36] Подобное вмешательство амиров ордо упоминается в [Boyle 1998: 367, 1997].

[37] Хатуны в Иране иногда защищали беглецов и инакомыслящих. Некоторые амиры ордо тоже делали это [Thackston 1998, II: 1170; 1994: 570; Lambton 1988: 291]. Так, амир Инджил, который был амиром ордо Булуган Хурасани (жены Газан-хана), защищал Тогана, пока гнев ильхана против него не утих [Karimi 1988–1989, II: 929, 637].

лось только ко двору Хубилая, который, безусловно, имел доступ к богатствам Китая, чтобы обеспечить своих жен великолепными ордами. Однако во время посещения более «пасторальных» территорий Золотой Орды Ибн Баттута был очарован великолепием лагерей хатунов. По сравнению с христианскими путешественниками, которые прошли через этот регион столетием ранее, магрибинский путешественник имел более широкий доступ к организации женских орд. По его словам, каждую из женщин «сопровождали около пятидесяти девушек... [и] двадцать пожилых женщин, ехавших на лошадях между пажами и повозкой» [Defrémery et al. 1962: 484]. Кроме того, в распоряжении этих орд имелась военная гвардия из 200 конных рабов-воинов (мамлюков) и 100 вооруженных пехотинцев [Там же]. Таким образом, несмотря на разницу в количестве, есть некоторое сходство между этими ордами и теми, которые видел Марко Поло в Китае.

Рассказ Ибн Баттуты несколько более щедр, чем другие, в том, что касается подробностей об управлении женскими ордами. Он отмечает, к примеру, что на приеме гостей по правую сторону от царственных дам сидела пожилая женщина, а по левую — молодая. Первая описывается как *улу хатун*, что путешественник перевел как «госпожа визирь», а вторая называется *куджук хатун*, «госпожа камергерша» императрицы [Там же: 485]. По таким упоминаниям трудно составить четкое представление об обязанностях и функциях этих двух женщин, однако по наблюдениям марокканского путешественника можно предположить, что эти женщины несли определенную ответственность за функционирование женского лагеря и, возможно, за часть его имущества[38]. Были и мужчины-чиновники. Рассказывают, что дочь правителя, Ит Куджук, созывала мужской персонал и отдавала им приказы[39].

---

[38] Процесс выбора женщин в качестве советников и администраторов можно проследить на примере назначения Фатимы-хатун Дорегене во время ее регентства (см. главу 2).

[39] Интересно, что орда Ит Куджук была отдельной от орды ее отца. Однако неясно, принадлежал ли лагерь ей или ее мужу (Иса-беку, который был Великим визирем Золотой Орды). Похоже, что она командовала зависимыми

Остается вероятность того, что каждая жена монгольского князя или хана имела орду, но до нас не дошли конкретные сведения о них всех. Тем не менее имеющиеся данные свидетельствуют о гораздо более сложной ситуации, когда орды цариц можно проследить по всей Монгольской империи в разные периоды ее развития. Владение такой ордой обычно закреплялось за главными женами богатых людей, если они рожали им сыновей, но эта схема не могла соблюдаться при всех обстоятельствах, и исключения из нее имели место при наличии некоторых определенных условий, таких как личное расположение к конкретной женщине или низкий уровень рождаемости среди правящих монголов на завоеванных территориях. В целом, женщины в Монгольской империи были центрами существенной хозяйственной деятельности, требовавшими квалифицированного персонала для надзора за их работой[40]. Такой персонал, похоже, в целом ускользнул от внимания историков, но наличие *амира ордо*, мужских и женских пажей и наложниц говорит о том, что орды хатунов имели внутреннюю структуру, которая способствовала их хозяйственной деятельности[41]. Наконец, другие аспекты управления ордой, которые встречаются в источниках, такие как отправление правосудия, банкеты, приемы и дипломатические собрания, несомненно, также требовали участия специализированных слуг[42].

от нее обитателями орды. Ибн Баттута упоминает, что, когда госпожа позвала своих подчиненных, пришли юристы, *кади, сайид* и *шариф* Ибн Абд ал-Хамид [Defrémery et al. 1962: 489]. Камердинеры были замечены в орде Баялун-хатун (византийской принцессы и третьей жены Узбек-хана) [Defrémery et al. 1962: 488].

[40] Общее объяснение роли *битикчи* (секретарей) в различные периоды монгольского правления в Иране см. в [Lambton 1953: 84, 90, 447; 1988: 52, 62, 209; Doerfer 1965: 264–267].

[41] Обратите внимание на тот факт, что наложницы сопровождали главных жен [Lambton 1988: 293].

[42] См. упоминания об отправлении правосудия в женских орда в [Qazvini 1912–1937, II: 241; Boyle 1997: 504; Ratchnevsky 1976: 519].

Экономическая деятельность женщин в Монгольской империи

Подобно тому, как *ортаки* (купцы) приходят с золотыми тканями и уверены в прибыли от этих товаров и тканей, военачальники должны хорошо обучать своих сыновей стрельбе из лука, верховой езде и борьбе. Они должны испытывать их в этих искусствах и делать их дерзкими и смелыми в той же степени, в какой *ортаки* уверенно владеют своими навыками [Karimi 1988–1989, I: 437, 297].

Орды хатунов функционировали как места, где можно было хранить богатство, распоряжаться им и использовать его для влияния на политическую жизнь Монгольской империи. Однако эти возглавляемые женщинами лагеря должны были аккумулировать постоянный поток ресурсов для поддержания и в идеале умножения богатства этих женщин. По мере роста Монгольской империи ее экономика находила новые возможности и диверсифицировалась с возникновением различных прибыльных видов деятельности. Монголы прошли путь от преимущественно скотоводческого хозяйства с ограниченной торговлей в ранний период жизни Чингисхана до сложной экономической системы, которая не только включала глобальную торговую деятельность от Китая до Черного моря, но и сочетала некоторые характеристики кочевой экономики с налоговыми системами ряда оседлых сообществ, которые они завоевали. В следующих разделах будет рассмотрено участие женщин в этой сложной экономике и изучены сферы женской экономической активности в эпоху Чингисхана, а затем ее трансформация в Государстве Хулагуидов. Чтобы облегчить понимание этого развития, данный раздел разделен на три подраздела, в которых рассматриваются, во-первых, аспекты роли женщин в степной экономике при жизни Чингисхана; во-вторых, в объединенной империи после смерти Чингисхана до правления Мункэ-хана (пр. 1251–1259) и, наконец, экономическая роль женщин в ильханидском Иране. В последнем подразделе особое внимание уделяется внедрению двойной системы, чтобы приспособить традиционную монгольскую систему сбора податей к той, с которой они столкнулись в Иране, что привело к возникновению новых моделей взыскания налогов в пользу хатунов.

Участие хатунов в степной экономике: Чингисхан и присвоение благ путем завоевания

Хотя благодаря недавним археологическим находкам было документально подтверждено существование сельскохозяйственной деятельности в степи в эпоху Чингисхана, в доимперской Монголии богатство составляли два основных ресурса: скот и люди [Allsen 1985–1987: 27]. В то время как Чингисхан покорял своих соперников в степи, процесс систематизированного грабежа, характерный для этого раннего этапа, реализовывался его соратниками и родичами [Allsen 1997a: 27]. Согласно «Тайной истории монголов», этот процесс набирал максимальные обороты в тех случаях, когда Темучин подчинял конкурирующую группировку. Например, сразу после того, как он «разгромил и опустошил» кераитов, будущий Чингисхан начал «раздавать их [богатства] во все стороны», отдавая некоторым из своих союзников в полное владение часть имущества завоеванного народа[43]. Он также отнял у своего побежденного соперника племянниц, женившись на одной из них и отдав другую своему сыну Толую[44]. К отцу этих двух женщин он был милостив и позволил ему сохранить своих людей; он передал под его контроль все ресурсы, принадлежащие ему и его дочерям. В следующей главе «Тайной истории...» подробно рассказывается о разделе кераитов и о том, как они были распределены между союзниками Чингисхана в соответствии с их заслугами в бою и тем, насколько полезны они были в походе [Rachewiltz 2004: § 187][45].

---

[43] Упоминается, что он передал Сульдус Такаю джиргинскую ветвь кераитов [Rachewiltz 2004: § 186].

[44] Эти женщины соответственно: Ибака-беки и Сорхахтани-беки.

[45] Аналогичные примеры можно наблюдать во время разгрома других степных группировок, таких как меркиты [Rachewiltz 2004: § 198]. Об истреблении татар и влиянии женщин на спасение некоторых из их родственников см. [Thackston 1998, I: 83; 1994: 46–47].

В этой стратегии грабежа и распределения награбленного женщины были частью добычи, а также имели в ней свою долю[46].

В этот ранний период одной из женщин, получивших таким образом значительное богатство, была мать Чингисхана Оэлун. В распределении людей, захваченных Чингисханом, она всегда была в числе бенефициаров. Источники расходятся во мнении относительно ее доли в добыче, и этот вопрос вызвал определенную дискуссию среди исследователей. В «Тайной истории...» говорится, что она получила 10 000 человек, тогда как Рашид ад-Дин сокращает эту цифру до 5000, а еще 3000 человек достаются младшему сыну Отчигину; они, однако, оставались во владении матери, в результате чего ее доля достигла 8000 человек [Rachewiltz 2004: § 242; Thackston 1998, I: 611; 1994: 281][47]. Наличие всех этих людей под их командованием укрепляло военный, а также экономический потенциал правящей семьи, поскольку стада и отары сопровождали завоеванных и вливались в орды семьи чингизидов[48]. Численность животных в источниках не приводится, но справедливо утверждать, что чем больше людей переходило в их подчинение, тем богаче они становились. Оэлун всегда получала больше людей, чем остальные члены семьи. Определяющим фактором было ее положение матери правителя.

Однако она была не единственной женщиной в семье Чингисхана, получавшей людей в качестве военных трофеев. Его жена Бортэ имела орду и по крайней мере иногда получала таких пленных. Примечательно, что в этом плане она не упоминается ни в китайских, ни в персидских, ни в монгольских источниках. Однако Рашид ад-Дин повествует о судьбе тангутского мальчика, которого привели в ханский лагерь, предположительно после набега на царство Си Ся [Dunnell 1994: 206–214]. Чингисхан

---

[46] Факт очередного захвата женщин победившей в битве стороной имел место, когда монголы одолели народ туматов [Rachewiltz 2004: § 241].

[47] Как хан распределял людей, так он имел право и забирать их обратно. В одном из таких случаев речь шла о брате Чингиза Касаре, который был потенциальным соперником Великого хана [Rachewiltz 2004: § 244, 877].

[48] О влиянии женщин в монгольской армии см. [Nicola 2010].

встретил мальчика (будущего Буда) и был поражен его умом в столь юном возрасте. Для нас интересно то, что после командования отрядом из ста воинов Буда получил повышение и стал «командиром большой орды Бортэ Фуджин» [Thackston 1998, I: 137; 1994: 74]. Включение людей в орду Бортэ представлено не в количественном, а в «качественном» отношении. Помимо Буда, в личном уделе Бортэ упоминаются и другие военачальники разного происхождения со всей степи (предположительно, вместе с их иждивенцами и стадами). К ней были приставлены люди из племен сонитов, дорбенов и кераитов, что подтверждает, что она получила часть степного народа, покорившегося ее мужу [Там же: 593; 1994: 272–273]. Там же сообщается о других женах (Хулан-хатун) и некоторых из дочерей Чингисхана (Тэмулэн-хатун и Чечейген), которые распоряжались людьми [Broadbridge 2016: 123][49]. Это позволяет предположить, что, хотя, возможно, только Оэлун упоминается в контексте крупного распределения людей, проведенного ханом среди своих родственников мужского пола, другие женщины в царской семье также участвовали в системе завоевания и распределения людских и материальных ценностей в период становления империи.

История о другой жене Чингисхана дает нам не только дополнительные доказательства существования женских орд и доли хатунов в доходах, полученных в результате консолидации империи, но и некоторые подробности о том, из чего состояло богатство в их лагерях. В «Тайной истории…» и «Джами' ат-тәварих» приводится известный рассказ о том, как Чингисхан отдал одну из своих главных жен, кераитку Ибаху-беки, одному из своих военачальников. Эти две версии существенно отличаются друг от друга [Sneath 2007: 175]. В персидском рассказе хан отдал свою

---

[49] В Джувайни есть известное упоминание о дочери Чингисхана Тэмулэн, которая вошла в город Нишапур после монгольского завоевания; расправившись с большинством пленных, она забрала 400 из них за их мастерство и привезла их в Туркестан [Qazvini 1912–1937, I: 139–140; Boyle 1997, I: 177]. О достоверности и путанице, возникшей в источниках по поводу этого события, см. комментарий в переводе Бойла [Boyle 1997: 174–175] и [Nicola 2010: 101–102].

жену военачальнику, охранявшему его шатер, потому что ему приснился сон, в котором «Бог» велел ему прекратить свой брак с этой хатун. Однако в монгольской версии это просто рассматривается как награда Чингисхана полководцу, генералу Кехатай, за подавление восстания Джаха-Гамбу [Thackston 1998, I: 197; 1994: 104][50]. Между этими двумя рассказами, безусловно, есть соответствия: в обоих источниках есть схожие упоминания о том, как Чингисхан распорядился имуществом хатунов. Согласно «Тайной истории...», Чингисхан сказал госпоже, прежде чем отдать ее новому мужу: «Твой отец Джаха-Гамбу [Джагамбо] дал тебе в приданое двести слуг; он дал тебе также управителя Ашика Тимура и управителя Алчику. Теперь ты идешь к народу Урууут; иди, но дай мне сто человек из твоих слуг и управителя Ашика Тимура на память о тебе» [Там же]. Рашид ад-Дин также упоминает, что Чингисхан попросил ее оставить ему «одну повариху и золотой кубок, из которого я пью кумыс», чтобы у него были «воспоминания» о ней, когда ее не станет. Но, согласно этому персидскому рассказу, «все остальное, все, что было в лагере, — *евогланов*, лошадей, свиту, лавки, стада и отары, — он отдал госпоже». Эта история полезна для нас по нескольким причинам. Во-первых, она помогает получить более четкое представление о том, какое имущество было в распоряжении этих дам. Ибаха-беки имела под своим началом людей (не менее 200), подаренных ее отцом; она также владела лошадьми, рабами и скотом, что должно было приносить доход. Во-вторых, примечательно, что оба источника указывают на то, что Чингисхан сохранил часть имущества хатун до того, как ее отправили к новому мужу[51]. С одной стороны, Чингисхан принимает долю как своего рода «плату» за то, что он отдает ее; в то же время

---

[50] Джаха-Гамбу был отцом Ибаха-беки и братом Онг — хана кераитов. Он был помилован, когда Чингисхан завоевал его народ, но позже восстал и был уничтожен [Rachewiltz 2004: § 208].

[51] Рахевильц уточняет, что она не теряла звания главной жены хана, несмотря на то что была замужем за другим мужчиной. Это была данная ей особая привилегия, которая позволяла ей сохранить свои наследственные права [Rachewiltz 2004: 791].

уменьшение количества имущества, находящегося в распоряжении женщины, могло быть способом ограничить ресурсы этой женщины и ее соплеменников на случай, если среди кераитов вспыхнет новое восстание.

Рост богатства новой монгольской знати в начале существования империи означал, что женщины стали играть новую роль в экономике. Как отмечает Олсен,

> монголы, ранее бывшие обществом с ограниченной покупательной способностью, теперь внезапно оказались обладателями огромного и непривычного для них богатства, а правящие слои, основные получатели добычи и дани, были склонны к типичной для нуворишей экстравагантности [Allsen 2001: 9].

Предметы роскоши присутствовали в Степи и до появления империи, но их потребление быстро росло по мере того, как все больше и больше ресурсов оказывалось в руках хатунов[52]. Обращение изящных изделий при Монгольском дворе иллюстрирует следующий рассказ. Когда Угедэй отдал бедняку пару жемчужин, принадлежавших его жене Муге-хатун, в обмен на две дыни, люди подумали, что хан сошел с ума. Бедняк не имел представления о ценности жемчужин, но хан предсказал, что они очень скоро вернутся к его жене. Человек продал жемчужины по дешевке на рынке, а их покупатель решил, что раз они такие красивые, то заслуживают того, чтобы их подарили императрице, поэтому он вернул жемчужины ко двору, и таким образом пророчество хана исполнилось [Banakati 2000: 388; Qazvini 1912–1937, I: 168; Boyle 1997: 211–212]. Накопление таких очень изысканных артефактов, по-видимому, увеличивалось в ордах хатунов по мере расширения империи, в итоге достигнув уровня роскоши среди дам улуса Берке, описанного Ибн Баттутой в XIV веке [Defrémery et al. 1962: 485–486][53]. Однако хатуны интересовались не только

---

[52] См., напр., подарок Чотан (матери Бортэ) матери Чингисхана при заключении брака между их детьми [Rachewiltz 2004: § 96].

[53] Ткани были еще одним товаром, который пользовался большим спросом среди монгольских женщин [Allsen 1997a: 16].

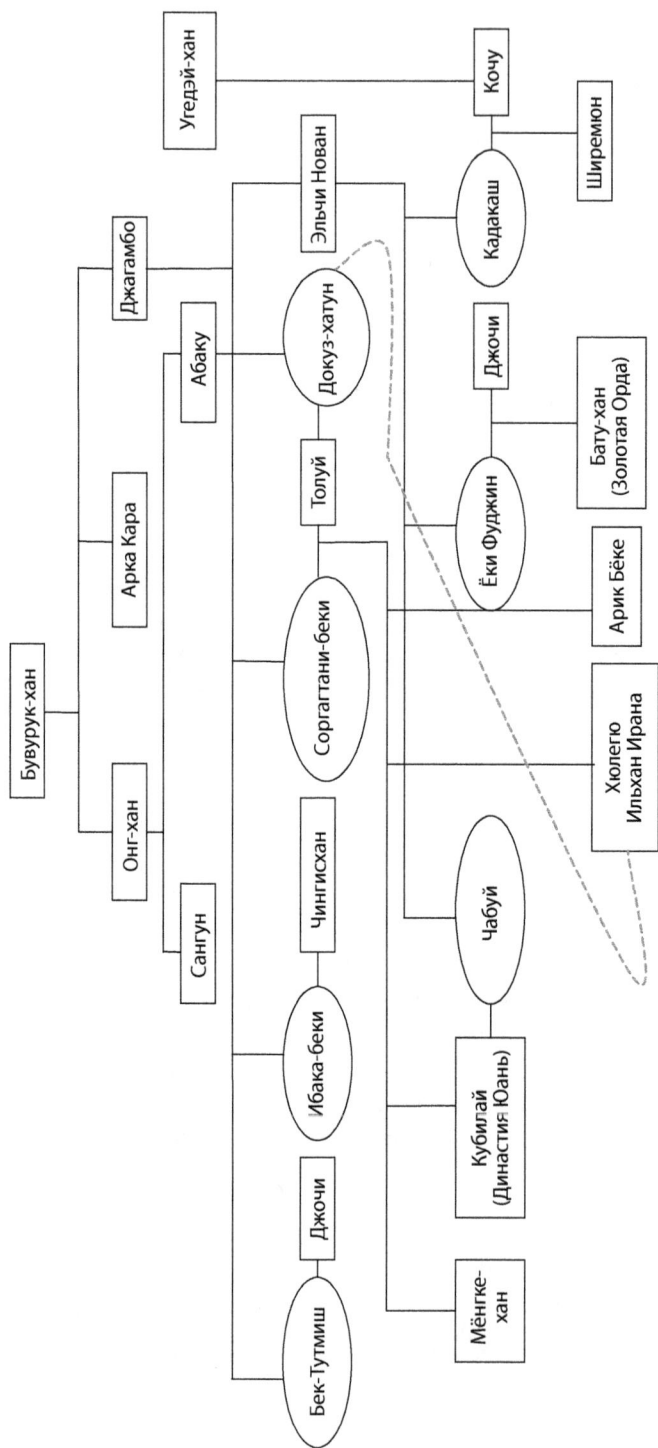

Рис. 4.1. Кераиты и их связь с семьей чингизидов

предметами роскоши. Китайские источники описывают покупку муки монгольскими женщинами. Ее нужно было перевозить на расстояние до 1150 километров, но у хатунов не возникло трудностей с оплатой счетов [Allsen 1989: 93].

Чтобы удовлетворить растущий спрос среди монгольских принцев и принцесс, нужна была какая-то структура, которая обеспечила бы процветание торговли и безопасную доставку купцами своих товаров покупателям[54]. Сведения об отношениях между монголами и купцами в этот ранний период не очень ясны. Кажется, что обе стороны активно сотрудничали, что новая империя стимулировала и защищала торговлю и что Монголия стала новым рынком для торговцев Внутренней Азии [Allsen 1989: 94; Rossabi 1981: 260–261]. Документально подтвержден пример присутствия торговых агентов из Центральной Азии до возвышения Чингисхана: мусульманин по имени Хасан участвовал в походе против кераитов [Rachewiltz 2004: § 182, 657][55]. Согласно Джувайни, образ жизни монголов и нехватка хорошо зарекомендовавших себя купцов означали, что те торговцы, которые добирались до лагерей, могли рассчитывать на высокую прибыль. Приводя в пример барыши, полученные одним предпринимателем по имени Ахмад из Ходжента, Джувайни подчеркивает, какие состояния можно было заработать, привозя «вышитые золотом ткани, хлопок, *занданичи* и все остальное, что они считали подходящим» для продажи хану и его семье [Qazvini 1912–1937, I: 59; Boyle 1997: 77–78][56].

Тогда как ханы, безусловно, взаимодействовали с торговцами, упоминания о женщинах, контактировавших с ними в этот

---

[54] Хазанов выделяет два различных вида торговли среди скотоводческих обществ: один, при котором происходит прямой обмен товарами между кочевниками и оседлыми людьми, и другой, при котором кочевники выступают в качестве посредников в обмене между оседлыми обществами [Khazanov 1994: 202].

[55] О присутствии купцов из Бухары при дворе Чингисхана, упоминаемом «Юань ши», см. [Pelliot 1927].

[56] Рашид ад-Дин также упоминает, что Чингисхан вел дела с мусульманскими купцами [Thackston 1998, I: 472–473; 1994: 233–234].

ранний период империи, немногочисленны. Тем не менее женский капитал был представлен в торговой экспедиции, отправленной Чингисханом в соседнее царство Хорезмшахов в 1218 году (эта экспедиция стала катализатором вторжения монголов в Центральную Азию). Хан собрал купцов и «приказал своим сыновьям, дочерям, женам и военачальникам выбрать мусульман из своих свит и снабдить каждого золотыми и серебряными слитками (*балыш*), чтобы они могли торговать в земле Хорезмшаха» [Allsen 1989: 88][57]. Это говорит о том, что уже во времена Чингисхана женщины вкладывали деньги в коммерцию с находящимися на значительном расстоянии от них торговыми партнерами, хотя и после смерти Чингисхана в 1227 году торговля все еще находилась в зачаточном состоянии. На границах монгольских владений были назначены стражники для обеспечения беспрепятственного въезда купцов, но это произошло только тогда, когда Чингисхан укрепил свою власть в степи [Qazvini 1912–1937, I: 59; Boyle 1997: 77–78]. До того князья и хатуны обогащались в основном за счет добычи. В этот ранний период богатство женщин заключалось в скоте, лошадях и людях, хотя иногда они вкладывали деньги в торговые предприятия. С приходом к власти нового поколения правителей в 1227 году и привлечением иностранцев к управлению экономика империи расширилась и усложнилась, и именно это предоставило возможность для укрепления экономической роли женщин.

Легкие деньги, спекуляция и коммерция: монгольские женщины
и торговая экономика объединенной империи

Накопление богатств за счет изъятия ресурсов продолжалось и после смерти Чингисхана, причем хатуны продолжали обогащаться, когда монголы завоевывали Северный Китай и русские

---

[57] Он ссылается на Джувайни в [Qazvini 1912–1937, I: 60; Boyle 1997: 78], но в этом рассказе упоминаются только сыновья (پسران), нойоны (نویان) и амиры (امرا) и нет конкретной ссылки на женщин. Хатун упоминается в версии Рашид ад-Дина [Thackston 1998, I: 473; 1994: 234].

земли[58]. Однако это изъятие богатств быстро приняло более «имперскую» форму, когда не только скот и воины, но и квалифицированные ремесленники попадали в плен и направлялись в Монголию, чтобы начать строительство имперского города Каракорум в сердце Степи[59]. Джувайни отмечает, что строительство новой монгольской столицы было предприятием, в котором участвовали ремесленники всех видов, «привезенные из Китая, а также мастера из земель ислама; и они начали возделывать землю. И благодаря великой щедрости и благодеяниям Великого хана люди со всех сторон обратили свои взоры сюда с разных земель, и за короткое время он превратился в город» [Qazvini 1912–1937, I: 192; Boyle 1997: 236].

Экономическое значение новой монгольской столицы подтверждается тем, что Угедэй оставил свою вотчину в Восточном Туркестане и переехал в новый город, где концентрировалась экономическая активность и можно было легко накапливать ресурсы [Barthold 1956–1963, I: 45].

В течение двух десятилетий после смерти ее основателя в империи по мере роста развивались новые способы извлечения прибыли и максимального использования ресурсов. Например, Угедэй-хан расширил созданную Чингисханом сеть пересыльных пунктов. На самом деле, именно второй император Монгольской империи профинансировал преобразование знаменитой ямской системы из военной службы в коммерческое предприятие [Morgan 2007]. Ее укрепление значительно стимулировало деятельность купцов, которые также получили выгоду от монгольских инвестиций в ремонт дорог, соединявших различные части империи [Allsen 1989: 96]. Период правления Угедэя (пр. 1229–1241), как представляется, был золотым веком для торговли в Монгольской империи. Инфраструктура, льготы и вельможи, которые

---

[58] Например, в 1236 году Угедэй предоставил в распоряжение Сорхахтани-беки те области в Северном Китае, которые были завоеваны Толуем [Abramowski 1976: 131–132; 1979: 16].

[59] Описание города Каракорум и разнообразия происхождения его жителей см. [Dawson 1955: 177–180; Allsen 1996: 130; 1998a: 34–35].

легко тратили деньги, обеспечивали прибыль тем, кто решался отправиться в северо-восточные районы Азии [Smith 1970: 52]. Однако к концу правления Угедэя были приняты некоторые новые меры для извлечения дополнительной выгоды из всей этой коммерческой деятельности. Такие видные чиновники, как Елюй Чувай и Махмуд Ялавач, предприняли первые попытки создать систему пошлин для регулирования и налогообложения торговли [Rachewiltz 1962: 1–128: 189–216; Allsen 1993: 122–127]. Однако во время регентства Дорегене-хатун Ялавач был заменен Абдурахманом, и коммерческая стратегия раннего правления Угедэя была восстановлена. По словам Олсена, «регентша была хорошо расположена к купцам, которые быстро вернули себе прежнее положение при дворе». Абдурахман, личный фаворит Дорегене, получил ханскую печать, которая давала ему административный и фискальный контроль над Северным Китаем [Allsen 1989: 103]. Это делегирование полномочий от правительницы к ее подчиненным (включая ее советника Фатиму-хатун) и ее приверженность системе, менее ориентированной на централизованное налогообложение и более склонной для «свободной торговли», могут быть интерпретированы как признак слабости власти Дорегене[60]. Но в ее защиту можно сказать, что новая система принесла значительную прибыль ее казне [Rossabi 1981: 267–268].

Если Дорегене представляется правительницей, которая поддерживала децентрализацию, благоприятствовавшую интересам купцов и наносившую ущерб земледельцам и оседлым производителям, то Сорхахтани-беки изображается в противоположном ключе. Важно отметить, что жена Толуя была одной из первых членов правящей семьи, которая пользовалась другим видом личного дохода. То, что она получала земли в Северном Китае, где проживало значительное количество оседлого населения, в качестве доходов, позволило ей оказаться среди первых из числа монгольской знати, внедривших экономическую систему, отличную от присваивающей и скотоводческой моделей ее пред-

---

[60] Такую интерпретацию дают персидские источники, которые в целом более благосклонны к толуидской ветви семьи чингизидов.

шественников [Rossabi 1979: 161]. Тем не менее эта привязанность к более централизованной и ориентированной на налогообложение модели не мешала Сорхахтани участвовать в торговой деятельности, которая могла принести прибыль ее орде. Во время правления своего шурина Угедэя Сорхахтани отвечала не только за свой личный лагерь, но и за людей и доходы своего умершего мужа Толуя. Она назначила своих собственных представителей на ямских станциях (*тойон ям*), действовавших под началом человека по имени Алчика [Thackston 1998, I: 665; Boyle 1971: 55–56]. Однако организация торговли и распределение прибыли не осуществлялись так гладко, как можно предположить из источников. По мере роста империи росла и конкуренция между членами правящей семьи. На карту было поставлено назначение купцов, которые становились все более востребованными по мере того, как все больше членов семьи приобретали богатство и вовлекались в торговлю. Влиятельные и богатые женщины могли претендовать на определенных купцов (*ортаков*), даже если они принадлежали хану[61]. Хатунам с меньшим влиянием при дворе приходилось заставлять «жителей провинций» отдавать своих сыновей не только в прислужники, но и в *ортаки* на службе у монгольских принцесс за небольшое вознаграждение [Karimi 1988–1989, II: 1045][62].

Участие женщин в торговле не ограничивалось выдачей разрешений купцам. Хотя упоминания о женщинах немногочисленны, некоторые из них отправляли членов своих личных орд в походы для установления торговых отношений за пределами своих вотчин. Сорхахтани-беки, согласно персидским источникам, богатая и пользующаяся привилегиями дама, уделяла много внимания экономической деятельности. Рашид ад-Дин вспоминает случай, когда она отправила тысячу человек на корабле на

---

[61] Сорхахтани специально попросила Угедэя дать ей купца, но хан был против. Она использовала авторитет своего мужа, чтобы переубедить его [Thackston 1998, I: 789; Boyle 1971: 168].

[62] Об этом также упоминается в [Allsen 1989: 103]. О названии *ортой* или *ортак* см. [Doerfer 1967, II: 25–27].

север по реке Ангаре в глубь Сибири[63]. Три военачальника женской орды возглавили поход, целью которого было достичь «провинции, рядом с которой находится море серебра». Отряд добрался до этого места и добыл столько серебра, что оно не уместилось на корабле [Thackston 1998, I: 76–77; 1994: 43]. В источниках нет других описаний женщин, которые снаряжали экспедиции за сырьем. Однако это не означает, что другие хатуны, имевшие значительные наделы в этот период, учитывая количество людей и ресурсов, которыми они располагали, не финансировали поиск полезных ископаемых.

Интересно наблюдать, как в одних и тех же источниках, затрагивающих схожие темы, может меняться восприятие описываемых событий в зависимости от политических взглядов авторов [Morgan 1982a]. Сорхахтани хвалили за экспедицию, которая сумела найти так много серебра, но, говоря о правлении Огул-Гаймыш, Рашид говорит, что ее отношения с купцами были причиной того, что она пренебрегала управлением империей. Ссылка указывает на прямую вовлеченность этой хатун в коммерческую активность империи, но, как следует из описания, регентша проводила много времени с шамани (камс), что означает, что во время ее правления «мало что было сделано, однако, кроме сделок с купцами», и ее роль описывается как роль простого потребителя, но также и покровительницы торговли [Thackston 1968, II: 810; Boyle 1971: 186]. Таким образом, получается, что во время правления Гуюка и его жены Огул-Гаймыш торговля процветала, а Шелковый путь соединял Дальний Восток и Европу через Русскую степь. Тем не менее чрезвычайно прибыльная, но нерегулируемая система торговли, поддерживаемая Дорегене, а затем ее сыном и невесткой, похоже, вступила в противоречие с необходимостью к концу 1240 года сформировать более централизованное экономическое управление.

В персидских источниках подчеркивается тот факт, что к тому времени, когда Огул-Гаймыш покинула трон в 1250 году, расходы

---

[63] Река Ангара в настоящее время находится в России и является единственной рекой, вытекающей из озера Байкал. Вместе с рекой Енисей она впадает в Карское море, часть Северного Ледовитого океана.

императорской казны вышли из-под контроля. Рашид ад-Дин обвиняет конкретно жен, сыновей и родственников Гуюка в том, что они вели дела с купцами в «еще больших размерах, чем при его жизни», и делали это, выписывая торговцам векселя, которые подкреплялись быстро истощающейся императорской казной [Thackston 1998, II: 861; Boyle 1971: 236]. Даже если допустить, что задолженность Огул-Гаймыш перед купцами была преувеличена в протолуидски настроенных персидских источниках, это замечание, по выражению Олсена, «значительно и символично» [Allsen 1989: 111][64]. Отношения между правящей семьей и купеческим сообществом в этот период строились на уровне личных связей, предположительно со слабым централизованным контролем над расходами и выдачей векселей на основе ожидаемых доходов[65]. Чрезмерный выпуск этих векселей и нехватка средств для их оплаты могли спровоцировать цикл спекуляций и инфляции, что привело к наступлению экономического хаоса в 1240-х годах [Там же: 108–109]. Не без сильной предвзятости персидские и протолуидские источники представляют правление Мункэхана как возвращение к экономической стабильности.

Если время перед смертью Чингисхана было отмечено наличием экономической системы, основанной на изъятии и распределении богатства путем завоевания, то правление сторонников Угедэя и регентство их женщин можно рассматривать как золотой век развития торговли по всей империи [Allsen 1989: 104–105; Rossabi 1981: 269–270]. Укрепление ямской системы привело к быстрой и прибыльной торговле, которая не только обогатила многонациональное купеческое сообщество Евразии, но и позволила монгольским женщинам инвестировать в торговые походы, создавать коммерческие предприятия совместно с купцами

---

[64] Джувайни считает, что долг великого хана перед купцами на момент прихода к власти Мункэ в 1250 году составлял 500 000 слитков [Qazvini 1912–1937, III: 85; Boyle 1997, II: 604].

[65] В китайских источниках есть свидетельства разорения крестьянства в Северном Китае из-за спекуляций этих придворных купцов. Крестьянам приходилось продавать свое имущество и даже жен и детей, чтобы выплатить долги *ортакам* [Endicott-West 1989: 149].

и удовлетворять свою личную страсть к предметам роскоши, что само по себе способствовало стимулированию экономики. Однако эта модель зависела от регулярного поступления военной добычи и полной свободы действий для *ортаков* [Allsen 1989: 104–105]. 1240-е годы, когда правили женщины, не отмечены ни масштабными военными экспедициями, ни получением новых источников дохода. К 1250 году была восстановлена модель, предложенная десятью годами ранее Елюю Чукаю. Мункэ-хан пришел к власти вместе с новой группой советников, которые больше подходили для задач управления, разработанных его матерью Сорхахтани применительно к ее владениям с оседлым населением Северного Китая.

Новый хан предпринял ряд шагов по ужесточению надзора за имперской казной, созданию основанной на налогообложении более устойчивой экономики, по развитию земледелия и введению более жесткого контроля за купцами [Qazvini 1912–1937, III: 79; Boyle 1997, II: 600]. Это не означало, что торговля вышла из моды или что отношения с купцами должны были прекратиться. Напротив, Рашид ад-Дин говорит, что Мункэ оплачивал долги коммерсантам и поток предпринимателей в Евразию не иссякал. Например, Гильом де Рубрук во время своего путешествия ко двору хана постоянно прибегал к советам купцов разного происхождения, которых он встречал по всей Евразии [Thackston 1998, II: 861; Boyle 1971: 236][66]. Кроме того, документально подтверждено, что монгольские женщины имели дело с купцами вплоть до XIV века, например в Золотой Орде[67]. Тем не менее в середине XIII века была внедрена новая модель, целью которой было привести в порядок имперские счета и создать более эффективную систему доходов, которая была бы выгодна правителям. В 1251 году Мункэ-хан и его чиновники ввели «монгольскую систему податей» для завоеванного населения, которая была принесена Ху-

---

[66] Эти купцы были в основном христианами; церковники больше доверяли своим единоверцам, таким как византийцы или восточные славяне [Allsen 1989: 108–109].

[67] См. пример Тайдулы/Тайитогли-хатун в [Favereau 2016: 45–46].

лагу в Иран, когда он был провозглашен ильханом в 1260 году. В той мере, в какой женщины имели свою долю добычи в «системе поборов» и были активны в период «свободной торговли» во время единой Монгольской империи, ожидалось, что они будут участницами и новой системы торговых отношений.

Экономическая активность хатунов в ильханидском Иране: взаимодействие с оседлым населением

Экономическое развитие Государства Хулагуидов обычно описывается в два этапа, разделенных эпохой правления Газан-хана. Экономические реформы, проведенные им и его визирем Рашид ад-Дином, считаются поворотным пунктом в управлении монгольским Ираном. Была введена новая экономическая политика, направленная на повышение продуктивности земель, и новые способы налогообложения, предусматривающие отказ от монгольской модели поборов раннего периода империи. Однако возникают сомнения в том, были ли эти меры действительно реализованы и в какой степени оседлое персидское население действительно выиграло от них[68]. Реформы были начаты при Мункэ-хане (пр. 1251–1259) и продолжены Хулагу, когда тот завоевал Иран, о чем свидетельствуют финансовые записи, оставленные его советником Насир ад-Дином Туси[69]. Тем не менее, в дополнение к этим реформам, второе завоевание Ирана и дальнейшие кампании, проведенные монголами на Среднем Востоке при ильханах, открыли новые возможности для получения добычи, аналогичные походам, проводимым в объединенной империи. В этом случае женщины снова должны были стать одними из получателей ресурсов, добытых в результате военных кампаний.

---

[68] В то время как Рашид ад-Дин склонен преувеличивать преимущества реформ Газана, Вассаф и Мустафи, например, более осторожны в описании сильных сторон новой экономической политики [Petrushevsky 1968: 494–500; Lambton 1953: 92].

[69] Расшифровку и перевод этого документа см. [Minovi, Minorsky 1940].

Военные завоевания Хулагу на Среднем Востоке принесли богатую добычу. При падении Багдада в 1258 году было захвачено огромное количество золота, серебра, лошадей и рабов. Когда же сдался халиф, поступление благ и трофеев продолжилось [Brosset 1849–1857: 519–520][70].

Кроме того, продолжение военных кампаний на мамлюкских территориях в Сирии и Палестине в 1260 году принесло значительные богатства, часть которых была распределена между членами семьи, а часть отправлена обратно ко двору Мунке в Монголии [Amitai 1987]. Есть свидетельства того, что по крайней мере часть этой добычи, накопленной во время завоеваний Хулагу, была отложена в личные сокровищницы женщин в их ордах. После смерти первого ильхана в 1265 году его преемник Абака известил его вдов о его кончине. Среди этих дам была одна из его главных жен (Кутуй-хатун), которая направлялась из Монголии в Иран, чтобы встретить своего мужа. Когда она прибыла, Абака принял ее и «обогатил деньгами и товарами» жену своего отца. Кроме того, наложница Хулагу по имени Ариган была включена в число «подарков», предназначенных для вновь прибывшей Кутуй-хатун, чтобы стать одной из ее служанок [Thackston 1998, II: 967–968, 1051–1052; 1994: 474, 514]. Ее реальная роль при дворе ильхана становится ясной, когда Рашид ад-Дин упоминает, что «доля Кутуй-хатун в добыче и грабеже была передана ей [Аригхан]. Она накопила огромное количество ценных вещей и имущества, поэтому, когда Кутуй-хатун прибыла в орду, она нашла ее наполненной под завязку всевозможными вещами» [Там же: 1064–1065; 1994: 520][71]. Эта история показывает, во-первых, что женщины все еще имели долю в доходах, полученных в результате завоеваний во время вторжения в Иран и после установления Государства Хулагуидов. Во-вторых, это еще раз подчеркивает разницу между статусом жены и наложницы среди хатунов, поскольку имущество принадлежало главной жене

---

[70] О падении Багдада и захвате монголами казны халифа см. [Jawad 1932: 325–328].

[71] Аналогичный рассказ можно найти в [Shirazi 2010: 46].

ильхана, а наложница играла роль в накоплении доходов хатуны и управлении ими.

Помимо прямого накопления женщинами богатства из добычи, полученной в военных походах, ресурсы распределялись между членами правящей семьи по другим каналам. Например, важные персоны по всей империи обменивались различными видами подарков, что играло свою роль в поддержании союзов между фракциями и территориями [Qazvini 1912–1937, III: 7; Boyle 1997, II: 551–552; Dunlop 1944: 285]. Всякий раз, когда новый ильхан вступал на престол, придворные дамы получали подарки. Хулагу одаривал своих сестер, сыновей и генералов сразу после назначения человека, отвечающего за казну в Иране [Ward 1983: 17]. Два его непосредственных преемника, Абака и Тегудер, также сделали подарки хатунам, когда заняли трон [Thackston 1998, II: 1060, 1126; 1994: 517, 549]. Подобным образом Гайхату и особенно Газан-хан, щедрость которого была отмечена Рашид ад-Дином, неоднократно давали деньги женщинам [Там же: 1195, 1331; 1994: 582, 660][72]. Нелегко точно определить количество богатств, переданных из казны в женские орды. Как правило, в число таких подарков входили деньги и предметы роскоши, такие как кубки, драгоценности и особенно дорогие ткани [Allsen 1997a: 56][73]. В свою очередь, женщины одаривали деньгами местных дворян и религиозных лидеров, способствуя таким образом дальнейшему распределению богатства[74].

Эти личные подарки и подношения необходимо отличать от других источников дохода, которые были у знатных женщин в Иране. В Государстве Хулагуидов оседлое население было многочисленнее, чем в других регионах империи, в частности

---

[72] Местные чиновники и *сахиб-диван* также преподносили подарки женщинам [Thackston 1998, II: 1323–1324; 1994: 661].

[73] См. также выделение денег, переданных Хулагу Абеш-хатун [Ayati 2004: 113].

[74] Например, деньги, подаренные Кончак-хатун, женой амира Иринджина, Несторианской церкви в начале четырнадцатого века [Budge 1928: 304–305]. Также Теркен Кутлуг-хатун делала подарки таким влиятельным персонам, как Аргун-ака [Parizi 1976–1977: 183].

Золотой Орде или Чагатайском ханстве. Запутанная система налогообложения монгольского Ирана рассматривается в значительном количестве исследований. В целом, в Государстве Хулагуидов действовала двойная система управления, которая поддерживала существующую исламско-персидскую модель и включала в себя в основном три новые фискальные меры монгольского происхождения[75]. Отличия монгольской системы налогообложения, по-видимому, заключаются в том, что она была нерегулярной по своему графику и основывалась на переписи населения для фиксации сумм, подлежащих уплате. С другой стороны, исламско-персидская система была основана на плодородии земли. Это различие между двумя системами позволило им сосуществовать, но также удвоило финансовое давление на завоеванное население [Lambton 1988: 84].

Монголы ввели три новых налога с явной целью получения дохода для правящей семьи. Первый назывался *кубчур*; согласно Джувайни, он был введен в Иране в рамках реформ Мункэ в начале 1250-х годов [Qazvini 1912–1937, II: 253–254; Boyle 1997, II: 516][76]. По-видимому, это был налог кочевого происхождения, который взимался со скота и воинов; впоследствии он был преобразован в подушный налог, что лучше учитывало особенности жизни оседлых жителей Ирана [Morgan 2007: 88][77]. Второй налог в персидских источниках обычно упоминается как *калан*, но о нем мало что известно; предполагается, что это общий термин, относящийся к группе налогов кочевников, которые были приспособлены к финансовым нуждам завоевателей [Smith 1970: 46–85]. Наконец, существовал налог под названием *тамгха*, который, по общему мнению, был налогом на торговлю и коммер-

---

[75] О налоговой системе монголов см., среди многих, [Lambton 1988: 79–99; Smith 1970: 46–85; Schurmann 1956; Petrushevsky 1968: 483–537; Morgan 2007: 87–90; Ostrowski 1998a].

[76] О различии между «монгольским налогом на подати» и «исламским налогом на подати» (*джизья*) и их эволюции в Монгольской империи см. [Petrushevsky 1968: 533].

[77] Этот процесс, по-видимому, происходил как в Китае, так и в Иране [Allsen 1983: 263].

ческие операции, которые, как мы увидим ниже, продолжали играть важную роль в Государстве Хулагуидов. В свою очередь, фискальное бремя на местное население стало слишком тяжелым, что означало невозможность длительного сохранения такой системы двойного налогообложения. Ухудшение состояния экономики во второй половине XIII века, а также постепенное включение местных управленцев в состав двора стали движущими силами важных экономических реформ, проведенных Газан-ханом в конце XIII — начале XIV века.

Налоговая система помогла Государству Хулагуидов накопить ресурсы, которые были распределены, как мы видели, между влиятельными монгольскими женщинами Ирана. Кроме того, знатные женщины более непосредственно участвовали в экономике через «налоги на имущество», которые делились между землями под надзором *дивана* и теми, которые были прямой собственностью королевской семьи (*хасса и инджю*)[78]. Первая была землей, конфискованной монголами у завоеванной персидской знати, и доходы с нее использовались для содержания хана, хатунов, потомков ханской семьи и людей орды[79]. Интересно, что монгольское понятие орды схоже с поняатием *инджю*, которое включает в себя продукцию с определенного участка земли, доходы от налогов (как персидских, так и монгольских) и людей, населяющих это место [Petrushevsky 1968: 516]. Следовательно, когда мы находим в источниках упоминания о том, что монгольским женщинам в Иране выделяли землю в право пожизненного пользования, не следует понимать, что они управляли этой землей; они лишь пользовались ее продуктивностью[80].

В Иране практика наделения женщин землей существовала изначально. Абака распределил ресурсы оседлого населения между хатунами, отдав часть Майяфарикина (в провинции Си-

---

[78] http://www.iranicaonline.org/

[79] Доходы от введения этих налогов были разными и трудно поддаются оценке; трактовку цифр см. в [Petrushevsky 1998: 499].

[80] О распределении земель и долей наделов в Монгольской империи см. [Allsen 2001b].

рия) Кутуй-хатун, часть Диярбекира и провинцию Джазира (в Ираке) Олджей-хатун, Салмас (на северо-западе Ирана) жене Джумгура Толун-хатун и его сыновьям Джушкабу и Кингшу. Он также отдал некоторые территории своим сыновьям и наложницам [Thackston 1968, II: 1110; 1994: 541][81].

Однако, начиная с конца правления Абаки, похоже, что распределение налогов на имущество для хатунов и их орд было заменено системой, согласно которой выделенный регион должен был платить фиксированный налог, который женская прислуга собирала с отведенных им территорий [Там же: 1507; 1994: 745]. По словам Рашид ад-Дина, средства растрачивались, а коррупция среди слуг хатунов и правителей провинций приводила к постоянно растущему снижению доходов, кульминацией которого стал финансовый хаос в правление Гайхату (пр. 1291–1295). Такое положение дел подготовило почву для оправдания персидским визирем реформ своего покровителя Газан-хана, когда тот взял на себя управление царством. Говорят, что были проведены судебные процессы для наказания коррумпированных слуг и провинциальных наместников, а управление женскими ордами было реформировано, что включало ограничение их автономии. Несмотря на коррупцию и возможное обнищание хатунских орд в этот период финансового хаоса, женщины сохранили контроль над имуществом, о чем свидетельствует тот факт, что Газан-хан заручился поддержкой многих женских *инджю* для финансирования своих претензий на трон в 1294–1295 годах [Aubin 1995: 58][82]. Кроме того, по всей видимости, женщины имели в своем подчинении земельные владения вплоть до правления Абу Саида (1317–1335). Говоря о багдадской хатун, Ибн Баттута упоминает, что «каждая хатун владеет несколькими городами и округами и огромными доходами, а когда она путешествует с султаном, у нее есть свой отдельный лагерь» [Defrémery et al. 1962: 340].

---

[81] О Кутуй-хатун см. также [Thackston 1998, II: 1064–1065; 1994: 520].

[82] Согласно Мустафи, реформы Газана поддерживали экономическое благосостояние хатунов путем реорганизации системы *инджю* [Ward 1983: 429].

Наконец, стоит отметить, что в Государстве Хулагуидов торговля продолжала оставаться ключевой частью экономики, даже приобретя глобальное измерение, поскольку оно было стратегически расположено на пересечении торговых путей, связывавших Европу, Индию и Дальний Восток[83]. Открытие торговых путей было очевидной политикой со времен Мункэ и оставалось таковой при Хулагу[84]. Богатая добыча, полученная в результате завоевания Аламута и разграбления Багдада, могла как магнит притягивать купцов в Государство Хулагуидов. Рашид ад-Дин сетует на то, что после восшествия на престол Газана «сокровища, которые Хулагу-хан привез из Багдада, земель неверных и других мест... со временем были украдены стражниками, а слитки золота и драгоценности были проданы купцам» [Thackston 1968, II: 1349; 1994: 672]. Заинтересованность монгольских правителей в поддержании торговли в Иране видна с первых дней их правления. Когда Хулагу занял Багдад после победы над последним аббасидским халифом, он поручил двум своим военачальникам начать восстановление города. Ильхан приказал, чтобы после захоронения мертвых городские рынки были восстановлены как можно быстрее [Там же: 1069; 1994: 499]. Есть и другие примеры такой решимости возродить торговлю после военного конфликта. По словам Рашид ад-Дина, во время кампании Газан-хана по отражению нападения войск Золотой Орды в Азербайджан эта область была «стерта с лица земли», но купцы вернулись в район Тебриза, чтобы продолжить торговлю [Там же: 1303; 1994: 651].

В первый период существования Государства Хулагуидов монгольские женщины в Иране, по-видимому, могли поддерживать свой образ жизни за счет доходов, получаемых в их ордах.

---

[83] См. упоминание о торговле купцов из Ирана в Китай и наоборот в [Budge 2003: 456; Thackston 1998, II: 1339–1340; 1994: 668]. О торговле на дальние расстояния в этот период см. [Lopez 1970: 343–348; Delumeau, Richard 1968: 823–843]; о XIV веке см. [Jackson 1999b: 252–253; Di Cosmo 1999: 2–4].

[84] Мустафи предполагает, что одной из причин, по которой Мункэ послал Хулагу против исмаилитов, было то, что они перерезали торговые пути между Персией и Монголией [Ward 1983: 12–13].

Хатуны, похоже, были хорошо обеспечены добычей, земельными доходами и подарками, поступавшими от хана и принцев. В этот период изобилия, отмечает Рашид ад-Дин, обычным явлением в женских лагерях были купцы, которые перевозили товары в пользу хатунов и были хранителями их доходов[85]. Марко Поло заметил, что монгольские женщины постоянно участвовали в торговых операциях, продавая и покупая все, в чем нуждались они сами и их иждивенцы [Polo 1938, I: 169]:

> Эти женщины, принадлежавшие к высшим слоям хулагуид-ской знати, были связаны с крупными коммерческими компаниями и с крупной оптовой и транзитной торговлей. Часть своих доходов они вкладывали в компании крупных оптовых купцов, называемых обычно *уртак (ортак)*... которые возвращали феодалам (или дамам) их долю прибыли товарами, в основном тканями [Petrushevsky 1968: 509–510][86].

Однако растущая зависимость благородных сословий от купечества привела к коррупции и финансовым спекуляциям, а также к манипуляциям с валютой в интересах самих купцов, что неизбежно привело к опустошению казны и экономической нестабильности [Martinez 1984: 147–173; Allsen 1997a: 21].

Одним из районов, где торговля стала особенно прибыльной в Государстве Хулагуидов, был Персидский залив и провинции Южного Ирана, которые соединяли Аравийский полуостров, Левант и Индию [Aubin 1953]. В первой половине существования Государства Хулагуидов этими регионами управляли разные

---

[85] По Рашид ад-Дину можно судить, что подарки и скот были включены в число ресурсов, которые женщины вкладывали в торговлю при посредничестве купцов [Thackston 1998, II: 1507; 1994: 745].

[86] Среди этих вельмож был и сам Рашид ад-Дин; он владел внушительным состоянием и вкладывал деньги в торговлю, как и его персидские и монгольские современники [Abarquhi, Shafi 1947: 220–240, 183–207]. Хотя о подлинности этих писем ведутся споры, мне кажется, что либо Рашид ад-Дин торговал товарами, упомянутыми в книге, либо те, кто составлял эти письма в период тимуридов, считали участие этих личностей в торговой деятельности обычной практикой. Об этой дискуссии см. [Morton 1999; Soudavar 2003].

женщины из династий салгуридов и кутлугханидов. Салгуриды, автономно правившие под властью монголов, контролировали Персидский залив и доходы от торговли в этом регионе [Ayati 2004: 100]. Как мы уже видели, Абеш-хатун, правительница Фарса, боролась за свою власть и защиту казны провинции от все более доминировавшего центрального Монгольского двора. После ее смерти, по словам Рашид ад-Дина, династия перестала контролировать регион. Он упоминает, что, «хотя должность малика (царя) Шираза теперь исполняют ортаги и купцы, у ворот дворца атабегов по-прежнему бьют в барабаны, и там по-прежнему проводится Великий Диван» [Thackston 1968, II: 936–937; Boyle 1971: 307]. Однако к XIV веку остров Ормуз, согласно Шабанкараи, находился под властью женщины по имени Биби-Марьям, которая также контролировала Персидский залив и прибыльную торговлю в этом районе [Muhaddith 1984: 215–216][87].

Подводя итог, можно сказать, что история экономической деятельности женщин в Государстве Хулагуидов прошла через различные фазы. Вначале женщины продолжали получать выгоду от распределения богатства, осуществляемого правителями, причем средства поступали от завоевания Ирана и присвоения казны халифа и Аламута. Бо́льшая часть этих средств поступала в виде подарков, что помогало поддерживать всегда нестабильные политические союзы Монгольского улуса и в то же время позволяло этим женщинам создавать потребности, которые интенсифицировали экономическое развитие. Постепенно оседлость большей части Ирана и новый подход Мункэ к распределению земли позволили предоставить женщинам долю в системе двойного налогообложения, особенно в налогах с земель, конфискованных у персидских вельмож, которые не присоединились к монголам по мере их продвижения на запад Среднего Востока. Постоянный интерес монгольской знати к торговле и коммерческому обмену позволял женщинам инвестировать хотя бы часть своих доходов в деятельность приближенных к себе купцов,

---

[87] Неясно, та ли это Биби-Марьям, которой был построен мавзолей в оманском городе Калхат [Defrémery et al. 1962: 396].

чтобы финансировать растущие потребности своего образа жизни. Это способствовало спекуляции и коррупции, которым ильханы пытались противостоять путем введения налогов на оседлое население провинций, особенно в Южном Иране. Кульминацией этого стали реформы Газан-хана и его визиря Рашид ад-Дина, которые стремились положить конец неконтролируемым поборам.

Экономическая автономия монгольских женщин в Государстве Хулагуидов: от передачи богатств к их присвоению

Несмотря на риск чрезмерного упрощения, в методологических целях эпоху монгольского владычества в Иране можно разделить на два различных периода. Первый соответствует времени, когда, несмотря на короткое правление Тегудера-Ахмада, существовала преемственность в линии наследования от Хулагу (ум. 1265) через потомков Абаки (ум. 1282), его сына Аргуна (ум. 1291) и затем Гайхату (ум. 1295). Второй период начинается с борьбы за власть между Байду (ум. 1295) и Газан-ханом (пр. 1295–1304) и обращения последнего в ислам. Эти два периода по-разному повлияли на практику передачи женской собственности, обусловив их экономическую автономию и изменив способ, которым собственность переходила от женщины к женщине в предыдущие периоды. Несмотря на то что влиятельные женщины имели право голоса при выборе новой хозяйки орды, необходимо подчеркнуть, что в источниках четко указано, что распределение женских орд после смерти хатун всегда оставалось за правителем Ирана или членами правящей семьи. Таким образом, даже если управление ресурсами принадлежало женщинам, владение ордой оставалось монополией мужчин. В этом разделе мы в основном исследуем, как обычай, согласно которому мужчины контролировали переход имущества от женщины к женщине, стал прямым присвоением имущества хатун мужчинами, тем самым нарушив традицию женского управления.

Передача имущества хатун в Иране до реформ Газана

Хотя информация о практике передачи хатунских орд в большинстве регионов Монгольской империи, как правило, неполна, в случае с Государством Хулагуидов она достаточно обширна. Возможно, это связано с непосредственным участием Рашид ад-Дина в реформах, проводимых Газан-ханом. Необходимость, как был убежден персидский визирь, фиксации имущества женщин для восстановления экономики Государства Хулагуидов могла быть причиной наличия столь подробной информации об этих женщинах. Значительное накопление богатства в результате грабежа, торговли и конфискаций в начале существования Государства Хулагуидов могло создать излишек, который привел к экономической автономии принадлежащих хатунам орд.

Упоминания о разделе имущества между женами Хулагу начинают появляться в период после его смерти в 1265 году. Именно в этот момент его сын и наследник Абака начал перераспределять женское имущество между женщинами своей семьи. После завоевания Ирана Хулагу распределил орды своих жен по разным частям империи. Среди них была одна из его главных жен, Гуюк-хатун, которая умерла в Монголии до отъезда мужа на запад[88]. По словам Банакати, ее лагерь был отдан некой женщине по имени Арзани, о которой у нас нет больше никакой информации [Banakati 2000: 411–412][89]. Однако Рашид ад-Дин ясно упоминает, что после смерти Гуюк-хатун Хулагу женился на Кутуй-хатун и передал ей орду умершей хатун [Thackston 1968, II: 964; 1994: 472]. Кутуй привезла с собой в Иран орду Гуюк-хатун и объединила ее с имуществом, которое хранилось для нее в Государстве Хулагуидов в ожидании ее приезда. Орды других жен Хулагу оставались в их руках, пока они были живы. Так было и с иму-

---

[88] И Хулагу, и Гуюк-хатун были внуком и внучкой Чингисхана. О практике браков между двоюродными братьями среди чингизидов см. [Broadbridge 2016: 122–123].

[89] Насколько мне известно, она не упоминается ни у Рашид ад-Дина, ни у Мустафи.

ществом Олджей-хатун, которая была сестрой Гуюк-хатун по другой матери (рис. 4.2). Поскольку она прожила дольше своего мужа, Абака женился на ней и сохранил свою орду в неприкосновенности [Там же: 1055; 1994: 515]. Как мы видели, она использовала свой престиж и экономическую автономию в политической борьбе, поддерживая Аргуна против Тегудера-Ахмада и принимая свою невестку Абеш-хатун в своей орде. В общем, если вдова мужа с детьми была еще жива, монголы в этот период брали в жены таких женщин, чтобы гарантировать, что их имущество и люди будут на их стороне в случае конфликта. Однако встречаются и сложные случаи, например, орда Докуз-хатун (ум. 1265), которая умерла вскоре после своего мужа Хулагу и не имела детей. Это означало, что ее имущество осталось без главы, поставив перед следующими ильханами проблему, как поступить с богатством и людьми этой дамы. Тот факт, что она не упоминается среди официальных жен Хулагу, вызвал дополнительные подозрения относительно ее возможной роли в обеспечении легитимности государства и линии наследования хулагуидов [Shir 2006; Brack 2016][90]. Возможно, ее роль легитимизатора линии наследования позволяет объяснить тот факт, что передача ее орды исключительно между женщинами является единственным подобным случаем, который с очевидностью можно проследить для XIV века даже после экономических преобразований Газанхана. После смерти Докуз в 1265 году Абака женился на Туктани-хатун, бывшей наложнице своего отца, чтобы возвысить ее до главной хатун и поставить во главе орды Докуз [Thackston 1968, II: 1055; 1994: 515][91]. Таким образом, теперь орда не просто оставалась под властью женщины, но женщины того же племенного происхождения и христианской веры, что и Докуз-хатун. Воз-

---

[90] Однако, хотя Джувайни и Мустафи не упоминают Докуз-хатун в своих рассказах, Рашид ад-Дин и, позднее, Банакати о ней говорят [Thackston 1998, II: 963; 1994: 471–472; Banakati 2000: 411; Ward 1983: 206–207].

[91] Ее звали Туктани-хатун из народа кераитов, она была дочерью сестры Онгхана и проживала в орде Докуз [Thackston 1998, I: 119; 1994: 65]. О ней см. также [Pelliot 1932: 49].

можно, этот шаг был призван помочь Абаке поддержать союзы, заключенные его отцом с этой общиной[92]. Туктани умерла 21 февраля 1292 года (в последний день сафара 691 года) во время правления Гайхату. Однако как знак грядущих времен новым наследником орды стал не тогдашний хан Ирана, а его племянник Газан. Затем орда Докуз-хатун была передана Кокачин-хатун, женщине из семьи Булуган-хатун «Бозорг», которая прославилась среди историков тем, что была той дамой, что сопровождала Марко Поло на пути из Китая во время возвращения этого венецианского купца в Европу [Polo 1903, I: 32; Thackston 1968, II: 963; 1994: 472; Banakati 2000: 411]. Примечательно, что включение орды этой хатун в сферу влияния Газана произошло всего за несколько лет до его восшествия на престол, как раз в то время, когда контингент людей, принадлежавших к этому лагерю, и связанная с ним легитимность помогли Газану в его борьбе с Байду. Еще несколько примеров передачи орд хатунов см. на рис. 4.2.

Кокачин-хатун умерла всего через четыре года после прибытия в Иран в 1296 году, когда ее муж Газан уже был коронован как правитель Государства Хулагуидов и принял ислам. В отличие от других орд хатунов в этот поздний период, Газан решил после смерти своей жены поставить во главе орды женщину, сохранив этот комплекс имущества под контролем женщин. Он передал лагерь женщине по имени Карамун, женившись на ней в 1299 году и получив значительное приданое[93]. Об этой женщине известно немного, кроме того, что она была дочерью Абатая и двоюродной сестрой Булуган-хатун «Моаззама», жены Аргун и Газана [Melville, http://www.iranicaonline.org/; Thackston 1968, II: 1215; 1994: 593].

---

[92] Рашид упоминает, что Туктани соблюдала те же обычаи и ритуалы (موسر نامه و ایین نیگاه می داشت), что и Докуз, из чего можно сделать вывод, что она также была христианкой [Thackston 1998, II: 963; 1994: 472].

[93] Сумма составила 600 000, но в каком выражении, неизвестно. В источниках упоминается لاوع и عواىل [Thackston 1998, II: 1289; 1994: 644, прим. 1; Karimi 1988–1989, II: 937–938].

Она скончалась 21 января 1304 года (12 джумада II 703 года). По словам Рашид ад-Дина, Газан был глубоко потрясен ее смертью, и ее тело отвезли в Тебриз, чтобы похоронить. После этого «он [Газан] посетил ее орду и много плакал. Он приказал, чтобы все приготовления и церемонии, которых она заслуживала, были выполнены. После того как ее гроб вынесли, слезы наворачивались на его императорские глаза каждый раз, когда он вспоминал о ней» [Thackston 1968, II: 1322; 1994: 660]. Однако орда не осталась без властителя, и когда в том же году Олджейту короновался, он поручил ее в попечение своей новой жене Кутлуг-хатун [Thackston 1968, II: 963; 1994: 472; Hambly 2005: 42].

Здесь есть два интересных момента. Во-первых, похоже, что орда, первоначально принадлежавшая Докуз-хатун, имела определенное символическое значение; возможно, она служила источником легитимности для монгольских правителей Ирана. Далее, хотя Рашид ад-Дин закончил свою хронику в правление Газана, он включает в свой рассказ тот факт, что орда принадлежала жене Олджейту, что необычно и не встречается нигде в отношении других орд [Thackston 1968, II: 963; 1994: 472]. Во-вторых, если посмотреть на то, кому досталась орда, обнаруживается еще один интересный момент. Кутлуг-хатун была дочерью амира Иринджина, могущественного властителя, который восстал против Абу Саида в 1319 году [Melville 1997; Hambly 2005: 42]. Амир Иринджин, согласно некоторым источникам, был не только родственником Докуз-хатун, но и христианином [Budge 1928: 257]. Поэтому передача этой орды в христианскую семью и то, что она сохранилась в XIV веке, может говорить о возможной связи между ней и христианской общиной Государства Хулагуидов. Такой же союз первоначально использовали Хулагу и Абака-хан почти за шестьдесят лет до этого.

Некоторые женщины, возглавлявшие орды, были заменены другими правительницами после их смерти. Однако некоторые женские орды, похоже, были созданы с нуля правителями во время их воцарения. Есунджин, мать Абаки, была одной из второстепенных жен Хулагу и принадлежала к народу сулдус, представленному в орде вышеупомянутой Гуюк-хатун [Qazvini

1912–1937, I: 29; Boyle 1997, I: 40, прим. 1; Thackston 1968, II: 964, 1055; 1994: 472, 515]. Когда она приехала в Иран с Кутуй-хатун, матери Абаки дали орду, и ее статус повысился до «матери хана»[94]. Ее лагерь интересен тем, что после ее смерти в 1272 году он перешел к Падишах-хатун, мусульманке-немонголке, которая стала первой «коренной» тюрко-иранской хатун и официальной женой монгольского ильхана [Thackston 1968, II: 1055, 1098; 1994: 515, 536; Kirmani 1983–1984: 71; Ayati 2004: 165][95]. После прибытия в Иран ее статус был повышен с второстепенной жены до хатун. Это также позволяет предположить, что орда Есунджин была сформирована незадолго до этого, поскольку до этого она состояла в орде Гуюк, но не унаследовала, поскольку та перешла к Кутуй, которая была еще жива и управляла лагерем[96]. Что касается жен Абаки, это первая женщина, на которой он женился. Мы мало что знаем о ней, но после ее смерти Абака заменил ее на татарку по имени Нукдан, которая в итоге стала матерью ильхана Гайхату [Thackston 1968, I: 88; 1994: 49]. Нукдан умерла, и Абака заменил ее Эль-Тузмиш-хатун, женщиной из народа конкират, связанной с чагатаидами через свою мать [Hambly 2005: 7; Thackston 1968, II: 1055; 1994: 515][97]. Несмотря на отсутствие четкого представления о ее происхождении, важность этой орды заключается в том, что она принадлежала главной жене Абаки. Кроме того, Эль-Тузмиш-хатун последовательно выходила замуж за трех монгольских ильханов, что, вероятно, говорит о символической и экономиче-

[94] Конкретное упоминание в работе Рашид ад-Дина о том, что орда Гуюк-хатун была передана Кутуй, позволяет предположить, что орда Есунджин была создана ad hoc для нее ее сыном Абакой, когда она прибыла в Иран. В источниках нет ясности в этом отношении [Thackston 1998, II: 964; 1994: 472].

[95] Во всех этих источниках упоминается, что Падишах была официальной женой и что она стала главной хатун. Единственным исключением является Мухаддит [Muhaddith 1984: 200], как это отмечает Далкесен [Dalkesen 2007: 178, прим. 502].

[96] Это только предположение; мы не можем быть уверены в происхождении этих женских орд.

[97] Ее имя встречается в разных формах: Тэкстон транскрибирует его как Эл-тузмиш, а Бойл [Boyle 1997] дает Эль Тутмиш вслед за Рашидом (ایلتورمّزیىش). В [Hambly 2005] она фигурирует как Летермиш (لترمىش).

ской ценности, которую представляло для нее содержание этого лагеря [Hambly 2005: 7]. Далее эта орда продолжала функционировать в начале XIV века при правлении Газан-хана; здесь мы находим описания путешествий хатун по Ирану, охраны монгольских принцев в ее лагере и пиршеств хана и придворных дам [Thackston 1968, II: 1317, 1320; 1994: 658, 660]. Орда Мартай-хатун, второй жены Абаки, похоже, была нового типа. Мартай принадлежала к престижному роду, поскольку она (и ее известный брат Муса) были внуками Чингисхана от его дочери Тэмулэн[98]. Она дожила до правления Аргуна и была заменена Тодай-хатун, бывшей женой (или, возможно, первоначально наложницей) Абаки, которая сыграла важную роль в борьбе между Аргуном и Тегудером-Ахмадом[99]. Эта последняя женщина (Тодай) стала хатун только после того, как Аргун примерно в 1287 году поставил ее во главе орды Мартай, и она продолжала занимать эту должность по крайней мере до 1295 года, когда в ее лагере был заключен мирный договор [Там же: 1163; 1994: 566][100]. Интересно, что Тегудер-Ахмад не смог взять ни одной женщины от своего отца Хулагу и взял только одну от своего брата Джумгура[101]. На деле, когда он попытался претендовать на Тёдай после смерти Абаки, ему решительно воспротивился Аргун. Эта женщина стала основным поводом для конфликта между Аргуном и Тегудером-Ахмадом во время гражданской войны, в которой столкнулись эти два ильхана. В конце концов Аргун женился на Тодай только после смерти Ахмада, сделав ее хатун и предоставив ей орду и хозяйственную автономию для влияния на политическую

---

[98] Рашид упоминает, что она была сестрой Мусы, поскольку у них был один отец, но неясно, была ли Мартай также внучкой Чингисхана от его дочери Тэмулэн [Thackston 1998, II: 1056; 1994: 515].

[99] Как пишет Рашид, одной из причин конфликта между двумя соперниками стало желание Тегудера-Ахмада жениться на Тодай-хатун, которое противоречило праву Аргуна на жен своего отца [Thackston 1998, II: 1139–1148; 1994: 556–559].

[100] Об использовании орд для дипломатии см. [Thackston 1998, II: 1248; 1994: 615].

[101] Кутлуг-хатун, наложница Джумхура, которую Ахмад сделал официальной женой [Thackston 1998, II: 1122; 1994: 547].

Орда, №	Первая известная владелица	Передающий право	Получательница орды	Передающий право	Получательница орды	Передающий право	Получательница орды	Передающий право	Получательница орды
1	Докуз-хатун	Абака Ильхан	Туктани-хатун	Гейкату или Газан Ильхан	Кокачин-хатун	Газан Ильхан	Караму-хатун	Олджейтий Ильхан	Кутлуг-хатун
2	Гуйюк-хатун	Абака Ильхан	Кутуй-хатун	Присвоена Аргуном после борьбы за престол с Ахмадом Тегудером					
3	Есунджин-хатун	Абака Ильхан	Падишах-хатун	После ее смерти орда не сохранилась. Возможно, была присвоена на во время правления Газан-хана					
4	Доджи-хатун	Абака Ильхан	Нукдан-хатун	Абака Ильхан	Эль-Тузмиш-хатун (сохранилась до XIV века)				
5	Мартай-хатун	Аргун Ильхан	Тодай-хатун (оспаривается Тегудером). Орда, хранимая Газаном?						
6	Булуган-хатун «Бозорг»	Аргун Ильхан	Булуган-хатун «Моаззама» (оспаривается Гейкату Ильханом). Окончательно присвоена Газан Ильханом во время гражданской войны против Байду						

Рис. 4.2. Переход владений хатунскими ордами в хулагуидском Иране

жизнь Государства Хулагуидов. Попытки Тегудера-Ахмада захватить эти владения и противодействие Аргуна позволяют предположить, что вотчина, изначально полученная Абакой путем женитьбы на женах своего отца, помогла обеспечить, посредством монгольской патрилинейности, легитимность и экономическую силу потомков Абаки. Этот конфликт за женские орды свидетельствует об экономической подоплеке политической борьбы за престол в Государстве Хулагуидов между традиционной выборной системой правителей и навязанной в конечном итоге прямой родословной от Хулагу.

Наконец, есть одна орда, на примере которой можно проиллюстрировать переход от этого раннего периода к реформам, проведенным Газан-ханом. Булуган-хатун «Бозорг» была женщиной из народа байаут, которая сначала вышла замуж за Абаку и, как Дорджи и Мартай, получила орду для себя. Однако «поскольку он [Абака] очень любил ее, он посадил ее выше Мартай и Тэспины-(Деспины)-хатун» [Thackston 1968, II: 1056; 1994: 515]. Она родила от Абаки единственную дочь, и после его смерти Аргун женился на ней и остальных женах Абаки [Thackston 1968, I: 188; 1994: 97][102]. Ее орда сыграла важную роль в побеге Аргуна, когда Тегудер-Ахмад заключил его в тюрьму за мятеж [Thackston 1968, II: 1141–1146; 1994: 556–558]. Когда Булуган умерла в 1286 году, ее тело было доставлено в Шуджас около города Султания, где, предположительно, позже был похоронен Аргун [Qazvini 2008: 69; Zipoli 1978]. По сложившемуся обычаю после смерти владелицы орды Аргун женился на другой женщине по имени Булуган-хатун («Моаззама») из эльджигинской ветви народа конкират[103]. В следующем разделе мы подробнее рассмотрим своеобразие этой орды в связи с приходом к власти Газан-хана, но сейчас хотелось бы подчеркнуть, что орды «булуганских дам» отразили новое распределение владений, созданное Абака-ханом и поддерживаемое впоследствии Аргуном, а затем Гайхату и Газаном в начале XIV века (см. рис. 4.2) [Hambly 2005: 89].

---

[102] О ее дочери Малике см. [Thackston 1998, II: 1057; 1994: 516].

[103] http://www.iranicaonline.org

В этот период сохранялись орды хатунов, первоначально созданные в Монголии, а новые орды были созданы ильханами Ирана. Выделение женщинам имущества из разных источников и хранение его в ордах, безусловно, обеспечивало женщинам знатных слоев общества значительную экономическую самостоятельность. Об их роли в политическом развитии Государства Хулагуидов говорит значение женских лагерей в содействии дипломатическим встречам, защите беглецов и даже планировании спасательных миссий. Более того, внимание, которое уделяли монгольские правители-мужчины обеспечению передачи этих орд как целостных единиц, могло способствовать росту богатства в этих лагерях. Таким образом, два элемента, а именно растущая ценность женских орд и все большее участие женщин в политических делах, по всей видимости, сделали эти лагеря экономическими и политическими базами, которые иногда могли поддерживать баланс сил, когда возникали разногласия по поводу избрания нового правителя Государства Хулагуидов[104]. В связи с этим, когда Государство Хулагуидов пережило глубокий экономический кризис после правления Гайхату (1291–1295 гг.), неудивительно, что Газан с помощью местных чиновников решил провести ряд экономических реформ на своих территориях. Женские орды в этих реформах имели первостепенное значение, и, как мы увидим ниже, одной из целей было ограничение и присвоение собственности и автономии хатунам.

Присвоение женских богатств: приход Газан-хана к власти и экономические реформы

Бо́льшая часть того, что мы знаем о женских ордах и их хозяйственной деятельности, описана Рашид ад-Дином, который писал в эпоху Газан-хана и был лично заинтересован в том, чтобы

---

[104] Например, военачальник Тегудера-Ахмада разграбил орду главной жены Аргуна, Кутлуг-хатун, когда узнал о его восстании [Thackston 1998, II: 1140; 1994: 556]. Аналогично, орда Кутуй-хатун была разграблена Аргуном после победы над Тегудером-Ахмадом [Thackston 1998, II: 1147–1148; 1994: 559].

подсветить значение этих институтов в экономике Государства Хулагуидов. Поскольку он отвечал за разработку и реализацию экономических реформ своего покровителя, некоторые сведения из его хроники представляются попыткой оправдать некоторые действия Газана, когда тот был на пути к статусу ильхана [Morgan 1977: 314]. Среди них утверждение, что орда Булуган-хатун «Бозорг» в действительности была подарена Газану его дедом Абакой [Thackston 1968, II: 1212; 1994: 592]. По словам Рашид ад-Дина, это произошло в то же время, когда юный Газан был отдан Булуган на воспитание, и госпожа хранила орду и будуще-го ильхана Газана на протяжении всего правления Тегудера-Ах-мада (1282–1284). Абака умер в 1282 году, и Булуган вышла замуж за Аргуна по системе левирата. О значимости этой орды можно судить по тому, что, когда персидский визирь описывает смерть Булуган в 1286 году, он приводит необычное описание имущества, находящегося в ее орде:

> Когда он [Аргун] составлял опись склада умершей Булуган-хатун, он взял для себя несколько предметов одежды, золо-тую и серебряную утварь. Что касается остального, он сказал: «Эти склады, юрта и *орда* принадлежат Газану по приказу Абака-хана. Они должны быть опечатаны». Те, кто видел хранилище, говорили, что никто никогда не обладал подобным ему, ибо в нем было больше сокровищ, утвари и драгоценных жемчужин, чем можно описать. Причина этого в том, что, поскольку Абака-хан очень любил Булуган-хатун, каждый раз, когда он заходил в сокровищницу, он брал драгоценный камень и тайно дарил его ей. Когда после смерти Булуган-хатун казначеи разворовали вещи, Газан узнал об этом и постоянно требовал расследования, но со-кровищница оставалась запечатанной [Там же].

Рашид ад-Дин несколько раз настаивает на том, что после смерти Булуган-хатун «Бозорг» ее орда должна быть передана Газан-хану, и он предполагает, что эта конкретная орда включала обширные владения, богатства и, предположительно, людей [Там же: 1213; 1994: 593]. Следовательно, хотя Аргун женился на другой женщине с таким же именем (Булуган «Моаззама») сразу после смерти Булуган «Бозорг», имущество не было передано новой жене, но якобы его сокровища были запечатаны, зарезервированы для Газан-хана и хранились в Хорасане[105]. Если это так, то практика замены женщины — главы орды на другую была нарушена, и, хотя новая жена стала хатун, она не получила ничего из богатств своей предшественницы. В повествовании эта аномалия объясняется тем, что причиной неодинакового отношения к данной собственности было то, что Абака предвидел своему внуку Газану славную судьбу правителя Ирана. Однако при изучении возвышения Газан-хана обнаруживаются другие подробности, которые помогают объяснить не только рассказ Рашида об этом лагере, но и саму историю как средство оправдать разработанные визирем экономические реформы.

Когда в 1291 году Гайхату взял власть в свои руки, он поспешил захватить женские орды своего отца, как это делали его предшественники. Он женился на Падишах-хатун и Эль-Тузмиш-хатун из удела своего отца, но также взял двух жен от своего брата и предшественника Аргун-хана. Одной из них была христианка Эрук-хатун, а второй — Булуган «Моаззама». Как мы видели, первые две владели крупными ордами, принадлежавшими ранее матери Абаки и Докуз-хатун соответственно, что придавало дополнительную легитимность его притязаниям на трон. В то время как приобретение этих лагерей кажется делом несложным, вопрос об орде Булуган «Моаззама» привел к конфликту между ильханом и его племянником Газан-ханом. Сын, женившийся на женах своего умершего отца и получивший контроль над их ордами, не мог спровоцировать споры среди монголов Ирана. Однако когда новый правитель претендовал на жен своих братьев и предшественников, передача имущества от женщины к женщине могла привести к подрыву финансовой основы для любых будущих притязаний этих сыновей на трон. Поэтому

---

[105] Интересно, что Газан жаловался на разграбление этой сокровищницы, совершенное ее хранителями после смерти Булуган «Бозорг» [Thackston 1998, I: 1213; 1994: 593].

вышеупомянутый спор между Тегудером и Аргуном из-за жены Абаки Тодай-хатун должен был повториться между Гайхату и Газаном из-за Булуган «Моаззама».

Гайхату поспешил жениться на виновнице спора в июле — августе 1292 года (шаабан 691), что должно было затруднить доступ Газан-хана к трону [Thackston 1968, II: 1212–1214; 1994: 592–593][106]. В рассказе предполагается, что намерения Гайхату заключались в том, чтобы включить эту орду в свой собственный удел, и по этой причине он «отказался допустить к ней Газана». Сразу после этого Газан вернулся в Хорасан, подтверждая тем самым, что его дядя не будет претендовать на владения Булуган «Бозорг», оставшиеся в этом регионе[107]. Однако в повествовании Рашид ад-Дин пытается представить действия Гайхату как незаконные и противоречащие воле его отца (Абаки). Такое впечатление создается, когда он пишет, что брак между Гайхату и Булуган состоялся «против ее воли», что свидетельствует о том, что новый ильхан был неправ. Газан же, напротив, восхваляется за терпение, с которым он принимает свой жребий и ждет, когда придет время заключить брак с женой своего отца [Там же: 1214; 1994: 593]. Последнее утверждение, однако, кажется противоречит фактам. Рашид, писавший через несколько лет после этого события, знал исход этой истории. Вместо того чтобы ждать, Газан поспешил жениться на Кокачин-хатун, которая приехала из Китая в сопровождении Марко Поло и была включена в престижную орду Докуз-хатун. Взяв в жены эту принцессу, которую его отец Аргун просил Хубилая прислать из Китая (женщина из того же рода, что и Булуган «Бозорг»), Газан обеспечил себе право на эту орду [Karimi 1988–1989, II: 869, 606].

Неудачная экономическая политика Гайхату нанесла урон благополучию Государства Хулагуидов после его смерти в 1295 году, когда его двоюродный брат Байду восстал, убил его и короно-

---

[106] Она даже родила ему сына, Чинг Пулада [Banakati 2000: 447].

[107] Именно в это время состоялся союз Газана с амиром Наврузом. См. различные версии этого эпизода в [Thackston 1998, II: 1236–1244; Karimi 1988–1989, II: 867–878; 1994: 605–613].

вал себя ильханом в день 8 джумады 694 года (25 апреля 1295 года) [Boyle 1997: 374–375][108]. В этот момент Газан увидел давно ожидаемую возможность выступить из Хорасана в Тебриз, чтобы занять трон. По дороге он привлек на свою сторону влиятельных амиров и князей, а также, предположительно, местных жителей, поскольку в пути принял ислам[109]. На смотре своей крепнущей группы союзников он пожаловался на невыполненные обещания Байду, назвав это причиной для начала войны против своего кузена. Он заявил, что не получает «лагеря, женщин и наложниц своего отца, которые он обещал», предполагая, что Байду пытается присвоить женщин и их лагеря себе и тем самым нарушить обычай [Budge 2003: 504]. Чтобы избежать гражданской войны, нойоны каждой стороны встретились в орде уже упомянутой Тодай-хатун и договорились о распределении территорий и людей. Под контроль Газана были переданы некоторые члены царской семьи и доходы (инджю), получаемые из восточного и южного Ирана. Хотя казалось, что переговоры продвигаются к мирному урегулированию, прибытие подкреплений из Багдада для армии Байду привело к их провалу и отъезду нойонов Газана [Aubin 1995: 58].

Последовавшее за этим изменение баланса сил было изучено в другом месте; различные амиры сменяли друг друга, пока Газан не стал достаточно сильным, чтобы одолеть своего двоюродного брата[110]. Однако для целей нашего исследования важно признать, что в этом обмене людьми и доходами орды хатунов играли важную роль. Рашид ад-Дин, как представляется, считает важным еще раз упомянуть богатую орду Булуган, заявляя, что среди тех, кто покинул Байду и присоединился к Газану, были пажи (евну-

---

[108] Точную дату см. [Melville 2007: 17]; варианты дат см. [Ayati 2004: 160; Budge 2003: 500].

[109] Краткое изложение кампании можно найти в [Boyle 1997: 376–380]. О возможности того, что обращение Газана было политически мотивированным, см. [Amitai 1996: 1].

[110] Объяснение этого процесса см. в [Boyle 1997: 377–379; Aubin 1995: 56–60]. В конечном итоге Байду потерпел поражение и был убит в октябре — ноябре 1295 года [Holt 1983: 24; Melville 2007: 16–17].

хи) и что амиры решили отправить к принцу Газану орды Аргун-
хана, великой госпожи Булуган, Орук-хатун и принца Харбанды
вместе с другими принцами и передать его владения и казну.
Кроме того, со стороны Сапедрода (Сафидруда) Персия, Хорасан,
Кумис и Мазандаран, а также половина области Фарс и все *инджю*,
принадлежащие Газану, переходили к нему [Thackston 1968, II:
1249; 1994: 615; Banakati 2000: 455].

Таким образом, повествование Рашид ад-Дина вновь обращается к орде этой хатун, чтобы показать, что терпение Газана
в конце концов окупилось и доходы, слуги и воины, оставшиеся
ему от деда, вернулись в его владения, чтобы поддержать его
восхождение на трон. Первым шагом нового правителя после
победы над соперником была официальная женитьба по мусульманскому обычаю на Булуган-хатун «Моаззама», что тем самым
замкнуло круг, так как он получил и орду, и «замену» жене отца[111].
Использование Газаном ресурсов со стороны женщин в его
борьбе с Байду могло заставить его осознать, если он еще этого
не понял, какие богатства имелись в распоряжении хатунов.
Персидские визири, такие как Рашид ад-Дин при дворе Газана,
также могли принять это к сведению. Итак, когда в 1295 году
Государство Хулагуидов погрязло в финансовых трудностях,
неудивительно, что инициаторы политических и экономических
перемен рассматривали орды хатунов как важнейший экономический ресурс, который необходимо реформировать[112].

В одном из разделов «Джами' ат-таварих» Рашид ад-Дин рассказывает про реформы хатунских орд. Это не очень обширный
раздел, но в нем содержится полезная информация. Он начинается с описания анархии среди слуг хатун, которые обвиняли друг
друга в коррупции и грабеже казны и доходов [Там же: 1507–1508;

---

[111] От Газана у нее были сын (Алчу) и дочь (Олджай-Кутлуг), которая в итоге
стала главной женой Абу Саида [Hambly 2005: 82; Nava'i 1993: 54].

[112] О состоянии экономики и проблемах двора при взыскании доходов с провинций см. [Aubin 1995: 62–63]. По мнению Петрушевского, одной из причин
экономического кризиса в этот период был конфликт между «кочевым»
и «персидским» способами административного управления [Petrushevsky
1998: 491–494].

1994: 744–745]. Отдав всех слуг и управителей своих предшественников под суд за коррупцию, Газан издал указ, согласно которому доходы и содержание женских орд переходили в ве́дение и управление *сахиб-дивана*. Этот человек отвечал за установление размера налога, которые должны были платить хатуны, и за распределение доходов конкретного района между ордами соответствующих хатунов [Там же: 1508; 1994: 745]. Целью было избежать введения чрезмерного налогообложения и дублирования действий налоговых служб (из разных орд) в одном регионе[113]. Под контролем сахиб-дивана доходы должны были использоваться только для поддержания снабжения лошадьми, верблюдами, тканями и продовольствием для хатун, а в случае избытка деньги надлежало опечатывать в казне хатун и использоваться только в случае крайней необходимости [Там же]. Закон имел четкую цель рационализировать налогообложение и расходы одновременно, поставив их под контроль сахиб-дивана, что предполагало введение ограничений на экономическую власть женщин.

Помимо ограничения экономической автономии хатунов, эти меры, по-видимому, были попыткой реформировать традиционный способ передачи женских орд. Говоря о мерах по устранению проблем в их передаче после смерти правителя (подобных тем, которые возникли после воцарения Тегудера-Ахмада и Гайхату, упомянутых выше), Рашид упоминает, что Газан «наделил ими [имуществом орд хатунов] потомство мужского пола, а не женского. Эти энчу (инджю) отныне будут энчу и собственностью сыновей этой женщины». Кроме того, если у женщины не было сыновей, как в случае с Булуган-хатун «Бозорг», имущество принадлежало сыну умершего мужчины от другой его жены [Там же: 1509; 1994: 745]. Итак, если изучить эти распоряжения внимательно, мы обнаружим описание отношений Газана с ордой

---

[113] Интересен в этом отношении эпизод, рассказанный Рашид ад-Дином, в котором банды на рынках угрожали богатым купцам и вельможам, требуя денег. Он отмечает, что некоторые из этих групп были связаны с хатунами, предполагая, что монгольские орды до Газан-хана стали сильно нуждаться в деньгах [Thackston 1998, II: 1538; 1994: 761].

Булуган-хатун «Бозорг» и подтверждение прав нового правителя на обширные владения хатуны. Реформы, о которых говорится в повествовании Рашид ад-Дина, подтверждают право покровителя летописца взять под контроль доходы жен своего отца. Трудно оценить масштабы этих реформ и определить, в какой степени они были реализованы в Государстве Хулагуидов; однако, по общему мнению, они должны были оказать определенное воздействие на экономику [Amitai 2001b: 153; Morgan 1988: 115–129; Miller 1989: 78]. По словам самого Рашид ад-Дина, в его время все меры по контролю над женскими доходами были реализованы, и вся ответственность была возложена на канцелярию сахиб-дивана. Рашид иллюстрирует организацию доходов и права пользования имуществом хатунов со стороны двора, рассказывая, что незадолго до этого,

> когда возникла необходимость в дополнительных средствах для снабжения армии, он [Газан] приказал им выдать тысячу тысяч динаров для армии из их [дамских] сокровищниц. Таким образом, она была выплачена, и армия получила большую помощь. Никогда, ни в одну эпоху ранее, не было такого соглашения [Thackston 1968, II: 1509; 1994: 745].

В определенной степени присвоение центральным правительством ресурсов монгольских дам не прекратилось с приходом Газана, а продолжалось и в правление Абу Саида (1317–1335 гг.); Мустафи упоминает, что регент амир Чопан наложил штрафы непосредственно на Кутлуг-хатун [Browne 1910–1913: 148]. Это не означает, что женские орды исчезли из Государства Хулагуидов в XIV веке или что знатные женщины не сохраняли некоторую степень экономической независимости[114]. Здесь мы попытались рассмотреть степень успешности Газан-хана и его визирей, кото-

---

[114] Об этом свидетельствует стойкость некоторых орд, например орд Эль-Тузмиш, Кутлуг-хатун и Багдад-хатун, упомянутых выше. Тоганчук (также Тоган, которая была дочерью Абаки и женой Амира Навруза, имела орду, игравшую важную роль в дипломатии и в перераспределении богатств в Хорасане) [Thackston 1998, II: 1243; 1994: 612].

рыми командовал Рашид ад-Дин, в ограничении характера участия женщин в экономике этого региона. Они сделали это в первую очередь за счет изменения способа передачи орд хатунов. Такая трансформация экономического статуса хатунов была элементом процесса централизации, который происходил в Государстве Хулагуидов с последнего десятилетия XIII века и далее. Я бы предположил, что существует связь между этим ограничением экономической власти женщин и исчезновением терпимости к женскому регентству в южных районах монгольских владений. Это уменьшение экономического и политического влияния женщин было частью стремления к централизации управления и ресурсов с целью создания большего политического, экономического и религиозного единства в монгольском Иране.

Глава 5
Монгольские женщины и религиозные верования Евразии

Хотя существует обширная вторичная библиография, посвященная различным аспектам религии в Монгольской империи [Gronke 1997; Bausani 1968; Calmard 1997; Cordier 1917; Jackson 2009; Khazanov 1994; Roux 1984], уместно подчеркнуть тот факт, что у монголов был свой собственный набор верований и религиозных практик, обычно именуемых шаманизмом, которые разделяли большинство кочевых обществ Северной Азии. По мере роста империи собственная религиозная среда монголов вступала в непосредственный контакт с религиозной средой завоеванного населения. Эта встреча выявила не только сходства и различия между ними, но и сыграла свою роль в формировании религиозного ландшафта Монгольской империи. В этом контексте в настоящей главе рассматривается взаимодействие женщин и религии в различных областях империи в XIII и XIV веках.

Это столкновение между монгольским пониманием религии и религиями покоренного ими населения вызвало изменения в верованиях как монгольских правителей, так и подвластного им населения, и возникшее в результате этого взаимодействие этих двух групп интерпретировалось по-разному. С одной стороны, некоторые ученые считали, что монголы эксплуатировали религию в политических целях[1]. Отношение завоевателей рассматривается

---

[1] Джексон объясняет задачами *realpolitik* описания «религиозной терпимости», встречающиеся в источниках и преувеличенную учеными в этой области [Jackson 2004]; аналогичный взгляд на каракитаев см. в [Biran 2004b].

как управляемое *realpolitik*, когда религия поощряется или преследуется просто для того, чтобы контролировать подвластное население. С другой стороны, некоторые ученые полагают, что доимперское мировоззрение монголов могло сыграть определенную роль в том, что они отдавали предпочтение той или иной религии или, по крайней мере, той или иной секте или школе в рамках данного вероучения. Как это обычно бывает с историческими трудами, оба аргумента, похоже, имеют прочные основания в зависимости от того, где и когда историки искали доказательства.

Начиная с противостояния Чингисхана и шамана Теб-Тенгри на раннем этапе становления империи, монголы осознавали политическую угрозу, которую могли представлять влиятельные религиозные лидеры для политического могущества монгольских ханов [Khazanov 1994: 16, 21]. Когда Чингисхан прибыл в Бухару во время первого монгольского вторжения в Центральную Азию, он вошел в мечеть в пятницу, выгнал оттуда духовных лиц и заявил с кафедры, что он здесь потому, что он есть «кара Божья» [Qazvini 1912–1937, I: 28–29; Boyle 1997, I: 39; Rachewiltz 2004: § 245]. Нам никогда не узнать наверняка, действительно ли Чингисхан произнес эту речь, но изгоняющий религиозных лидеров с кафедры хан — это впечатляющий образ, использованный персидским историком Джувайни, который иллюстрирует влияние монгольского завоевания на религии Евразии [Qazvini 1912–1937, I: 103–105; Boyle 1997, I: 80–81; Rawshan, Musavi 1994, I: 499–500; Thackston 1998: 246–247; Atwood 2004a: 254].

Несмотря на этот пример, в целом считается, что монголы были терпимы к верованиям населения, предоставляя свободу культам и отдавая предпочтение религии, если ее последователи не бросали вызов политическому господству монголов [Jackson 2004; Atwood 2004a: 238; Morgan 2007: 199]. Однако выборочное покровительство по отношению к верованиям как способ господства над завоеванным населением также известен на территории империи [Katz 2002: 165][2]. Эта стратегия применялась,

---

[2] О секте Цюаньчжэнь см. [Marsone 2002; Ts'un-Yan, Berlina 1982]. Похожая история упоминается в описании похода Хулагу [Rawshan, Musavi 1994, II: 1013; Thackston 1998: 496]. О дворе Хубилая в конце его правления см.

например в Иране, где христиане и даже евреи занимали важные посты в администрации, по крайней мере до обращения Газан-хана в 1295 году [Boyle 1968: 369–370]. Однако для Монгольской империи также было характерно неприятие ее правителями религии в любой институционализированной форме. Возможно, причиной этого была стратегия монголов, направленная на предотвращение создания религиозными лидерами каких-либо политических структур, которые могли бы соперничать с властью императора. Возможно, в этом отношении присутствовал и внутренний монгольский компонент, уходящий корнями в исконный шаманизм, тенгрианство Сибири и Монголии[3]. Под «шаманизмом» здесь мы не имеем в виду концепцию, выдвинутую Мирчей Элиаде в его знаменитой работе [Eliade 1964]. Напротив, «шаманизм» здесь относится к группе религиозных практик, которые применялись в среде монголов в XII и XIII веках [Humphrey 1994: 191–192]. Функции шамана (*бёё* или *бёге*) или шаманок (*идуган* или *идуян*) не были четко определены во времена Чингисхана, или же просто имеющаяся у нас информация скудна и запутанна. Ученые сходятся во мнении, что шаманизм не имел организованной церковной структуры в доимперской Монголии и что шаманы были тесно связаны с христианскими священниками, буддийскими монахами и, позднее, мусульманскими шейхами в монгольских ордах [Khazanov 1994: 12].

Отказ от институционализированной религии также объясняет принятие христианства некоторыми монгольскими сообществами, о чем повествует несторианский монах Григорий Бар-Эбрей как о поступке, не означающем подчинение вселенской церковной

[Rawshan, Musavi 1994, II: 951; Boyle 1971: 302–303; Ts'un-Yan, Berlina 1982: 508–509; Rossabi 1981]. О Гуюке см. [Banakati 2000: 393; Kim 2005: 312]. Марко Поло также отмечал наличие христианского губернатора в Маньчжурии [Polo 1903, II: 177].

[3] Термин «тенгрианство» используется «для обозначения того факта, что государственные образования среди тюрко-монгольских обществ Внутренней Азии использовали понятие "небо" (небеса) в качестве привилегированной идеологической опоры» [Hamayon 1994: 87, прим. 13; Znamenski 2004: 176, прим. 14].

власти [Togan 1998: 60–62; Dunlop 1944: 277–278][4]. Аналогичным образом, принимая такие «китайские» верования, как даосизм и буддизм, монголы избегали присоединения к институционализированной религии. Этим можно объяснить их ранний интерес к секте даосизма Цюаньчжэнь, исходной ветви этой школы мысли, которая не требовала от хана какой-либо покорности главе ордена[5]. Яркой иллюстрацией подчинения религии власти хана служит путешествие даосского монаха Чанчуня из Северного Китая в Центральную Азию на встречу с Чингисханом. В документе, дошедшем до наших дней, ясно сказано, что старый монах был не просто приглашен, а получил приказ отправиться на встречу с Великим ханом. В «Сянь юцзи» записано, что об отказе учителя не могло быть и речи [Waley 1931: 51]. Таким образом, отношения подчиненности между религиозным лидером и ханом прослеживаются с самого начала: монгольский завоеватель повелевал поступками уважаемого даосского учителя [Там же: 70].

Однако «адаптация» монголов к китайской религии, или, скорее, поиск монголами религии для «монгольского Китая», не было простым делом. Одним из способов, с помощью которого новые правители пытались выбрать религию и одновременно сформировать ее, была организация религиозных дебатов между даосскими и буддийскими богословами[6]. Как представляется, ламаистский буддизм предлагал наилучшие условия для приспособления завоевателей к религиозной среде покоренного Китая. Хотя они отдавали предпочтение ламаизму с момента назначения Пагба-ламы государственным наставником в 1268 году, монголы не пренебрегали и другими китайскими традициями [Rossabi 1989: 144; Ts'un-Yan, Berlina 1982: 479]. Дебаты и меняющиеся

---

[4] Неудача (или ограниченный успех) в распространении среди кочевников католического, православного или несторианского христианства была связана с тем, что монголы «боялись», что обращение в христианство поставит под угрозу их независимость [Khazanov 1994: 24].

[5] О происхождении секты Цюаньчжэнь см. [Marsone 2002; Hawkes 1981; Yao 1986].

[6] Источники, посвященные буддийско-даосским дебатам в период правления династии Юань, см. в [Kubo 1968: 40–42]. О дебатах см. [Kubo 1968: 43, 45].

предпочтения среди сменяющих друг друга монгольских правителей в отношении различных религий, по-видимому, были факторами, способствовавшими предотвращению возникновения религиозной традиции, обладающей достаточной силой, чтобы соперничать с ханской властью[7]. Был ли этот процесс осознанным или неосознанным, трудно оценить, но он помогал монголам удерживать религию под своей «светской» властью, начиная с Чингисхана и Теб-Тенгри и до династии Юань.

Когда дело дошло до контактов с исламом, повествования о завоевании Чингисханом Центральной Азии подчеркивают двойную стратегию: пренебрежение к *улама*[8] и предпочтение конкретных мусульманских ученых [Budge 2003: 382; Qazvini 1912–1937, I: 81; Boyle 1997: 104]. Во время первого вторжения монголы вступили в контакт с исмаилитами Аламута, ветвью ислама, которая обладала и институционализированной организацией, и политическим контролем над территориями в Иране[9]. Отношения между завоевателями и исмаилитами, по-видимому, сначала складывались как военное сотрудничество перед лицом общего врага, султана Джалал ад-Дина (пр. 1220–1231). Но этому политическому взаимопониманию пришел конец, когда монголы решили продолжить наступление на Средний Восток и подчинить себе регионы, находившиеся под влиянием исмаилитов. При правлении Мунке-хана (пр. 1251–1259) Хулагу предпринял военный поход в Иран, постепенно заручившись поддержкой таких местных династий, как Курты из Герата и кутлугханиды из Кермана. В ходе этого наступления даже исмаилиты отправили к Хулагу послов с изъявлением покорности [Boyle 1997: 303–335; May 2004: 239; Houdas 1891–1895, I: 262; Lane 2003: 23]. Персидские источники упоминают, что решение разрушить крепость Аламут

---

[7] Об использовании этого вида пропаганды на Кавказе см. [Jackson 2005: 49].

[8] Араб. علماء; мн.ч. от «алим» — ученые, образованные люди. Обычно подразумевают людей, обладающих фундаментальными исламскими знаниями и ведущих соответствующий этому образ жизни. Иное написание: уляма, алимы, улемы; см. также Глоссарий. — *Примеч. пер.*

[9] О крепости Аламут см. [Encyclopaedia; Hodgson 1968; Daftary 1996; Jamal 2002; Lewis 2003].

было вызвано тем, что Мункэ-хан понял, что «ассасины» исмаилитов начали проникать в монгольские ряды [Habibi 1963–1964, III: 181–182; Raverty 1881: 1189–1196; Qazvini 1912–1937, III: 106; Boyle 1997: 617–618; Rawshan, Musavi 1994, II: 974]. Тем не менее, если Хулагу намеревался остаться на Среднем Востоке, то уничтожение исмаилитов преследовало двойную цель. Во-первых, это устранило бы их политическую оппозицию и, во-вторых, обеспечило бы монголам поддержку других местных династий в Иране, тем самым придав легитимность их правлению[10].

Устранение с политической сцены влиятельных религиозных авторитетов открыло Средний Восток для других религий, таких как несторианское христианство и буддизм [Khanbaghi 2006: 64][11]. Но удаление институционализированной религии из региона также создало возможность для процветания иных толкований ислама. Вряд ли можно считать совпадением тот факт, что суфизм начал распространяться по Среднему Востоку и Центральной Азии начиная с XI века. С приходом в регион династии сельджукидов (ок. XI–XIII вв.), исламизированной полукочевой ветви тюрков, началось медленное, но неуклонное распространение этого мистического аспекта ислама. Монголы ускорили этот процесс [Lewisohn 1999: 33; Nasiri 1972]. Суфизм, по всей видимости, претерпел постепенную институционализацию, в ходе которой последователи определенного религиозного лидера становились основателями суфийских орденов (*тарика*, множественное число *турук*), но полностью сформировался только в XIV веке[12]. Со времен правления Тегудера-Ахмада и особенно после обращения Газан-хана в ислам члены монгольской правя-

---

[10] Аналогично можно истолковать поражение и казнь халифа в 1258 году [Boyle 1961: 145–161]. Обсуждение источников о падении Багдада см. [Wickens 1962: 23–35]. О спасении Насир ад-Дина Туси из крепости Аламут и о его религиозных убеждениях см. [Daftary 1998: 148].

[11] Рашид ад-Дин говорит, что «Аргун-хан был очень предан бакши (буддийским священникам) и следовал их пути» [Rawshan, Musavi 1994, II: 1177–1178; Thackston 1998: 573–574; Jackson 2005: 176].

[12] В качестве примера можно привести случай с орденом Сефевие [Gronke 1997: 226].

щей семьи поддерживали тесные отношения с суфийскими наставниками [Amitai 1995: 104].

Подводя итог, можно сказать, что религия монголов до прихода Чингисхана обычно описывается как «политеизм, вера в верховное божество, вооруженное конное божество, почитание Неба, Земли, Воды и Огня, поклонение предкам, медитация в форме шаманских практик, жертвоприношения людей и домашних животных и т. д.» [Khazanov 1994: 12]. Но не менее важным, чем эти практики, было отсутствие институтов Церкви и священства, которые присутствовали в завоеванных ими оседлых сообществах. Возможно, из-за этого примитивного представления о религии и недопущения религиозной оппозиции своему политическому господству, монголы способствовали возникновению новой секты даосизма (секта Цюаньчжэнь), усилили несторианство (менее иерархическую форму христианства, чем его католический аналог), развили тибетский буддизм и поддержали развитие мистических направлений в исламе (суфизм) на Среднем Востоке и в Центральной Азии. Это породило новую религиозную ситуацию, особенно на Среднем Востоке, где религии с небольшим количеством последователей, как, например, христианство или буддизм, могли, по крайней мере на первых порах, завоевать адептов и приобрести привилегии. Это также привело к созданию народных религиозных форм в исламе, которые быстро вошли в контакт с новой правящей элитой. Именно это политическое применение религии вместе с расцветом ее неинституционализированных форм сформировало религиозную среду, в которой жили монгольские женщины.

Личная вовлеченность женщин в религию: религиозность и взаимодействие с религиозными лидерами от шаманизма до ислама

Женщины присутствовали в духовном мире монголов до возвышения Чингисхана: в виде богинь и в форме поклонении женщинам-предкам. Что касается богинь, Олсен отмечает, что, особенно среди монголов Белой и Золотой орд Русской степи, религиозная система основывалась на дуализме богов, представленных Кок Мункэ Тенгри (Вечное Синее Небо) и Начигай/Этюген, которые управляли «семьюдесятью семью земными богами»[13]. Интересной частью такой небесно-земной концепции является то, что второй бог «всегда олицетворялся как женщина и носил эпитет *eke*, или "мать"» [Allsen 1985–1987: 31; Polo 1903, I: 256–260; Polo 1938: 170–171]. Что касается поклонения предкам, есть интересный рассказ о том, как Чингисхан совершал ритуалы в честь своей женщины-предка Алан Коа, что свидетельствует о большом значении женщин в монгольской религиозной среде [Rawshan, Musavi 1994, I: 150; Thackston 1998: 81]. Эти ритуалы проводились шаманами, которые выступали в качестве посредников между этими божествами и людьми. Шаманы пользовались большим уважением, поскольку они пророчествовали, предсказывали будущее и толковали предзнаменования, а также приносили жертвы предкам [Rachewiltz 2004: § 63, 328–329; § 174, 629]. Эти ритуалы включали в себя сжигание костей, почитание Неба, Воды, Земли и Огня, а также танцы и песнопения, среди прочего, все действия, похожие на те, которые совершали другие скотоводческие группы в древние и средневековые времена [Khazanov 1994: 12][14].

Шаманки и женщины, активно участвующие в религиозных ритуалах, описаны со времен самой ранней истории монгольского народа [Atwood 1996: 123]. Наиболее подтвержденный документально пример этого касается спора между Оэлун и женами Амбакая после смерти отца Темучина, который упоминался в главе 1. Как мы видели, рассказ об исключении матери Темучина из церемонии исполнения ритуала имеет политическую интерпретацию, но помимо этого указывает на роль, которую могли играть знатные женщины в религиозных ритуалах монголов в доимперские времена [Rachewiltz 2004: § 70]. Тем не менее в этот ранний период не было четкого определения роли шаманов,

---

[13] Об этом женском божестве см. [Lot-Falck 1956: 157–196].

[14] См. примеры таких практик в [Rachewiltz 2004: § 63; Dawson 1955: 12].

что затрудняет оценку вовлеченности женщин в шаманские практики, помимо примера Оэлун[15].

Если свидетельств о присутствии женщин-шаманов в ранней империи мало, то эпизоды религиозной практики женщин документированы лучше[16]. Один из примеров приводится в «Тайной истории монголов», где упоминается, как найманская владычица Гурбесу-хатун попросила принести ей голову кераита Онг-хана, чтобы она могла совершить жертвоприношение в его честь [Там же: § 189, 110][17]. В источниках можно найти и другие эпизоды гадания и шаманизма в период монгольской экспансии, в которых участие женщин обычно приобретает негативный оттенок[18]. Женщины обычно не присутствуют при этом, а любое их участие, как правило, приобретает негативный оттенок. Например, и мусульманские, и христианские летописцы обвиняют тех монгольских женщин, которые непосредственно участвуют в шаманских ритуалах, в колдовстве и ведьмовстве, используя эти обвинения для дискредитации их политических навыков. Например, в имперские времена Фатима-хатун, советница императрицы Дорегене-хатун, была обвинена в колдовстве. Ее обвинили в том, что она вызвала болезнь Кётена, сына Угедэя, который открыто выступал против правления этих двух женщин. Когда Кётен умер, Гуюк-хан, который собирался взять управление империей в свои руки, был вынужден по приказу своего министра Чинкая допросить Фатиму из-за этого обвинения. Под пытками она призналась в содеянном и была подвергнута жестокой казни [Rawshan,

---

[15] О роли шаманов в алтайских обществах см. [Gibson 1997; Lot-Falck 1977; Rawshan, Musavi 1994, I: 643–644; Boyle 1971: 38–39; Qazvini 1912–1937, III: 3–4; Boyle 1997, II: 549; Rachewiltz 2004: § 272; Heissig 1990: 223]. У Бар-Эбрея есть ссылка, где шаманы описываются как «женщины-мужчины» [Budge 2003: 366].

[16] См. историю Тёры Гаймыш в главе 1.

[17] Об этом ритуале см. [Kahn 1996: 98].

[18] См., например, участие мужчины-шамана в описании ритуала «вызова дождя», упомянутого Рашид ад-Дином во время похода Толуя в Китай [Rawshan, Musavi 1994, I: 641; Boyle 1971: 36–37]. Об этом ритуале см. Джадамиши (جادمیشی) [Doerfer 1963: 286–289].

Musavi 1994, II: 802–803; Boyle 1971: 179; Banakati 2000: 393]. Христианские источники пересказывают эту историю, подчеркивая, что обвинения в колдовстве были ложными, тем самым подразумевая, что решение Гуюка казнить своего политического соперника стало причиной раздора между матерью и сыном [Budge 2003: 411]. В политически неспокойное десятилетие 1240-х годов те же обвинения были выдвинуты против других женщин — членов правящей семьи, таких как вторая императрица Монгольской империи Огул-Гаймыш (пр. 1248–1250). Рубрук упоминает, что слышал из «собственных уст» Мункэ-хана, что Огул «была худшей из ведьм и своим колдовством она уничтожила всю свою семью» [Dawson 1955: 203]. Неизвестно, исходил ли рассказ о колдовстве непосредственно от самого хана, но кажется очевидным, что при дворе Мункэ, особенно среди христианских подданных, с которыми встречался монах Гильом, существовала связь между этими влиятельными женщинами и практикой колдовства и ведьмовства[19].

Казни женщин на основании обвинений в колдовстве не ограничивались 1240-ми годами. Обвинения в измене и колдовстве были использованы Хулагу в Иране для казни Балакан, наследницы Джучи по мужской линии, незадолго до того, как в начале 1260-х годов началась вражда между Государством Хулагуидов и Золотой Ордой [Rawshan, Musavi 1994, I: 738–739; Boyle 1971: 122–123]. Другой пример связан со смертью ильхана Аргуна в 1291 году. Одним из объяснений его быстрой болезни и смерти было лекарство, предоставленное буддийскими монахами. Близкие отношения, которые правитель имел с адептами этой религии, заставили его принять «лекарство» от индийского монаха, известного своим долголетием, в надежде продлить собственную жизнь. Аргун принимал эликсир в течение девяти месяцев, но в конце концов у него развилась хроническая болезнь, которая, возможно,

---

[19] Рашид ад-Дин не обвиняет Огул в колдовстве, но упоминает, что ее постигла скверная смерть в орде Сорхахтани-беки [Rawshan, Musavi 1994, II: 839; Boyle 1971: 215]. Об этом приговоре также упоминает Марко Поло [Polo 1938, I: 362–363].

и стала причиной его смерти [Rawshan, Musavi 1994, II: 1179; Thackston 1998: 574]. Шаманы двора утверждали, что смерть ильхана была вызвана колдовством, что свидетельствует о некоторых межрелигиозных противоречиях при дворе Аргуна. В этом случае виновной была признана женщина (Тогхачак-хатун), и после пыток «она и несколько других женщин были брошены в реку» [Rawshan, Musavi 1994, II: 1180; Thackston 1998: 575].

Скудная информация, которой мы располагаем об отношениях монгольских женщин к шаманизму, указывает на двойственность этого феномена. С одной стороны, кажется, что некоторым женщинам разрешалось совершать религиозные ритуалы в качестве шаманов и они активно участвовали в обрядах этих верований. С другой стороны, это же участие в религиозных ритуалах, по-видимому, использовалось в политических целях по мере расширения империи, а обвинения в колдовстве и чародействе, как правило, использовались по политическим причинам, как описано в христианских и мусульманских источниках. Очевидно, мы можем изучить отношения между женщинами и шаманизмом в этот период лишь поверхностно, поскольку имеющиеся письменные материалы скудны и трудны для интерпретации. Однако по мере роста империи и включения других регионов в состав монгольских владений информация становится более разнообразной, а присутствие женщин в религиозной среде империи — более заметным.

Первые контакты: женская религиозность перед лицом восточного христианства и китайских «религиозных» традиций

Быстрая экспансия империи в первой половине XIII века способствовала контактам женщин с другими вероучениями Евразии. Некоторые из этих религий, такие как буддизм и несторианское христианство, были известны в Степи еще до завоеваний Чингисхана [Hunter 1989–1991: 142–163; Khazanov 1994: 24; Dickens 2001].

Неудивительно поэтому, что большей частью ранняя женская религиозность была связана с этими двумя конфессиями. Тем не менее информация о взаимодействии женщин с такими «китайскими» религиями, как даосизм и буддизм, довольно ограничена. Мы располагаем, однако, сведениями об уже упомянутой встрече между Чингисханом и даосским монахом Чанчунем, состоявшейся в Афганистане в 1221 году после того, как монгольский хан временно оставил свой лагерь в Центральной Азии для продолжения военных кампаний против очагов сопротивления Империи Хорезмшахов. Этот прямой контакт и некоторые из ранних политических мер Монгольской империи по отношению к этой конкретной даосской секте (обычно называемой сектой Цюаньчжэнь) позволяют предположить определенную первоначальную благосклонность монголов к этому религиозному направлению. Однако нет никаких упоминаний о постоянном взаимодействии между этой сектой и какими-либо монгольскими женщинами [Waley 1931: 134][20]. В этом рассказе только мимоходом упоминается о подарках, отправленных Чанчуню двумя принцессами, жившими в лагере Чингисхана в Афганистане. Однако они не были монголками, поскольку одна являлась дочерью тангутского правителя, а другая — принцессой бывшей династии Цзинь в Северном Китае [Там же: 71]. Похоже, что на этом этапе даосизм оставался для монголов «чуждой» религией и хатуны не обращали особого внимания на этого святого человека.

Буддизм добился большего успеха, чем его даосский соперник, но ему пришлось подождать несколько лет, пока Хубилай-хан не получил титул Великого хана, а его жена Чабуй стала императрицей китайской династии Юань, чтобы оказать реальное влияние на принятие решений в империи [Rawshan, Musavi 1994, II: 865; Boyle 1971: 242]. Чабуй была «ревностной буддисткой и, в част-

---

[20] Другой случай непосредственного общения женщин с даосским учителем касается времени, когда некоторые бывшие супруги китайского императора Цзинь отправились приветствовать Чанчуня при Монгольском дворе [Waley 1931: 73].

ности, ее привлекал тибетский буддизм» [Rossabi 1994: 416; Buell 2010]; в «Юань ши» имеется ее краткая биография, но ничего не говорится о ее личной религиозности[21], то есть она активно навязывала эту ветвь буддизма своему мужу, в итоге склонив чашу весов в его пользу по отношению с конкурирующим с ним даосизмом [Bira 1999: 242], но хотя ее близость к тибетским ламам очевидна, до нас не дошло никаких упоминаний о ее участии в религиозных ритуалах или ее верованиях [Petech 1990: 139–140]. Наш доступ к китайским источникам при написании этой работы был довольно ограничен, что может объяснить недостаток описания религиозности монгольских женщин в юаньском Китае, и, возможно, другие исследования смогут дополнить этот краткий обзор. Таким образом, для изучения личной религиозности монголок наше внимание сосредоточено на западной экспансии монгольской державы, по которой в нашем распоряжении имеется доступ к большему количеству источников.

Когда мы обращаемся к христианским источникам, информация о женщинах более обширна. Еще в 1940-х годах ученые отмечали, что среди монголов имелись женщины-христианки; Дуглас М. Данлоп заметил, что они принадлежали в основном к народу кераитов [Dunlop 1944: 276–289]. Вероятно, из-за высокого положения, которое кераиты занимали в степном политическом балансе до военной экспансии монголов, многие из этих женщин были замужем за членами ханской семьи, причем джучиды и толуиды, соответственно, линии старшего и младшего сыновей Чингисхана, заключали больше браков с кераитскими женщинами (см. рис. 4.1). Например, Сорхахтани-беки, Докуз-хатун и Ибака-беки оставили свидетельства своего политического вмешательства в религиозную жизнь Монгольской империи [Budge 2003: 435; Bedrosian 1986: 327][22]. Однако отношения между

---

[21] Переводы биографии Чабуй в «Юань ши» см. [Cleaves 1979–1980: 138–150; Zhao 2008: 239–241].

[22] В отдельных случаях они также продвигали доверенных религиозных деятелей в церковную иерархию, см. [Budge 1928: 3; Rawshan, Musavi 1994, II: 963; Thackston 1998: 472].

этими женщинами и христианством не ограничивались политикой; существовало и личное измерение [Budge 2003: 398][23].

При изучении христианских источников складывается впечатление, что их авторы испытывали острую потребность подчеркнуть приверженность хатунов своей христианской вере [Rawshan, Musavi 1994, II: 823; Boyle 1971: 200; Banakati 2000: 400]. Аналогичным образом мусульманские источники упоминают о принадлежности женщин к христианству, но по возможности выделяют их поддержку ислама [Polo 1903, I: 242]. В большинстве источников говорится о политически влиятельных христианских женщинах среди монголов, но упоминаются и отдельные случаи непосредственного общения женщин с христианскими священниками и участия их в ритуалах. Например, Марко Поло упоминает, что в шатре одной из жен Чингисхана несторианский священник провел ритуал гадания, который предсказал победу монгольского правителя над кераитским предводителем Онг-ханом. Явно пытаясь передать идею благосклонного отношения Чингисхана к христианству, венецианский путешественник упоминает, что с тех пор, как Чингисхан «нашел христиан, говорят правду, он всегда относился к ним с большим уважением и считал их людьми истины на все времена» [Там же: 243, прим. 2]. Эта история могла быть выдумкой, написанной Поло задним числом, но для нас важен тот факт, что эти священники, похоже, присутствовали в ордах ханских жен, к их услугам обращались, когда требовалось предсказать будуще. В одном из рассказов, приписываемых Георгию Бар-Эбрею, сообщается, что Чингисхану приснился сон, в котором ему явился религиозный человек и предложил сделать его успешным завоевателем. Чингисхан обратился к одной из своих жен-христианок, дочери Онг-хана, которая узнала в описании этого «епископа» человека, который посещал ее отца [Guzman 1974]. Этот несторианский священник идентифицируется как «Раббан» Винсентом из Бове, который

---

[23] Здесь явно прослеживается намерение связать эту монгольскую женщину с двумя приверженцами средневекового христианства [Olschki 1960; Pirenne 1992].

добавляет, что священник состоял в орде этой дамы [Rawshan, Musavi 1994, I: 196–197, 303; Thackston 1998: 104, 148–149; Rawshan, Musavi 1994, II: 673–674; Boyle 1971: 65–66][24]. Данная история не встречается в других источниках, и, поскольку Чингисхан не был женат на дочери Онг-хана, мы вынуждены сомневаться в ее достоверности [Hayton: гл. 24; Lane 2006: 192]. Однако если автор этого источника пытался установить связь между Чингисханом и христианством в пропагандистских целях, он должен был сделать это, создав более правдоподобный контекст, чтобы его повествование было убедительным. Следовательно, даже если этого никогда не происходило, описанные в этой истории события служат примером близости между женами монгольских ханов и религиозными лидерами, которая зафиксирована в различных христианских свидетельствах.

Правление Мункэ-хана (1251–1259) также было интересным периодом в религиозной истории монголов с точки зрения христианства. Помимо дебатов между буддистами и даосами, экспедиций против исмаилитов и халифа в Багдаде, христианство проникло в его ставку. Только в одном источнике говорится о том, что Мункэ-хан принял христианство, и достоверность этого утверждения опровергается современными историками [Rawshan, Musavi 1994, I: 100; Thackston 1998: 55][25]. Однако, если оно не впечатлило самого хана, христианство, похоже, широко распространилось среди некоторых его жен. Одной из них была Огул-Гаймыш, дочь вождя народа ойратов во времена Чингисхана, которая сначала была замужем за Толуем, а затем перешла к Мункэ после смерти его отца [Dawson 1955: 154; Rockhill 1900: 172]. Хотя Огул-Гаймыш уже умерла, когда в 1254 году монах Гильом де Рубрук отправился к Великому хану Мункэ, священника все же отвели в ее жилище, потому что оно «принадлежало

---

[24] Как предположила Энн Бродбридж в личном пояснении, возможно, что в этой истории речь идет о женитьбе Чингисхана на Ибака-беки, племяннице Онг-хана кераитов.

[25] Она родила от Мункэ Ширин-хатун и Бички-хатун [Rawshan, Musavi 1994, II: 820; Boyle 1971: 198].

одной из его жен [Огул-Гаймыш], христианке, которую он сильно любил» [Dawson 1955: 166; Rockhill 1900: 190–191]. Интересно наблюдать за дипломатией, проявленной здесь монголами: представлялось уместным по протоколу (если таковой существовал) принимать христианского священника в шатре жены-христианки, даже если она была уже мертва.

Дочь Огул-Гаймыша, Ширин-хатун (Цирина Катен в приведенной ниже выдержке), упоминается в качестве хозяйки орды своей матери. В компании других религиозных деятелей Рубрук был приглашен

> в жилище молодой фаворитки Цирины, которая находилась за большим домом, принадлежавшим ее матери. Когда появился крест, она распростерлась на земле и поклонилась ему с большой преданностью, так как была хорошо обучена в этом отношении, и положила его на видное место на шелковой ткани[26].

Очевидно, что это ссылка на исполнение религиозных ритуалов монгольскими женщинами, требующих не только обучения религиозным ценностям, но и непосредственного взаимодействия с религиозными лидерами, которые исполняли эти церемонии для женщин. В самом деле, в рассказах Рубрука есть примеры того, как он вместе с другими религиозными лидерами посещал некоторых ханских жен, чтобы предложить не просто духовное утешение, но, что более важно, провести ритуалы с целью исцеления и борьбы с магическими чарами [Dawson 1955: 165; Rockhill 1900: 190].

Невозможно обобщать, но в этой истории можно увидеть что-то об отношении женщин к религии в этот центральный период империи. Кутай-хатун, жена Мункэ, характеризуется как «язычница», что, скорее всего, означает, что она не была крещена

---

26 Одним из примеров этого является визит, нанесенный другой царской жене при дворе Мункэ, женщине по имени Кутай-хатун (в рассказе Рубрука ее зовут Кота). Кроме Рубрука, единственное упоминание о ней мы нашли у Рашид ад-Дина, где она упоминается как одна из жен Мункэ [Rawshan, Musavi 1994, II: 853; Boyle 1971: 228].

и в глазах христианского священника являлась «шаманкой». Однако его вызывают в ее орду в сопровождении христианского монаха, потому что дама больна и не может встать с постели. Монах заставил ее встать с оттоманки и поклониться кресту, трижды преклонив колени и приложившись лбом к земле; он встал с крестом на западной стороне жилища, а она — на восточной. После этого они поменялись местами, и монах пошел с крестом на восточную сторону, а она — на западную; затем, хотя она была так слаба, что едва могла стоять на ногах, он велел ей снова встать на колени и трижды поклониться кресту на востоке по христианскому обычаю, что она и сделала. Он также научил ее осенять себя крестным знамением [Clark 1973: 186][27].

После этого визита состояние женщины ухудшилось, а шаманы не предложили никакого решения. Тогда Мункэ послал за монахом, который сопровождал Рубрука, и попросил его что-нибудь сделать, иначе ему придется отвечать своей жизнью. В отчаянии монах попросил Рубрука и его спутников помолиться за госпожу и приготовил снадобье из некоего корня, смешанного со святой водой, приготовленной самим Гильомом. После этого монах, Гильом и два несторианских священника отправились навестить женщину и провели ритуал, похожий на тот, что был проведен с Ширин, с крестом и чтением над ней Евангелия. Они заставили ее выпить святую воду и смесь корня, и «наконец почувствовав себя лучше, она приободрилась и приказала принести четыре *яскота* серебра» и раздать их этим религиозным людям [Rockhill 1900: 194–195]. Мункэ был впечатлен, он взял крест в руки и разрешил «нести крест высоко на пике»[28]. Примечательно, однако, что, несмотря на ее участие в этих ритуалах и периодические посещения христианскими священниками

---

[27] Полностью рассказ можно найти в [Dawson 1955: 167–168; Rockhill 1900: 192–194]. Юл сравнивает этот ритуал у корсаров Варварийского берега, о котором рассказывал Мельхиседек Тевено в XVII веке [Polo 1903, I: 242–243].

[28] Подобный случай, как упоминается, имел место в Золотой Орде в XIV веке, когда жена Узбек-хана (пр. 1312–1342), некая Тайдула-хатун, приняла христианского митрополита по имени Алексей для исцеления от болезни [Ostrowski 1998a: 22].

и монахами, нет никаких признаков того, что эта женщина приняла христианство. Рубрук обвиняет несторианских священников в том, что они не крестили ее, но похоже, что это было более синкретическое понимание религиозной практики, с языческими элементами, смешанными с теми несторианскими ритуалами, которые оказались «эффективными». Рубрук также обвинял несторианских священников в том, что они не осуждали «любую форму колдовства»; неудивительно, что ему особенно не понравился весь этот синкретизм, когда в комнате Кутай он увидел христианский серебряный потир вместе с «четырьмя мечами, наполовину вынутыми из ножен» вокруг кровати женщины и черный камень, висевший на стене[29]. Описание Гильома де Рубрука указывает на то, что Кутай не была приверженкой христианства, и предполагает, что хатун включила христианские ритуалы в набор церемоний, связанных с ее крайне синкретическим набором верований [Rawshan, Musavi 1994, I: 161–162; Thackston 1998: 87; Rawshan, Musavi 1994, II: 820; Boyle 1971: 197; Rachewiltz 2004: § 120]. Конечно, нельзя распространять эти обобщения на всех монгольских женщин и даже на других жен Мункэ-хана.

Главной женой Мункэ во время его восшествия на престол была Кутуктай-хатун [Rawshan, Musavi 1994, II: 820; Boyle 1971: 197]. Она родила ему сына и дочь и была преданной христианкой при дворе своего мужа [Dawson 1955: 161; Rockhill 1900: 184]. Она часто посещала несторианскую церковь и буддийские храмы, которые находились при дворе. Рубрук присутствовал в церкви и видел, когда она простерлась ниц, приложившись лбом к земле по несторианскому обычаю, затем они коснулись всех статуй правой рукой, всегда целуя руку после этого; затем они протянули свою правую руку всем присутствующим в церкви, ибо таков был обычай несториан при входе в церковь [Rossabi 1979: 167][30].

---

[29] Считалось, что черный камень приносит удачу и процветание [Rockhill 1900: 195].

[30] Рубрук не уверен, была ли она крещена или нет, но он видел, как для дамы «принесли серебряную чашу» [Dawson 1955: 161; Rockhill 1900: 184].

Эта женщина не только активно участвовала в религиозных ритуалах, но и, похоже, заранее была хорошо информирована об этих церемониях. Внутри церкви она снимает *богтах* и приказывает всем уйти, пока она, предположительно, будет креститься [Dawson 1955: 161–162; Rockhill 1900: 184–185]. В другой раз сам Мункэ-хан вошел в церковь и сел рядом со своей женой перед алтарем. Был ли это акт религиозного компромисса, способ задобрить христианскую общину при дворе или просто акт дружелюбия по отношению к своей главной жене, неясно, но похоже, что степень вовлеченности правительницы в христианство была такова, что она могла служить посредником между христианами и монголами [Dawson 1955: 162–163; Rockhill 1900: 185–186][31]. Обязательства Мункэ в отношении христианства были неоднозначными, но приверженность его жены христианским общинам была такова, что она оставалась с ними после того, как ее муж, раздав деньги, еду и вино монахам и священникам, уезжал, пока дама, «уже пьяная, не садилась в телегу, а священники пели и трещали, и она ехала своей дорогой» [Rawshan, Musavi 1994, II: 963; Thackston 1998: 472][32].

Взаимодействие между хатунами и религиозными лидерами в ильханидском Иране

Некоторые из женщин, сопровождавших монгольский поход Хулагу на завоевание Ирана, были христианками. Они приспособили палатки под церкви, где могли служить священники, монахи и поклоняться монгольские хатуны. Среди тех женщин, которые имели церковь в своей орде, была жена Хулагу, Докузхатун. Рашид ад-Дин связывает благосклонность ильхана к христианству с ролью его жены. По словам персидского историка,

---

[31] Она часто появлялась, чтобы вручить подарки христианскому духовенству, и присоединялась к ним на неделю поста [Dawson 1955: 174].

[32] Накус — трещотка, использовавшаяся вместо колоколов в восточнохристианских церквях для созыва верующих.

«у ворот орды Докуз-хатун всегда ставили церковь и звучал *накус*» [Blake, Frye 1949: 341]. О церкви также упоминают христианские источники, которые добавляют, что «она очень любила всех христиан, армян и сирийцев, так что ее шатер был церковью, и с ней путешествовал глашатай и много армянских и сирийских священников» [Richard 1977: 102; Luttwak 2009: 143; Talbot 2001: 296; Vásáry 2009: 95]. Даже немонгольским христианским женщинам было разрешено создавать места поклонения и поддерживать свои традиции. Когда Мария Палеолог (Деспина-хатун), незаконнорожденная дочь византийского императора Михаила III Палеолога (ум. 1282), приехала в Иран в рамках брачного союза между монголами и Византией, она привезла с собой христианского православного епископа и основала епископство в Тебризе.

Личные убеждения Докуз-хатун и политическая стратегия монголов в Иране, казалось, шли рука об руку: благосклонность к христианам была способом расширить контроль над преимущественно мусульманским Ираном. Но когда планы Государства Хулагуидов изменились, ее личные религиозные взгляды перестали соответствовать новым политическим реалиям. Хотя сын Кутуй-хатун был тесно связан с суфийскими шейхами, а сама она в период управления государством от имени своего сына проводила политику сближения с мусульманами, несколькими годами ранее она без колебаний вступилась за христианские обряды, исполнение которых было приостановлено из-за соперничества между исламом и христианством в Азербайджане. В 1279 году она лично отправилась в город Марага и призвала христианскую общину восстановить ритуал освящения воды в день Богоявления[33]. Она «приказала христианам идти по их обычаю с крестами, подвешенными к наконечникам копий» [Budge 2003: 460].

Ритуальный синкретизм, которого, по-видимому, придерживались женщины в своих личных отношениях с христианством, нашел свое повторение в тот период, когда монголы вступили в контакт с населением Ирана, где мусульмане составляли большинство. Среди тюрко-монгольских династий, правивших на

---

[33] О раннем развитии Богоявления в христианстве см. в [Bassett 1999: 381–382].

Среднем Востоке до прихода Хулагу, женщины в правящих семьях были глубоко вовлечены в исполнение исламских религиозных практик. При династии Сельджуков они совершали паломничество в Мекку для выполнения религиозного долга (хадж), признавали исламское право в вопросах семьи и развода, а также политическую и религиозную власть халифа и *улама*[34]. В то же время в Иране в конце XII — начале XIII века зарождались более популярные формы исламского религиозного выражения. Мистическая форма ислама (суфизм) уже была распространена среди женщин двора Сельджукидов; некоторые из них упоминаются, например, в жизнеописании суфия Ахмада-и Джама (также известного как Жанда Пил)[35]. Аналогичным образом, среди румских сельджуков в Анатолии Конья как место встречи суфиев, спасавшихся от первого монгольского нашествия, по мере своего роста стала центром притяжения для тюркских женщин, ищущих духовного преображения. Некоторые примеры тесного взаимодействия между тюркскими женщинами и суфийскими лидерами зафиксированы и в других агиографических материалах [Shukurov 2012; Nicola 2014a, 2014b; Yazıcı 1959–1961, I: 24–25; O'Kane 2002: 19–20]. Одной из таких женщин была Эсмати-хатун, жена Малека Фахр ад-Дина из Эрзинджана, которая, узнав о присутствии шейха Баха аль-Дина Валада (отца Джалал ад-Дина Руми) в городе, недалеко от которого она проезжала, «сразу же села на породистого коня и отправилась навстречу с Баха'-е Валадом» [Amitai 1999; Melville 1990b][36].

---

[34] В частности, Халатаита-хатун намеревалась отправиться в хадж, но ей помешали, и она вернулась в Багдад, чтобы выйти замуж за халифа Насира (пр. 1158–1225). После смерти ее гробница стала местом поклонения [Budge 2003: 388]. О принятии и использовании Маликой-хатун фетвы о разводе см. [Qazvini 1912–1937, II: 156; Boyle 1997, II: 424].

[35] См., например, о Теркен-хатун в [Lewis 2004: 105–109].

[36] В случае Золотой Орды ДеВиз отмечает, что присутствие суфиев при дворе могло быть более значимым в обращении Берке, чем Озбек [DeWeese 1994: 86]. Некоторые мамлюкские источники также указывают на суфийское влияние в обращении в ислам Тоде Мункэ (пр. 1280–1288) в Золотой Орде [Richards 1998: 227–228; Ashtor 1961]. О новом и более осмотрительном подходе к роли суфиев в исламизации монголов см. [Amitai 2013: 66–68].

Приход монголов способствовал быстрому распространению суфизма в регионе. Источники свидетельствуют, что взаимодействие правителей и их семей с суфийскими лидерами усилилось после установления Государства Хулагуидов. Казнь аббасидского халифа в Багдаде в 1258 году и разрушение оплотов исмаилитов в регионе несколькими годами ранее убрали с политической сцены Среднего Востока двух могущественных религиозных акторов, позволив различным суфийским группам более свободно перемещаться по Ирану и Анатолии. Это изменение в сфере религиозной власти не означало, что монголы позволили любой религиозной группе свободно проповедовать или привлекать своих новых адептов в государстве. Хотя монголы предоставили свободу вероисповедания, первые десятилетия их правления в Иране были отмечены достаточно сумбурной религиозной политикой, когда христианство, ислам и буддизм поочередно то поддерживались, то преследовались. Тем не менее присутствие суфийских шейхов зафиксировано среди членов монгольской ханской семьи на всех территориях, захваченных монголами. Хотя их роль в процессе исламизации монголов в последнее время подверглась переоценке, они, безусловно, имели важное значение в сближении ислама с монгольскими завоевателями, особенно в Иране и Золотой Орде [Rawshan, Musavi 1994, II: 929; Boyle 1971: 301]. Взаимодействие между монголами и суфиями дошло даже до династии Юань, где мы находим конкретное упоминание о присутствии суфиев при дворе Юань в рассказе о Мункэ Тимуре (пр. 1294–1307) и его пристрастии к вину. Мункэ Тимур проводил много времени за выпивкой с «*данишем* из Бухары с титулом *ради*, который претендовал на знание алхимии, магии и талисманов и ловкостью рук и обманом заслужил доверие Тимур Каана» [Rawshan, Musavi 1994, II: 929–930; Boyle 1971: 302]. Утверждается, что такая практика раздражала Хубилай-хана, который решил отправить *ради* в путешествие, во время которого тот должен был быть убит [Rawshan, Musavi 1994, II: 1129–1130; Thackston 1998: 551].

В период, предшествовавший обращению Газан-хана в ислам, информация об участии монгольских женщин в исламских рели-

гиозных ритуалах в Иране скудна. Одна из причин этого, по-видимому, заключается в том, что в течение первых тридцати лет
монгольского владычества в Иране большинство влиятельных
женщин при дворе — и, следовательно, тех, кто привлекал внимание летописцев, — были либо христианками, либо буддистками,
либо сохраняли привязанность и приверженность к шаманским
практикам. Тем не менее суфии присутствовали при дворе по
крайней мере с начала 1280-х годов, когда Тегудер-Ахмад (пр.
1282–1284), предположительно, проводил больше времени в их
обществе, чем управляя государством. Тем не менее упоминания
о том, что мужчины при монгольском дворе общались с суфийскими лидерами, позволяют предположить, что женщины также
могли принимать участие в этих практиках в своих ордах. В случае
с Газан-ханом (пр. 1295–1304) его обращение, по-видимому,
произошло под опекой ордена Кубравия Садр ад-Дина Ибрагима
Хаммуйи, сына Сад ад-Дина Мухаммада, одного из учеников
Наджм ад-Дина Кубра. Как пишет Чарльз Мелвилл, в источниках
указывается, что Газан получил шерстяной плащ от Садр ад-Дина
Ибрагима Хаммуйи как явное свидетельство его принадлежности
суфизму [Melville 1990a: 168]. Как отметил Амитай, остается
только гадать, до какой степени Газан был осведомлен о том, какое
значение этому одеянию придавали суфии [Amitai 1999: 34]. Однако о его причастности к суфизму упоминает и Рашид ад-Дин:

> [Газан-хан] награждал всех сайидов, имамов и шейхов,
> раздавая им кошельки и милостыню, и отдавал строгие
> приказы о строительстве мечетей, медресе, ханакахов
> и благотворительных учреждений. Когда наступал месяц
> Рамадан, он предавался делам набожным в обществе имамов
> и шейхов [Rawshan, Musavi 1994, II: 1256; Thackston 1998:
> 620–621].

Хроники того времени отражают растущее значение суфийских
шейхов. Например, Банакати посвятил конец своего рассказа об
отдельных монгольских правителях перечислению смертей ряда
шейхов, которые скончались в этот период [Banakati 2000: 439].
Среди прочих шейхов в конце описания правления Тегудера-

Ахмада (1282–1284) появляется шейх Тадж ад-Дин Абу аль-Фазл Махмуд бин Махмуд бин Дахмуд аль-Банакати (возможно, родственник автора?) [Karimi 1988–1989, II: 801; Thackston 1998: 560]. Кроме того, у Рашид ад-Дина время от времени встречаются упоминания о роли суфийских дервишей в Иране в качестве посредников в дипломатических начинаниях амиров, членов семей и монарших особ-женщин. В частности, он упоминает «шайха Махмуда Динавари, который назван *шайху'л-машаих* [главой религиозной деятельности] и был одним из протеже Булуган-хатун [жены Аргуна]» в ее орде в Иране [Karimi 1988–1989, II: 905; Thackston 1998: 622].

Кроме этого случая более четкие указания на взаимодействие между мусульманскими религиозными лидерами и монгольскими хатунами появляются в источниках лишь позднее. Такое внимание, уделенное религиозным лидерам мусульман, могло также появиться в результате популяризации жизнеописаний как литературного жанра в исламском мире в конце XIII века и особенно в XIV веке. Хотя многие из жизнеописаний были написаны в конце монгольского периода или после распада единого Государства Хулагуидов в 1335 году, эти произведения обычно написаны с оглядкой на монгольскую династию Ирана в первой половине XIV века с целью обоснования легитимности соответствующих суфийских орденов. При этом они включают конкретные упоминания о монгольских женщинах, тесно общавшихся с суфийскими шейхами, которые в основном не упоминаются в исторических хрониках. Например, в сборнике «Сафват ас-сафа», составленном в 1357–1358 гг. Ибн Исмаилом ибн Баззазом, рассказывается о чудесах, совершенных шейхом Сефи ад-Дином Ардебили, основателем одноименного ордена сефевидов, появившегося в иранском городе Ардебиль. Сефи ад-Дин Ардебили позже стал считаться родоначальником династии сефевидов, правившей Ираном с 1501 по 1736 гг.[37]

В некоторых из приведенных в «Сафват ас-сафа» преданиях рассказывается о встречах суфийских шейхов с монгольскими

---

[37] Обзор правления сефевидов в Иране см. [Roemer 1986a; Newman 2006].

хатунами. Например, упоминается встреча Сефи ад-Дина с женой султана Абу Саида Багдад-хатун во время визита монгольского правителя к шейху. В одной из историй делается попытка проиллюстрировать чистоту учителя, рассказывая о таком его благочестивом поведении, как воздержание от прямого разговора с монгольской владычицей или отказ ей в *суфрии* (провизии, предоставляемой гостям). На вопрос о причине такого невежливого отношения шейха к хатун Сефи ад-Дин утверждает, что это было связано с тем, что лицо и голова монгольской женщины не были покрыты [Majd 1994: 912]. Монгольские женщины покрывало не носили, что отметил и Ибн Баттута, который посетил Золотую Орду примерно в то время, когда Багдад-хатун гостила у Сефи ад-Дина в Азербайджане [Gibb 2005: 147]. История в «Сафват ас-сафа» имеет явную воспитательную цель: изобразить шейха как человека, который считает, что женщины должны обладать большей степенью благочестия, чем выказывали монгольские хатун. В то же время этот рассказ указывает на то, что по крайней мере в начале XIV века монгольские женщины тесно общались с суфийскими шейхами. Кроме того, агиограф признает Багдад-хатун важной политической фигурой того времени [Majd 1994: 357]. Подчеркивание ее политического положения помогает позиционировать шейха как весьма влиятельную фигуру, к которой приходят члены правящей семьи за советом и религиозным наставлением. В другом случае хатуна направляет группу женщин к шейху, чтобы приветствовать его от своего имени, на что суфийский мастер отвечает, посылая ей свое благословение [Там же: 792]. Неясно, был ли это дипломатический или религиозный визит, поскольку о встрече упоминается лишь вскользь, но как бы то ни было, «Сафват ас-сафа» подчеркивает переменчивые отношения между Багдад-хатун и шейхом Сафи ад-Дином Ардабили.

Отношения, подобные тем, что сложились между шейхом Сафи ад-Дином Ардабили и Багдад-хатун, не были чем-то из ряда вон выходящим в Государстве Хулагуидов. В продолжение того же сюжета в других рассказах упоминаются еще более близкие отношения между хатунами и суфийскими лидерами. Например, сообщается, что Сати-бек (р. 1339) и Курдуджин-хатун обменивались посланиями с Сефи ад-Дином из своих орд и приглашали его в свои лагеря для исполнения суфийских ритуалов поминания умерших (*дхикр*)[38]. Что касается Анатолии, где преобладали монголы, там имеются более богатые документальные свидетельства тесной связи между женщинами и суфиями; в агиографических произведениях о жизненном пути некоторых анатолийских суфиев содержатся многочисленные примеры такого взаимодействия [Nicola 2014a]. Подобные упоминания о шейхах в иранских провинциях при монголах появляются в «Тазкирах-йи Хазар Мазар» Исы ибн Джунайда Ширази. Например, области Йезд, Керман и Шираз в период правления Теркен-хатун, Абеш-хатун и Курдуджин-хатун фигурируют в многочисленных рассказах о чудесах, совершенных суфиями, которые периодически общаются как с мужчинами, так и с женщинами. В одном из этих рассказов Теркен-хатун летним днем приходит к некоему шейху Садр ад-Дину Музаффару. Она застает его сидящим на полу в очень тонкой одежде, с тюрбаном в руке. При ее появлении он предлагает ей пойти вместе к другому шейху, и хатун присутствует при разговоре между двумя мужчинами, как будто делить общество с женщиной для этих дервишей было обычным делом [Visal 1985–1986: 300–301].

Несмотря на то что трудно находить конкретные упоминания о том, что эти шейхи пытались обратить монголов в ислам, близость между суфийскими дервишами и членами двора могла сопровождаться прозелитизмом. Рашид ад-Дин отмечает существование прозелитической деятельности среди тюрко-монгольских правящих классов: «Хаджа Саибдин сахиб-диван немедленно арестовал эмиссара Пира Йакуба, который пришел в орду, чтобы завоевать новообращенных, раздавая обещания всем подряд, и послал весть об этом ко двору» [Rawshan, Musavi 1994, II: 1320–1321; Thackston 1998: 660]. Соревновательный прозелитизм шейхов отражен в агио-

---

[38] Эти женщины были, соответственно, сестрой последнего ильхана Абу Саида и дочерью Мункэ Тимура и Абеш-хатун. Об этой истории см. [Majd 1994: 1062]. О *дхикре* (ركذ) как ритуале исцеления см. [Schimmel 1975: 237].

графических материалах. Когда дочь Гайхату по имени Малика-Кутлуг прислала провизию и подарки шейху Захиду Ибрагиму, он не стал их потреблять и распределять среди своих учеников, мотивируя это тем, что они исходят от военной элиты тюркского происхождения [Majd 1994: 1102–1103]. Джудит Пфайффер полагает, что это может отражать постмонгольский этос, а не прямой отказ от подарков хатунов, но также указывает на «напряженность между благочестиво настроенными суфийскими кругами, особенно вокруг шейха Сефи из Ардебиля и шейха Захида Ибрагима из Гиляна и правящей ильханидской элитой» [Pfeiffer 2006a: 379].

В целом складывается многообразная картина взаимоотношений между женщинами и религией. Судя по различным примерам, найденным в источниках, монгольские женщины, по-видимому, активно и на индивидуальном уровне подходили к религиозным ритуалам и религиозным личностям с доимперских времен до последних лет правления ильханов. Как бы то ни было, наши знания об их вовлечении в религиозную жизнь варьируются в зависимости от времени, места и доступности источников. При дворе хана Мункэ женщины активно участвовали в христианских практиках, тогда как в Государстве Хулагуидов, похоже, монгольские женщины в начале XIV века предпочитали суфийский ислам. Кроме того, участие в более или менее синкретических религиозных ритуалах и близость к религиозным лидерам не говорят нам многого о верованиях этих женщин, а также о том, в какой степени они считали себя частью тех религиозных общин, с которыми сталкивались по мере продвижения на Средний Восток.

Обращение в веру иную: принятие другой религии женщинами в Монгольской империи

Исследования о смене религии среди скотоводческих обществ в целом и среди монголов в частности многочисленны. Общепринятая точка зрения заключается в том, что, когда ведущий член группы решает принять определенную религию, большинство общины следует его примеру [Golden 2007]. Как правило, выбор религии основан на «мирских (а не духовных) соображениях» и мотивирован перспективой получения политических благ [Khazanov 1994: 15]. Как считается, кочевники алтайского мира были лишены «великой религиозной традиции», что не позволило им создать универсальную религию, которую могло бы принять завоеванное оседлое население [Там же: 13][39]. Однако такая характеристика религии в Монгольской империи не дает полной картины, особенно в том, что касается процесса обращения в веру. Как указывает Мелвилл, по крайней мере в случае с обращением Газан-хана, принятие ислама было следствием продолжающегося процесса исламизации среди монголов, который начался по крайней мере за тридцать лет до официальной даты обращения [Melville 1990a: 176–177][40]. Кроме того, хотя, по-видимому, в обращении монгольских правителей в различные религии по всей Евразии присутствовал политический аспект, когда речь идет об обращении женщин, такая политическая мотивация не всегда очевидна.

Монгольские правители не принимали никакой универсальной религии, в то время как империя продолжала оставаться единым целым [May 2002]. В начале 1260-х годов она разделилась на четыре ханства в результате войны между двумя толуидскими претендентами на престол. На каждой из образовавшихся территорий религиозные предпочтения принимали различные формы. В Китае ламаистский буддизм был популярнее даосизма и привел к развитию неоконфуцианства [Ts'un-Yan, Berlina 1982: 479–509][41]. В какой степени сам Хубилай-хан принял буддизм, неясно, а до присоединения монгольских ханов в Китае к тибетской ветви буддизма минует еще одно поколение[42]. На Руси

[39] Сравнительный подход к развитию религии в различных кочевых обществах см. [Khazanov 1993].

[40] Он также предполагает, что процесс обращения был скорее восходящим, чем нисходящим явлением [Melville 1992].

[41] О связи между конфуцианством и монголами см. [Birge 2003].

[42] См., напр., правление преданного буддизму императора династии Юань, Шидибала Хана (пр. 1320–1323) [Ch'i-ch'ing 1994].

и в Иране христианство поначалу завоевало некоторую популярность среди монголов, но ханы так и не были обращены в христианство. Ислам добился некоторого успеха в середине XIII века, но укрепил свои позиции только в начале XIV века [Richard 1977a; Amitai 2001a; DeWeese 1994; Melville 1990a]. Наконец, Центральная Азия, похоже, была тем местом, где принятие ислама в качестве официальной религии заняло больше времени. Обращение чагатаидов в ислам, за исключением нескольких первых отдельных и кратковременных случаев, произошло только в середине XIV века [Biran 2002].

Обращаясь к теме принятия женщинами новой религии, следует помнить, что изучение обращения женщин у монголов осложняется характером доступных нам источников. Это не относится к лидерам мужского пола, но в отношении женщин не хватает конкретных повествований, касающихся их обращения[43].

Впрочем, некоторые летописцы монгольского периода все же включают женщин в свои рассказы общего характера о новообращенных. Например, Джувайни, описывая Чингисхана в XIII веке, рассказывая про его детей и внуков, упоминает, что некоторые из них «выбрали религию по своему вкусу: одни приняли ислам, другие — христианство, третьи — идолопоклонство, четвертые — древний канон своих отцов и предков и не склонились ни в какую сторону; но таких сейчас меньшинство» [Qazvini 1912–1937, I: 18; Boyle 1997, I: 26].

Несторианец Раббан Саума также сообщал Ватиканской курии в Риме, что

> многие наши отцы ходили в страны монголов, турок и китайцев и учили их Евангелию, и в настоящее время многие монголы являются христианами. Ибо многие из сыновей монгольских царей и цариц крестились и исповедуют Христа. И они основали церкви в своих военных лагерях, и они воздают почести христианам, и среди них много верующих [Budge 1928: 174].

---

[43] Лучшие исследования нарративов обращения в Монгольской империи см. [DeWeese 1994; Pfeiffer 1999].

Можно предположить, что эти рассказы пытались представить монголов как союзников либо ислама, либо христианства, в зависимости от предрасположенности автора. Они также отражают тот факт, что в XIII веке монголы постепенно принимали универсальные религии, но механизмы подобного рода обращений в иную веру не вполне ясны.

Принятие буддизма и христианства: обращение женщин в объединенной империи

К моменту завоевания Китая многие монгольские мужчины и женщины уже были привержены буддизму. Анатолий Хазанов отмечает, что в религиозном плане Китай значительно отличался от других территорий, захваченных монголами. На Дальнем Востоке кочевым завоевателям пришлось столкнуться с «дихотомией религиозного противостояния и религиозного приспособления» при выработке своего отношения к «китайским» религиям [Khazanov 1994: 23]. В начале существования Монгольской империи в этом контексте возникает необычный сюжет, начало которому было положено изгнанием Гушлуга, найманского правителя, который нашел убежище в Центральной Азии после поражения, нанесенного ему Чингисханом [Rachewiltz 2004: § 194, 6]. Гушлуг бежал в Каракитайскую империю после поражения в битве в 1204 году и женился на падчерице Гур-хана[44]. Рашид ад-Дин особо упоминает, что «она обратила его в идолопоклонство», когда он прибыл в Среднюю Азию[45]. Этот рассказ также подтверждается Джувайни, который предполагает, что беженец мог быть христианином, как и многие найманы. Далее он говорит, что жена заставила его стать «идолопоклонником, как она сама, и отказаться от христианства» [Qazvini 1912–1937, I: 48, 52–53;

---

[44] В конце концов он сверг Гур-хана, присвоил себе его титул и в 1211 году стал править Каракитайской империей [Rachewiltz 2004: 1048].

[45] Перс. درک مازلا یتسررپ تب هب ار وا یرتخد; [Rawshan, Musavi 1994, I: 464; Thackston 1998: 230].

Boyle 1997, I: 64, 70; Ross 1970: 290][46]. По всей видимости, обращение Гушлуга в буддизм имело четкий политический мотив: это был способ завоевать легитимность среди каракитайской элиты, чтобы получить трон. Однако тот факт, что мусульманские источники подчеркивают роль этой конкретной женщины в содействии его обращению, допускает двоякое толкование. Влияние женщин изображается в негативном свете, возможно, из-за той жестокости, с которой Гушлуг обращался с мусульманским населением Центральной Азии, что в персидских источниках связывается с его обращением в буддизм [Qazvini 1912–1937, I: 52–53; Boyle 1997, I: 70]. Однако эта история также показывает более «домашние» условия для религиозного обращения в семейном кругу, когда женщины непосредственно влияют на веру своих мужей[47].

В Китае, после монгольского завоевания, хорошо известна роль Чабуй-хатун в продвижении ламаистского буддизма (см. рис. 4.1) [Rawshan, Musavi 1994, I: 161; Thackston 1998: 86]. Мы не знаем доподлинно, была ли она буддисткой с рождения или стала ею до того, как покинула Монголию и последовала за своим мужем Хубилаем в Китай. Что кажется несомненным, так это то, что она уже была буддисткой, когда прибыла в Китай, так как она описана как «ревностно» верующая в учение Будды [Rossabi 1979: 16; 1994: 416–417]. Ее роль в том, что она повлияла на своего мужа Хубилай-хана в продвижении ламаизма в Китае эпохи Юань, подчеркивает то значение, которое эти женщины имели в продвижении религии в империи [Rossabi 1989: 168].

---

[46] Квандамир переиначивает эту историю и предлагает нереальный сценарий, в котором Гушлуг обратил каракитайскую принцессу в христианство [Khwandamir 1954, III: 26; Thackston 1998: 14]. Рубрук также упоминает об этом обращении [Dawson 1955: 122].

[47] В дополнение к этому влиянию на верования своих мужей женщины в роли матерей, кормилиц или воспитательниц при Монгольском дворе пытались повлиять на религию монгольских детей. Не всегда успешные в своих попытках, они, тем не менее, функционировали как каналы или векторы, которые приближали немонгольские религии к новому поколению монгольских лидеров.

Когда Хубилай принял буддизм в качестве основной религии династии, он следовал примеру других кочевнических династий, завоевывавших Китай[48]. Но, поддерживая ламаизм, он подтолкнул правящую элиту к принятию «буддийской конфессии, которая была наиболее чужда китайцам» [Khazanov 1994: 30]. Это, безусловно, позволило ему установить разграничение между правителями и управляемым населением, если рассматривать свидетельства с политической точки зрения. Однако такие случаи, как личное вовлечение Чабуй в буддизм и документальное подтверждение существования монгольских монахов-чингизидов в XIII веке, подтверждают идею о том, что среди представителей монгольской элиты личные убеждения шли рука об руку с политической выгодой[49].

И христианство, и ислам распространялись в Китае под властью монголов с разной степенью успеха. В прошлом ученые отмечали наличие значительного числа мусульманских посланников при дворе Юань, но в какой степени этим людям удавалось привлечь к своей вере монголов или китайцев, оценить трудно[50]. Тем не менее существует хрестоматийный пример принца Ананды, внука Чингисхана от его сына Мамкалы, которому в персидских источниках уделяется особое внимание за то, что он «всегда ходил в мечеть, молился, постился и читал Коран... он обрезал детей большинства монголов; и... обратил бóльшую часть армии в ислам» [Rawshan, Musavi 1994, II: 951; Boyle 1971: 324]. По тем же персидским источникам, основное влияние на его приверженность исламу оказала кормилица-мусульманка из Центральной Азии по имени Зулейха и ее муж, которые способствовали тому, что Ананда стал следовать столпам ислама и участвовать в религиозных ритуалах в зрелом возрасте до такой степени, что это вызвало недовольство его деда Хубилая и его двоюродного брата

---

48 Например, династий Ляо и Чинь [Tao 1976: 106, 114; Yao 1995; Wittfogel, Feng 1949: 29].

49 Я имею в виду сына Ибаки-беки, о котором говорилось выше. Рашид ад-Дин утверждает, что у нее «был сын, который был баурчи [от Угедэя]» [Rawshan, Musavi 1994, I: 673; Boyle 1971: 65].

50 О мусульманском населении Китая до монголов см. [Rossabi 1981: 289].

Великого хана Тимура (пр. 1294–1307) [Rawshan, Musavi 1994, II: 951; Boyle 1971: 324]. Любопытно, что многие из мусульманских сторонников Ананды были прикреплены к орде матери Тимур-хана Кёкеджин-хатун, которая в этом споре выступила против Ананды в пользу своего сына [Rawshan, Musavi 1994, II: 952; Boyle 1971: 324–325]. В то же время китайские источники не столь однозначны в отношении не только обращения Ананды в ислам, но и мотивов, побудивших его принять эту религию. Восточные источники предполагают возможность получения политической и военной поддержки от влиятельной мусульманской общины, жившей в уделе Ананды, как более реалистичную мотивацию для обращения, нежели романтическая версия Рашид ад-Дина [Dunnell 2014: 190–191].

С другой стороны, христиане, похоже, активнее занимались прозелитизмом, хотя и с таким же ограниченным успехом. Иоанн из Монтекорвино, францисканский миссионер, путешествовавший в Китай в конце XIII века, прибыл в столицу Юань в 1294 году сразу после смерти хана Хубилая. Он немедленно отправился к новому правителю и «призвал самого императора принять католическую веру Господа нашего Иисуса Христа с помощью грамот Папы Римского, но тот слишком глубоко погряз в поклонении идолам» [Dawson 1955: 224]. По предположению Джексона, Католическая церковь разработала стратегию обращения «с верхов» среди монголов, которая не принесла результатов в Китае, где ни один из ханов не принял христианство [Jackson 2005: 263]. Что касается женщин, то такие христианки-несторианки из чингизидов, как Сорхахтани-беки, получили важные посты в Китае, несмотря на свою религиозную принадлежность. Однако, судя по имеющимся материалам, принятие христианства женщинами в Китае было редким явлением. Существует весьма запутанный рассказ об обращении женщины при дворе Юань, содержащийся в сирийской рукописи в Ватиканской библиотеке, заказанной «верующей Сарой... известной среди цариц, сестрой Георгия, славного царя христиан» [Halbertsma 2007: 33]. Ее считают женой Алтанбуги, внука Хубилай-хана, и дочерью онгутского царя по имени «Георгий» Монтекорвино [Dawson 1955:

225–226]. Ее упоминает и Марко Поло [Polo 1903, II: 460]. При рождении «она носила тюркское имя, но после крещения приняла имя Сара. Она фигурирует в "Юань ши" под именем Еливан» [Halbertsma 2007: 33; Pelliot 1973: 281]. Это единичный и плохо документированный случай, но он, как и с Анандой, свидетельствует о довольно сильном, подтвержденном свидетельствами влиянии, которым пользовались как ислам, так и христианство среди монголов в Китае.

Крещение кераитов, найманов и ойратов было проведено христианскими миссионерами еще до создания Монгольской империи. Попытки обратить кочевников после того, как они создали империи за пределами своего традиционного очага, оказались бесплодными для миссионеров, посещавших степи в средневековые времена. Хазанов предположил, что эта неудача была «связана с претензиями [христиан] на верховенство над мирскими и духовными властями новообращенных. Кочевые правители боялись, что обращение в христианство поставит под угрозу их независимость» [Khazanov 1994: 24]. Христианские летописцы часто упоминали об обращении монгольских правителей в свою веру, но в основном это ложные утверждения, направленные на пропаганду христианской экспансии среди своей аудитории в Европе. Упоминается, что Гуюк-хан и Мункэ-хан приняли христианство, но достоверность этих сведений выглядит весьма сомнительной, если сопоставить их с информацией из других источников, где нет никаких указаний на то, что какой-либо Великий хан или правитель ханства когда-либо обращался в христианство[51]. К сожалению, в нашем распоряжении нет ни одного достоверного повествования об обращении монгольских женщин в христианство или отказе от него. Это особенно актуально в случае Ирана, где большей частью влиятельные хатун-христианки, жившие в Государстве Хулагуидов в XIII веке, приняли христианство еще до прибытия в Иран.

Что касается земель Золотой Орды, христианские путешественники, посещавшие Русь в XIII веке, выражали разочарование по

---

[51] О Гуюке см. [Budge 2003: 411]. О Мункэ см. [Hayton: гл. 19; Lane 2006: 192].

поводу своих безуспешных попыток крестить кочевников, часто обвиняя другие христианские течения, несториан или православных, в том, что они вредили их прозелитизму[52]. Тем не менее именно на этих территориях мы находим самого высокопоставленного новообращенного христианина при Монгольском дворе. Сын Бату, Сартак, правивший Золотой Ордой в течение короткого времени в 1255 году, «возлюбил христианскую религию и был крещен» [Budge 2003: 398; Dawson 1955: 190, 209]. Но кроме случая с этим недолговечным местным правителем, попытки обратить монголов в христианство были в основном безуспешными. Отдельные случаи принятия женщинами христианской веры немногочисленны, и кажется, что большинство женщин-христианок Золотой Орды принадлежали к этой религии еще до прихода монголов в регион, подобно тем, кто отправился в Иран. Случаи, проанализированные в предыдущем разделе, показывают, что те женщины, которые не были христианками, могли обращаться к несторианским и католическим священникам для проведения ритуала исцеления, но их строгое обращение в христианство (крещение) не было общим правилом. Христианство было религией женщин, принадлежащих к монгольским группам, которые приняли его еще в Монголии до прихода Чингисхана. Начиная с XV века взаимодействие между монголами Золотой Орды и христианскими русскими княжествами породило противоречивые рассказы, которые подчеркивают религиозную напряженность, существовавшую между этими двумя политическими образованиями. Возвышение Московии как главного оплота христианской оппозиции монголам-мусульманам вызвало к жизни тему насильственного обращения монголов в христианство, а русских в ислам. Эта тема часто повторяется в русских источниках, включая легенды о русских женщинах, несущих христианство для мусульманских татар [Ostrowski 1998a: 150].

---

[52] Неплохую историю приводит Рубрук о монголе, который пришел к нему, чтобы принять крещение. Однако прежде чем решиться на этот шаг, он идет домой, «чтобы обсудить этот вопрос с женой» [Dawson 1955: 111]. Об отношениях между христианством и исламизацией монголов см. также [Bundy 2000: 33–54].

Прежде чем перейти к исламизации Государства Хулагуидов, стоит отметить, что, несмотря на благоприятное отношение к христианству со стороны монголов в Иране, там нет сведений о переходе женщин в эту религию[53]. Безусловно, христианки были политически, социально и экономически важны в регионе, но даже когда христианство играло фундаментальную роль в политической стратегии Государства Хулагуидов, крещение не было распространенным явлением в монгольских ордах [Halbertsma 2007: 36]. Утверждается, что «соперничество между христианами, интриги и тяжбы между иудеями, а также религиозный либерализм монголов, которые позволяли мусульманам свободно исповедовать свою религию, делали немусульманские общины чрезвычайно уязвимыми» [Khanbaghi 2006: 87].

Таким образом, несмотря на присутствие христианских священников в женских ордах в Иране, обращения в христианство женщин в Государстве Хулагуидов не произошло, и новые поколения монголов в Иране в качестве своей религии в основном принимали ислам, несмотря на несторианскую принадлежность их матерей и жен и их бесплодные попытки привести своих детей к христианству[54].

Обойденные вниманием: некоторые соображения об исламизации женщин в Государстве Хулагуидов

Относительно обращения в ислам на Среднем Востоке после арабского завоевания, Ришар Бюлье предполагает, что основной причиной раннего обращения людей в ислам была необходимость сохранения социального статуса, которым они пользовались при предыдущем правителе, и даже возможность подняться в соци-

---

[53] Несмотря на это, рассказы об обращении монгольских правителей использовались монгольскими эмиссарами для привлечения на свою сторону европейских держав [Jackson 2005: 169; Chabot 1894: 584].

[54] О матерях и вере их детей см. историю о попытке Деспины-хатун обратить Байду в христианство, которую следует рассматривать в свете тенденциозных христианских источников [Polo 1903, II: 476; Budge 2003: 505].

альном плане под арабским покровительством. Согласно этому аргументу, со стороны правительства не предпринималось никаких усилий по систематическому обращению, равно как отсутствовали духовный опыт и наделенные соответствующей харизмой проповедники, которые могли бы привлечь немусульман [Bulliet 1990: 128]. Ислам не был структуризирован в первом веке хиджры, а отсутствие среди мусульман таинства обращения, такого как крещение, затрудняет понимание того, кто сменил религию, а кто продолжал исповедовать старую. Обращая внимание на сформулированное Майклом Куком и Патрицией Крон понятие «неправильного понимания» ислама в ранний исламский период [Crone, Cook 1977: 3–78], Бюлье приходит к выводу, что обращение в ислам было продиктовано скорее социальными соображениями, нежели религиозными убеждениями, особенно в обществе, разделенном на «правителей» и «других», причем последние делились на различные меньши́нства [Bulliet 1990: 125–129]. Теория Бюлье подверглась критике. Например, Ричард Н. Фрай утверждает, что это понятие индивидуального обращения не может быть применимо ко всему населению и является показательным только для персидского высшего класса. Кроме того, Майкл Г. Морони, ссылаясь на различие, проведенное Бюлье между индивидуальным и групповым обращением (племена, массово принимающие ислам), указывает, что его можно провести и между конкретными способами обращения мужчин, женщин, детей и так далее. Морони добавляет, что теория Бюлье подразумевает, что племя было единственным видом социальной группы, которое массово принимало ислам [Morony 1990: 138–139]. Позднее Бюлье пересмотрел свое первоначальное новаторское исследование, добавив новые особенности к «кривой обращения», которую он составил для принятия ислама в Иране в ранний период исламизации Среднего Востока. Трудно применять теорию Бюлье ко всей Монгольской империи, где процесс исламизации реагировал на целый ряд факторов [DeWeese 2009: 120–134]. Тем не менее его кривая исламизации, основанная на колоколообразной кривой, в определенной степени отражает процесс распространения ислама среди монгольских хатунов в Иране: медленное начало в первые десятилетия после прибытия Хулагу; нарастание импульса в средней части кривой, что соответствует 1280-м годам, до годов, связанных с эпохой обращения Газан-хана в 1295 году; а затем более устойчивый рост по мере расширения популяции возможных адептов.

Тем не менее существовали определенные специфические характеристики Монгольской империи, которые способствовали сближению ислама и новых завоевателей. В отличие от примера персидской аристократии в первые века ислама, приведенного Бюлье, кочевой характер монголов рассматривается как ключевой элемент их обращения в ислам. Этот кочевой элемент означал, что обращение в ислам не ставило под угрозу политическую независимость монголов, поскольку лояльность монгольской элиты была основана на племенных связях, которые предшествовали завоеванию ими исламских земель. Кроме того, после того как в 1258 году власть халифа исчезла с политической сцены, возможность влияния религиозного сословия (особенно *улама*) на политику монголов также уменьшилась. Кроме того, принятие ислама не означало приобщения к этнической группе, как это произошло бы в Китае с принятием конфуцианства или даосизма, что позволило монголам сохранить свою идентичность по отношению к завоеванному населению [Khazanov 1994: 21]. Общее мнение таково, что принятие ислама монголами в Иране не было массовым обращением, вызванным сменой веры правителем, но, напротив, это была ситуация, в которой обращение лидера в 1295 году было необходимым для легитимации его правления [Melville 1990a: 159–177]. Поэтому представляется, что обращение в ислам было скорее индивидуальным предприятием, которое привело к тому, что большинство мусульманского населения в конечном итоге через различные каналы «убедило» правящую элиту принять ислам [Pfeiffer 2007: 372–376; DeWeese 2009: 120–134]. Среди этих каналов или векторов было влияние суфийских лидеров и институтов, расцветших в Иране под властью монголов. Хотя их значение для процесса обращения до сих пор обсуждается учеными, кажется правдоподобным предположение, что они сыграли определенную роль в привлечении монголов к исламу

[Köprülü 1929: 5–19; Ménage 1979: 52–67; Fletcher 1986: 11–50; Roux 1984; Amitai 1999: 27–46].

Однако в этом контексте упоминания о женщинах, принявших ислам, практически отсутствуют. Исключением является случай Чичек-хатун, жены Берке-хана (пр. 1257–1266) в Золотой Орде, которая, очевидно, приняла ислам одновременно со своим мужем в середине XIII века [Vásáry 1990: 256]. Однако ее обращение не описано подробно и упоминается лишь в ограниченном количестве источников. Ее изображают как убежденную мусульманку, у которой в орде была переносная мечеть, подобная упомянутой выше переносной церкви Докуз [Qumayhah, Shams al-Din 2004–2005: 26–27, 244–245; DeWeese 2009: 84–85; Тизенгаузен 1941: 249–250; Тизенгаузен 1884: 130–131; DeWeese 2009: 84, прим. 28]. В первом поколении монгольских женщин, мигрировавших из Монголии в Иран, Центральную Азию и Золотую Орду, нет других примеров такого рода. Только через еще одно поколение появится женщина, принявшая ислам, которую летописцы сочли достойной упоминания. И снова, на территории Золотой Орды, обращение Кияк-хатун в ислам упоминается Рашид ад-Дином, но это не бесспорно[55]. Согласно Рашид ад-Дину, Кияк-хатун была выдана замуж за сына могущественного амира Салжидая Гурагана из народа конкират, который в Золотой Орде назывался Яйлак и, скорее всего, был буддистом. После брака Кияк-хатун стала мусульманкой. Яйлак, будучи уйгуром, не смог примириться с этим, и между ними постоянно возникали споры и ссоры из-за их религии и убеждений. К Кияк относились с презрением, и она рассказала об этом отцу, матери и братьям[56].

Плохое обращение с этой хатун может быть связано, с одной стороны, с политическим фоном интриг и споров за власть в Золотой Орде [Broadbridge 2008: 59–61]. С другой стороны, это показывает, что вера монголов менялась не только среди прави-

---

[55] Она была дочерью Ногая (ум. 1299–1300), сына Татара, внука Джучи от его седьмого сына Боала [Rawshan, Musavi 1994, I: 736–737; Boyle 1971: 113].

[56] В рассказе Рашида неясно, почему именно он «уйгур» [Rawshan, Musavi 1994, I: 644; Boyle 1971: 126]. Эта история также упоминается в [Banakati 2000: 396–397].

телей, но и в других слоях общества. Из-за отсутствия доказательств мы можем только предполагать, но не кажется правдоподобным, что эта хатун приняла ислам только по «политическим мотивам», учитывая политические проблемы и нестабильность, которые это вызвало у ее родственников. Поэтому ее обращение могло быть основано на искренней личной симпатии к исламу, которая поставила бы под угрозу ее супружеские отношения с другой влиятельной семьей.

Несмотря на эти немногочисленные отдельные свидетельства обращения женщин в ислам в русской степи и верности христианству женщин в ранний период монгольского правления в Иране, женщины, родившиеся и выросшие в Государстве Хулагуидов, стали мусульманками на рубеже XIV века. В более поздние десятилетия религиозная принадлежность жен монгольских правителей, как правило, не упоминается. Похоже, что многие из них уже были мусульманками, например Багдад-хатун, Курдуджин-хатун и Сати-бек, тогда как другие, например Кутлуг Малек, покровительствовали шейхам, хотя ни один из ее родителей не был мусульманином [Majd 1994: 899][57].

Остается открытым вопрос: каким образом большинство женщин, придерживавшихся христианских, буддийских или шаманских верований в Иране XIII века, к XIV веку превратилось в мусульманское большинство?

Отсутствие рассказов об обращении женщин в ислам позволяет предположить, что женщины постепенно принимали ислам так же, как и их мужчины, то есть через различные каналы обращения, благодаря которым ислам постепенно становился все ближе к женщинам при дворе. Следуя вышеупомянутой кривой обращения, ключевым периодом, по-видимому, были десятилетия 1280-х и 1290-х годов в ильханидском Иране, когда новое поколение монгольской элиты воспитывалось в Иране и на мусульманских территориях, контролируемых преемниками Хулагу. Среди тех ограниченных случаев, которые мы видим в источ-

---

57 Она была дочерью Гайхату Ильхана и Донди-хатун, дочери Ак-буги, сына Эльгай [Rawshan, Musavi 1994, II: 1189, 1215; Thackston 1998: 580, 593].

никах за этот период, можно выделить случай джалаирской монголки Айши, жены ильхана Гайхату (пр. 1291–1295). Ее имя указывает на явную принадлежность к исламу, хотя ее отец был монгольским нойоном в армии Гайхату, который, похоже, не принял ислам. У нее не было родственников-мусульман, кроме двух братьев, которых звали Хасан и Хусейн, и она выросла в мусульманской Анатолии, где провела некоторое время, пока ее муж был наместником этого региона в 1280-х годах [Rawshan, Musavi 1994, II: 1189; Thackston 1998: 579–580]. Возможно, рискованно считать ее обращенной в ислам просто потому, что она сменила имя. Отсутствие дальнейшей информации о жизни этой женщины не позволяет углубленно оценить ее убеждения, приверженность вере или момент обращения[58].

Присутствие мусульманских шейхов в ордах и растущее взаимодействие между монгольскими правителями и персидскими амирами также могло способствовать распространению ислама среди монгольской знати в целом и среди их женщин в частности [Pfeiffer 2006a: 374]. Как мы видели в предыдущем разделе, женщины тесно общались с религиозными лидерами, включая суфийских шейхов. Однако в большинстве случаев эта близость не обязательно означала обращение в ислам. За исключением некоторых выразительных примеров, таких как упоминание Шамс ад-Дина Ахмада Афлаки об активной роли Джалал ад-Дина Руми в обращении румской принцессы Тамар в ислам, в жизнеописаниях мало говорится о фактах обращения знатных женщин в ислам на монгольских территориях[59]. Как правило, в агиографических историях суфийский шейх изображается в обществе хатунов. Он совершает с ними ритуальные действия или дарует им свое благословения, по эти женщины, как правило, уже являлись мусульманками [Pfeiffer 2006a]. Это тем более удивительно,

---

[58] О ее пребывании в Анатолии см. упоминание о ее возвращении ко двору Хулагуидов в 1293 году [Rawshan, Musavi 1994, II: 1196; Thackston 1998: 583].

[59] Тем не менее документально подтверждается некоторое тесное взаимодействие между христианскими принцессами при дворе Сельджуков Рума и суфийскими шейхами [Nicola 2014a: 148–149].

если принять во внимание пропагандистский смысл, которым обладает эта литература, и вызывает недоумение, что описания церемонии обращения в ислам женщин не фиксировались чаще. Можно предположить, что автор жизнеописания не упустил бы случая приписать тому или иному шейху заслугу в приобщении к исламу хатунов. Однако у нас нет ни одного конкретного упоминания о принятии ислама женщиной под влиянием суфийского шейха, кроме случая, упомянутого в работе Афлаки.

Таким образом, в отсутствие конкретных ссылок на обращение женщин, мы не можем на данный момент пойти дальше частичных выводов. С одной стороны, мы могли бы встать на сторону ДеВиза и Амитай и утверждать, что, возможно, суфийские шейхи не были столь важными посредниками при обращении в ислам, а, скорее, личностями, которые сблизились с этими дамами после того, как те уже обратились или были воспитаны как мусульманки [Amitai 1995: 27–29; DeWeese 2009: 120–134]. С другой стороны, большинство этих жизнеописаний написаны спустя десятилетия после событий, о которых они повествуют, и в XIV веке, возможно, к тому времени, когда писали эти авторы, обращение монголов (как мужчин, так и женщин) уже не было незаурядным случаем. На самом деле в некоторых из этих жизнеописаний шейхи проявляют большую заботу о том, чтобы обучить новообращенных монголок правильному соблюдению религиозных норм: ношению хиджаба или употреблению чистой (халяльной) пищи, — а не о том, чтобы брать на себя ответственность за их обращение в ислам [Majd 1994: 912; Gibb 2005: 147]. Так или иначе, присутствие суфийских шейхов среди монгольских мусульманок не дает четкого ответа на вопрос об их обращении. Как и в случае с монгольскими мужчинами, между ними, по-видимому, существовали тесные отношения, но в какой степени эти суфии стимулировали обращение самих женщин, трудно сказать на основании имеющихся данных.

В целом, невозможно дать убедительный ответ на вопрос о том, как монгольские женщины приняли ислам. Есть несколько случаев прямого обращения в Золотой Орде или примеры женщин, которые якобы приняли ислам под непосредственным влиянием суфийского шейха в Анатолии. Однако это лишь единичные случаи, которые вряд ли могут быть подтверждены многочисленными источниками. В целом, кажется, что религиозная трансформация группы знатных женщин из христианского большинства в XIII веке в преимущественно мусульманское большинство в XIV веке происходила по разным каналам и не имела одну-единственную причину. Продолжающаяся инкорпорация турко-мусульманских женщин из подвластных династий и присутствие суфийских шейхов в ордах, а также давление мусульманского большинства, в условиях которого росло новое поколение женщин, могли вызвать изменение религиозной принадлежности монголок при смене поколений. Необходимы дальнейшие исследования этого конкретного аспекта отношений монгольских женщин с религией, но переходный период последних десятилетий XIII века, хотя и слабо документированный, свидетельствует, что с хронологической точки зрения женщины шли по тому же пути, что и их мужчины.

Религиозный патронаж и культурная деятельность монгольских женщин в ильханидском Иране

На Среднем Востоке до монголов опека над зданиями религиозных учреждений и покровительство духовным лицам осуществлялись членами двора и служили для легитимизации династии сельджуков, недавно принявших ислам [Safi 2006: 93–104; Durand-Guédy 2009: 123–129; Finster 1994: 17–28; Cortese, Calderini 2006: 176]. Как отметил Майкл Чемберлен в своем исследовании айюбидского Дамаска, этот патронаж также осуществлялся и женщинами. Так, «между 1159–1160 и 1223–1224 годами, согласно Нуайми, пять крупных фондов было основано женщинами из военных семейств» [Chamberlain 1994: 53]. Как и их айюбидские современницы, некоторые сельджукские женщины активно участвовали в финансовой поддержке мусульманских учреждений и частных лиц. Например, упоминается, что неназванная жена Тогрила и мать султана Арслана имела большое влияние в администрации и делала очень щедрые пожертвования *улама* [Lambton 1988: 270–271; Bosworth 2001: 169–170]. Также упоминается Арслан-хатун (не родственница султану Арслану), которая совершала важные благотворительные деяния и финансировала строительство и уход за религиозными зданиями для мусульманской общины в Йезде[60]. Упоминается и другая сельджукская женщина, Захиде-хатун, которая финансировала строительство медресе в Ширазе: «...в то время во всем Фарсе не было более крупного и тщательно, и добротно сделанного памятника» [Там же: 271]. А на крыше царского дворца «она приказала [заменить] высокий минарет. И она оставила для этой цели много благочестивых посмертных даров» [Shirazi 1972: 45].

Можно найти еще больше упоминаний о женском патронаже в сельджукский период в Анатолии. Однако стоит отметить, что частые упоминания о женщинах как покровительницах исламских институтов и духовенства в этом регионе озадачивают некоторых ученых. В своем исследовании о вакфиях (соглашениях об учреждении благочестивых фондов) Этель С. Волпер отмечает, что женщины редко упоминаются как хранительницы имущества или управляющие благочестивыми фондами. Учитывая отсутствие упоминаний в вакфиях, большое количество случаев появления женских имен в надписях на зданиях требует иного объяснения, нежели то, что они были просто покровительницами [Wolper 2000: 49].

Исследование роли женщин в сельджукской Анатолии выходит за рамки настоящего исследования, но необходимо подчеркнуть, что многие из них, судя по эпиграфическим свидетельствам, были вовлечены в религиозный патронаж [Rogers 1976: 92].

Религиозное покровительство, или патронаж, обычно истолковывается как политический инструмент, который монголы использовали для контроля над завоеванным населением. Оно соответствует «общему подходу монголов к различным мировым

---

[60] Она была женой халифа Абдаллы аль-Каима (ум. 1075), а затем вышла замуж за Алаха ад-Даула Али, правителя Йезда из династии какуидов [Lambton 1988: 271; Bosworth 1968: 48; Afshar 1978: 60, 67–69].

религиям в завоеванных странах, [которое] характеризовалось политическим и духовным прагматизмом» [Khazanov 1993: 468]. Однако Этвуд проводит важное различие:

> Политику, позволяющую свободно исповедовать различные религии, следует отличать от политики государственного признания и предоставления льгот привилегированным священнослужителям. Например, исповедывание иудаизма никогда не запрещалось, однако еврейское духовенство редко освобождалось от уплаты налогов или пользовалось покровительством государства [Atwood 2004a: 247][61].

Монголы, похоже, приспособились к патронажу и включили его в качестве одного из аспектов в практику своего правления.

Действительно, роль монгольских хатунов как покровительниц религии можно рассматривать как еще один этап развития традиции, которая не только предшествовала их появлению в Иране, но и продолжалась после установления там правления монгольской династии в 1335 году. В частности, среди таких местных династий, как джалаириды, музаффариды, сарбадары и куртиды, возникших после распада Государства Хулагуидов, покровительство религиозным храмам и исламскому искусству продолжало оставаться важным способом легитимизации правителей [Broadbridge 2008: 99–137]. Подобные практики были отмечены в периоды правления музаффаридов, тимуридов и сефевидов в Иране, и особенно среди женщин в Османской империи [Limbert 2004: 43; Thys-Şenocak 2006; Bates 1993: 50–65][62]. Однако особенности Монгольской империи позволяют нам отметить некоторые различия между ней и другими династиями. Во-первых, тот факт, что монголы не были мусульманами на момент их прибытия в Иран, объясняет большее разнообразие видов покровительства религиям: христианство и буддизм рассматривались как потенциальные союзники перед лицом держав с много-

---

[61] Ссылка на статус иудеев в [Qazvini 1912–1937, III: 78; Boyle 1997, II: 599].

[62] О сефевидском периоде см., напр., [Newman 2006: 108]. О женском патронаже у тимуридов см. [Soucek 1998: 199–226].

численным мусульманским населением. Во-вторых, в процессе исламизации, происходившей среди монголов, дихотомия между центром монгольского правления в Северо-Западном Иране и подчиненными мусульманскими династиями юга означала, что покровительство исламу развивалось сначала на периферии и постепенно перемещалось в центр по мере исламизации монголов, а мусульманские женщины из этих династий включались в состав правящей семьи.

Но если религиозный патронаж существовал среди женщин в исламском мире до прихода монголов, то к тому времени, когда новые завоеватели-кочевники обосновались в Иране и на Среднем Востоке, у них также существовала традиция религиозного патронажа. Любое исследование того, как функционировал религиозный патронаж в доимперской Монголии, ограничено тем фактом, что «Тайная история монголов», наш единственный источник по этому периоду, малоинформативна на этот счет. Единственный материал о нем содержится в рассказах об отношениях между Чингисханом и Теб-Тенгри. У исследователя создается впечатление, что политический лидер оказывал личную поддержку человеку, занимавшему пост религиозного лидера. На изучаемом этапе истории империи, кажется, уместнее говорить о личной благосклонности, а не об устоявшейся политике покровительства религиям в целом и шаманизму в частности. На самом деле, религиозное покровительство как характерная черта Монгольской империи появилось только после того, как чингизиды начали контролировать и управлять территориями, где преобладали другие религии, кроме шаманизма. Двумя основными религиями (или учениями), с которыми пришлось иметь дело новому монгольскому правителю, были буддизм и даосизм, которые соперничали за господство в Северном Китае и Центральной Азии. В начале существования империи покровительство религиям характеризовалось тем, что монгольский хан освобождал их от налогов и выделял деньги на строительство культовых сооружений. Такие меры характеризовали отношения Чингисхана с буддизмом и особенно с даосизмом. Некоторые из мер, принятых монголами, зафиксированы в работе, составленной знаменитым Елюем Чукаем (ум. 1243) и направленной против фаворитизма, проявляемого монгольским правителем по отношению к секте даосизма Цюаньчжэнь [Rachewiltz 1993: 136–171]. В этом важном рассказе китайского современника упоминается, что «буддийский монах или любой другой человек, проповедующий доброту, освобождается от налогов и разного рода повинностей» [Rachewiltz 1962: 29]. Критикуя впечатление, произведенное Чанчунем на Чингисхана, Елюй Чукай осуждает даосского учителя за то, что тот попросил императора освободить от поборов только членов его секты, не упомянув буддийских монахов [Там же]. Таким образом, этот источник изображает соперничество буддизма и даосизма за благосклонность хана, которое сохранялось до тех пор, пока Хубилай-хан и его жена Чабуй во второй половине XIII века не отдали предпочтение ламаистскому буддизму, выделив большие суммы денег на храмы и монахов [Polo 1903, I: 319].

Освобождение от налогов предоставлялось не только религиозным лидерам, но и некоторым подданным хана в знак его великодушия по отношению к ним. В качестве примера можно привести рассказ о том, как Чингисхан приказал освободить от налогов некоего старика за то, что тот снабжал путников водой из колодца [Waley 1931: 92]. Однако, как о том определенно говорит Джувайни, религиозные лидеры особенно выигрывали от такого фискального режима. Объясняя систему налогообложения, введенную монголами, он говорит, что выплаты производились в соответствии с обстоятельствами жизни человека, за исключением тех, кто был специально освобожден Чингисханом, таких как мусульмане — великие *сайиды*[63] и достопочтенные имамы, христиане, которых они называют *эркеун*, монахи и ученые (*ахбар*), и идолопоклонники — жрецы, которых они называют *тойун*, знаменитые *тойун*; и из всех этих классов людей — те, кто из-за преклонных лет уже не в состоянии зарабатывать на жизнь [Qazvini 1912–1937, II: 77–78; Boyle 1997, II: 599].

В христианских источниках также сообщается о финансовой поддержке, оказанной Чингисханом христианским общинам

---

[63] Прямые потомки пророка Мухаммеда. — *Примеч. пер.*

в Центральной Азии, и о предоставлении свободы вероисповедания всем членам общины [Polo 1903, I: 186; Jackson 2005: 100–101].

Монголы также финансировали строительство культовых сооружений. Это помогало завоевывать сердца подданных, но имело и другое важное последствие. Религиозные здания были неизменной частью ландшафта, свидетельствовали о великодушном характере правителя, повышали его престиж в глазах новых подданных и помогали узаконить его правление. Таким образом, оседлому населению показывали, что кочевники-завоеватели незримо присутствуют в городах, даже если они находились в походах далеко за их пределами. Сменявшие друг друга монгольские ханы заказывали и оплачивали строительство культовых сооружений в Северном Китае и в своей собственной столице Каракоруме, где культовые сооружения, принадлежавшие различным культам империи, росли как грибы[64].

В то время как освобождение от налогов, похоже, было политикой правителей-мужчин в отношении религии, женщины в ранней Монгольской империи также стали практиковать религиозный патронаж одновременно со своим восшествием на престол в 1240-х годах. Самой известной женщиной-меценатом в период становления империи была Сорхахтани-беки, которая дала 1000 серебряных *балишей* на строительство медресе в Бухаре под управлением шейха аль-Ислама Сайф ад-Дина Бухарского [Rawshan, Musavi 1994, II, 823; Boyle 1971: 200; Qazvini 1912–1937, III: 8–9; Boyle 1997, II: 552–523]. Этот дар упоминается и в более поздних источниках, таких как «Тарих-и Банакати», где говорится, что деньги были даны шейху для строительства *ханикаха*[65], и добавляется, что она также давала деньги обедневшим поэтам и тратила деньги на благотворительность (*садака*), подарки и земли для мусульманских шейхов. Эти более поздние источ-

---

[64] Например, пожертвования Чингисхана и Угедэя на строительство храмов для монахов секты Цюаньчжэнь [Waley 1931: 135–137, 18].

[65] Место совместного проживания и отправления религиозных предписаний суфиев; странноприимный дом. — *Примеч. пер.*

ники упорно подчеркивают тот факт, что она оказывала финансовую помощь, несмотря на то что была верующей «из секты Иисуса» [Banakati 2000: 400]. Открытое христианское исповедание хатун и ее покровительство исламским институтам произвели впечатление на мусульманских летописцев того времени. Трудно оценить, было ли это простой благотворительностью или частью осознанной политической стратегии. Как бы то ни было, эти действия, безусловно, принесли ей престиж и в конечном итоге обеспечили ей поддержку, когда она выдвинула своего сына Мункэ на трон в 1250 году. Ее репутация вышла за пределы исламских и монгольских земель и была воспета ближневосточными христианскими летописцами, такими как Бар-Эбрей, и запомнилась анонимному христианскому автору «Татарской реляции» [Budge 2003: 398; Skelton et al. 1965: 76].

Важный эпизод оказания религиозного патронажа имел место во время регентства Дорегене-хатун (пр. 1241–1246). Ее поддержка религии, по-видимому, соответствовала политике, начатой Чингисханом и продолженной Угедэем, а именно благоприятствованию даосизму. В то же время следует помнить, что женщины покровительствовали этой религии еще до прихода монголов. Артур Уэйли в своем предисловии к «Путешествиям алхимика» говорит: «В 1207 году хинская принцесса Юань Фэй подарила храму Т'ай-хсю Куан, в котором жил Чанчунь полную копию даосского канона» [Waley 1931: 16][66]. Так, согласно официальной политике монголов, с одной стороны, и следуя традиции религиозного покровительства со стороны женщин-правительниц, с другой стороны, Дорегене разрешила напечатать даосский канон [Cleaves 1960–1961; Rachewiltz 1981]. Однако, как мы видели выше, взаимодействие женщин с религией не означало автоматически политическую необходимость. Личные убеждения этих женщин влияли на религиозную жизнь монголов и находили сильное отражение в соблюдении женщинами религиозных

---

[66] О женском покровительстве даосизму в Цзиньском Китае см. [Yao 1995: 159]. Марко Поло видел статую Будды в храме, который был основан тангутской женщиной в 1103 году [Polo 1903, I: 221].

обрядов. По этому поводу де Рахевильц предположил, что фаворитизм, проявленный к даосизму, и покровительство канону также были обусловлены особыми обстоятельствами жизни Дорегене-хатун [Rachewiltz 1993: 49]. Личное участие правительницы в покровительстве даосизму прослеживается даже во времена, предшествовавшие обнародованию эдикта. Перед тем как взять на себя управление империей, в последние дни жизни своего мужа, Дорегене тесно общалась с членами секты Цюаньчжэнь. В 1234 году, когда ее муж посылал военные экспедиции на Русь и укреплял контроль монголов над Северным Китаем, она подарила «полный набор даосских писаний» главе секты, сменившему знаменитого старого учителя Чанчуня [Там же: 45]. Поступая так, Дорегене не только следовала традиции предыдущей цзиньской царицы Юань Фэй и действовала в соответствии с религиозной политикой монголов, но и укрепляла положение женщин как покровительниц религии в монгольской державе.

Монголы быстро поняли политическое преимущество, которое давало религиозное покровительство. Они освобождали от налогов религиозных лидеров и учреждения на завоеванных ими территориях и строили культовые сооружения, которые придавали легитимность их правлению и служили физическим напоминанием оседлому населению о присутствии кочевой империи на их территориях. Географические условия требовали, чтобы новая империя отдавала предпочтение даосизму, особенно секте Цюаньчжэнь, которая имела сильные позиции в Северном Китае с конца двенадцатого века. Женщины также участвовали в этом процессе после обретения реальной власти в империи, издавая указы в поддержку даосского канона в Китае и оплачивая строительство медресе в Центральной Азии. Аналогичным образом, когда монголы пришли в Иран, женщины приспособились к новым религиозным обстоятельствам, с которыми они столкнулись.

В Иране, отражая общее отношение монголов к религии, патронаж характеризовался получением политических преимуществ за счет поддержки одной религии над другой. В ранний период существования ильханидского Ирана монголы, помимо ислама, отдавали предпочтение буддизму и христианству. Благосклонное отношение к христианству при Монгольском дворе не было для империи чем-то новым. Как мы видели, во время правления Гуюк-хана (пр. 1246–1248) чиновники-христиане получали преимущества при дворе, что вызвало напряженность в отношениях между мусульманами и христианами в центральной орде [Rawshan, Musavi 1994, II: 808; Karimi 1988–1989: 573; Boyle 1971: 184, 188]. Мункэ-хан, будучи сыном и мужем женщин-христианок, не придерживался такого одностороннего подхода. Как представляется, он отдавал предпочтение христианству, не обращаясь в него лично, но при этом и не допуская конфронтации с исламом. Мункэ иногда посещал мессу в обществе жены, но это не мешало ему финансировать проведение мусульманских праздников и быть упомянутым в персидских хрониках за «его щедрость по отношению к мусульманам», которая была «велика и безгранична» [Qazvini 1912–1937, III: 80; Boyle 1997, II: 600–601]. Некоторые из его жен пользовались определенным влиянием при дворе. Помимо регулярного участия в христианских ритуалах, одна из жен Мункэ (Кутуктай-хатун) также считала необходимым финансово поддерживать членов христианских общин, которые постоянно находились при ней. Гильом де Рубрук вспоминал о ее обычае распределять подарки между несторианскими монахами и христианскими священниками [Dawson 1955: 162]. Когда Гильом со своими спутниками собрался уезжать, она преподнесла им еще подарки, в основном шелковые туники и меха [Там же: 172].

После прихода монголов в Иран покровительство уже не сводилось к личным подаркам, а приняло более сложный характер, как того требовали традиции предыдущих династий. Исследователи отмечают тот факт, что во время правления Хулагу христианство в Иране процветало, как никогда со времен арабского вторжения за 600 лет до этого [Morgan 2007: 135]. Хулагу восхваляется в христианских источниках как «сторонник христианства», который заключил союз с царствами Армении, Грузии и Сирии в своих походах на запад. Он предоставил свободу вероисповедания христианам в Иране и одарил христианских князей «огромным количеством золота, серебра, лошадей и стад без меры и числа» [Blake, Frye 1949: 341, 343]. Мы уже говорили о роли, которую сыграла в этом Докуз-хатун. Ее благодеяния по отношению к христианам широко освещаются в источниках, хотя достоверность одного из таких упоминаний оспаривается из-за особенностей документа. В книге Хетума Патмича «Fleur des éstoires d'Orient» («Цветник историй земель Востока») говорится, что правящая чета при взятии Багдада полностью изменила лик города, отдавая предпочтение христианам. Согласно этому рассказу, Хулагу разделил округа между своими военачальниками и администраторами по своему усмотрению.

> Он приказал повсюду проявлять доброту к христианам и поручить им содержание крепостей и городов, а сарацинов обратил в самое подлое рабство. Жена Хулагу по имени Дукос-сарон [Докуз-хатун] была христианкой, происходившей из рода тех царей, которые пришли с Востока, ведомые Звездой, чтобы присутствовать при рождении Господа. Эта женщина, чрезвычайно набожная христианка, [заставила восстановить все христианские церкви и разрушить все сарацинские мечети] [Hayton].

В этом рассказе есть явное преувеличение: упоминания о рабстве мусульман, разрушении мечетей и связи между ханшей и библейскими царями Востока — все это служит пропагандой для западных королевств. Интересно, однако, что восстановление церквей и роль хатун связаны между собой, что свидетельствует о женском покровительстве религиозным учреждениям. Содействие Докуз строительству церквей также отмечается в мусульманских источниках, когда они указывают, что именно «ради нее Хулагу-хан также благоволил к ним [христианам] и почитал их, настолько, что они строили церкви по всему королевству» [Rawshan, Musavi 1994, II: 964; Thackston 1998: 472]. Поощрение строительства в Багдаде религиозных учреждений со стороны Докуз-хатун также подтверждается другим, менее спорным источником. Раббан Саума говорит о захвате мусульманами во

времена амира Навруза «церкви, которую католикос Макиха
(1257–1263) построил в Багдаде по повелению Хулаху [Хулагу],
царя-победителя, и Тукос-хатун [Докуз-хатун], верующей царицы» [Budge 1928: 223], подтверждая тем самым, что во время
разграбления Багдада церкви защищала жена Хулагу.

Докуз-хатун была не единственной ильханидской женщиной,
отдавшей предпочтение христианству. По крайней мере, некоторые из потомков Хулагу также приняли участие в этом начинании.
Одна из дочерей по имени Тодогач-хатун, которая вышла замуж
за Тангиза Гурагена и стала бабушкой султана Абу Саида (ум.
1335 г.) по матери Хаджи-хатун, имела близкие отношения с на-
стоятелем несторианской церкви в Иране. «Она оказала ему
большую честь и отправила с ним людей в лагерь. Когда он прибыл,
то сразу же отправился к Великому амиру Джопану [Чопану]»
[Там же: 303–304]. Такое благосклонное отношение к христианству
со стороны дочерей Хулагу продолжалось в XIV веке и во времена правления последнего ильхана[67].

В Иране была воспроизведена модель религиозного покровительства, характерная для раннего периода Монгольской империи. Хотя именно Хулагу предоставлял льготы и свободу вероисповедания, женщины принимали непосредственное участие
в строительстве церквей и защите религиозных лидеров. Правление Абаки (пр. 1265–1282) также было отмечено политикой
сближения с христианством, подкрепляемой враждебностью
династии Мамлюков в Египте и недавним обращением Берке-
хана в ислам в Золотой Орде[68]. Среди монгольских женщин
по-прежнему было немало христианок, но помимо этого политический контекст способствовал заключению брачных союзов
с христианскими королевствами. Появление Деспины-хатун при
Монгольском дворе в качестве жены монгольского правителя
Ирана дало возможность другим ветвям христианства восполь-
зоваться женским покровительством. Согласно некоторым ис-

---

[67] Другой случай защиты несторианского католикоса женщиной упоминается
в [Budge 1928: 37].

[68] Толкование рассказов об обращении Берке см. в [DeWeese 1994: 86].

точникам, она основала церковь в своей орде и таким образом обеспечила место поклонения для христиан-яковитов, живших при дворе ильхана Абаки [Brosset 1849–1857: 573]. В конце XIII века эта византийская принцесса вернулась в Константинополь, где продолжила свою меценатскую деятельность, восстановив до сих пор существующую церковь Святой Марии Монгольской в Константинополе[69].

Эти замысловатые отношения с христианством продолжались и в правление Тегудера-Ахмада (пр. 1282–1284). Несмотря на его принадлежность к исламу и неоднократные посещения суфийских шейхов, он не обделял вниманием и христианство. Его мать Кутуй, по-видимому, правила из-за кулис и, похоже, в некоторой степени оказывала характерное для монголов религиозное покровительство. Она сама была христианкой и, когда между двором и несторианским католикосом разгорелся спор, ходатайствовала перед своим сыном с тем, чтобы спасти религиозного лидера от казни; последний поблагодарил правительницу и других христианских приближенных за «милость в глазах императора» [Budge 1928: 163]. Однако нам не удалось найти никаких конкретных упоминаний о том, что Кутуй строила церкви; это может быть связано с тем, что она занималась государственными делами лишь в течение краткого срока. Однако если учесть ее положение при дворе и ее протекцию по отношению к христианам, не будет преувеличением предположить, что она могла иметь отношение к политике, которую Тегудер проводил по отношению к христианам. Он «написал для них [христиан] Патенты, освобождающие все церкви, и религиозные дома, и священников (старейшин), и монахов от налогов и поборов в каждой стране и области» [Budge 2003: 467]. Тем не менее, хотя она могла повлиять на принятие такой фискальной политики, освобождение от налогов представлено в источниках, как и в вышеупомянутых случаях, как мера, принятая правителем мужского пола.

---

[69] Известная в Византии как Мария Палеолог, она была дочерью императора Михаила VIII Палеолога [Herrin 2013: 313–314]. Она также упоминается как жена Гайхату в [Hambly 2005: 8].

Во время правления Аргуна (1284–1291) христианство вновь набрало силу после краткого сближения с исламом, на которое пошел его предшественник. Как и его отец, Аргун пытался объединить христианских сторонников как на Среднем Востоке, так и в Западной Европе [Budge 1928: 165]. В свете такого отношения неудивительно, что христианские источники считают его сторонником христианства, акцентируя внимание на роль его жены-христианки Оруг-хатун[70]. Однако, несмотря на влияние своей жены и политическую близость к христианству, Аргун оставался убежденным буддистом [Rawshan, Musavi 1994, II: 1179; Thackston 1998: 574], и эта вера определила политику покровительства Оруг. Хорошо известно, что буддизм процветал в Иране в этот период, а монголы финансово поддерживали важные буддийские сооружения [Vaziri 2012: 111–134; Azad 2011: 209–230; Kadoi 2009: 171–180]. Интересно, что покровительство буддизму в Иране происходило почти одновременно с поддержкой строительства тибетских храмов в Китае императрицей Чабуй [Rossabi 1994: 16]. Кроме того, буддийское влияние на Аргуна можно увидеть в том, что буддийские монахи присутствовали в окружении его сына Газана, и в том, что он поддерживал буддийских деятелей, о чем свидетельствуют персидские источники. А наличие буддийских храмов в Иране подтверждается свидетельствами об их разрушении после 1295 года [Karimi 1988–1999, II: 914; Rawshan, Musavi 1994, II: 1177–1179; Thackston 1998: 573–575, 626]. Все это говорит о необходимости глубокого переосмысления влияния буддизма в монгольском Иране, где женщины, судя по имеющимся источникам, были не столь многочисленны, но чье участие в покровительстве буддизму может стать более очевидным благодаря открытию новых источников в будущем.

После того как поддержка буддизма достигла своего пика при Аргуне, вступление на престол Гайхату (пр. 1291–1295) ознаменовало собой начало медленного, но неуклонного снижения интереса монголов как к христианству, так и к буддизму. Новый

---

[70] Мать будущего правителя Олджейту (пр. 1304–1317), крестившая его в раннем возрасте [Budge 1928: 283].

ильхан до вступления в должность был наместником Анатолии, что могло повлиять на его религиозные взгляды. Как мы видели, покровительство исламу и особенно суфизму в Анатолии было широко распространенной практикой среди местных правителей, а привлечение таких мусульманок, как Падишах-хатун, к Ханскому двору могло сыграть свою роль в снижении статуса христианства среди монголов. Однако это не означало конец христианства как привилегированной религии при дворе Государства Хулагуидов. Во времена Гайхату Монгольский двор перемещался в основном по регионам нынешнего Северо-Западного Ирана и Азербайджана. Поэтому неудивительно, что Гайхату «издал приказ, чтобы он [католикос] построил церковь в городе Марага и поместил туда сосуды и облачения для службы Церкви, которые умерший царь Аргон [Аргун] установил в Лагере» [Budge 1928: 203]. Религиозная политика Гайхату во время его короткого правления была сумбурной, но одна из его жен проявляла особый интерес к политической и религиозной жизни. Падишах-хатун из кутлугханидов уже упоминалась как мусульманка, которая заняла важное положение при дворе и боролась за контроль над своей родиной в Кермане после восшествия на престол своего супруга. Ее покровительство исламу, о котором речь пойдет ниже, похоже, не помешало ей иметь в своей провинции высокопоставленного представителя Несторианской церкви, что было замечено Марко Поло во время путешествий последнего [Polo 1903, I: 92].

Короткое правление Байду (пр. 1295) не предоставило возможностей для развития системы патронажа, но он попытался привлечь христиан на свою сторону в борьбе с Газан-ханом [Budge 2003: 505]. Повествуя о нем, Рашид ад-Дин показывает значение религии как политического инструмента в Монгольской империи: «Поскольку Байду покровительствовал христианам, таким как епископы, священники и монахи, шейх Махмуд полностью поддерживал принца Газана, ибо он принял ислам» [Karimi 1988–1989, II: 906; Thackston 1998: 622]. Победа и обращение последнего в ислам ознаменовали поворотный момент в политике монголов. Отныне бо́льшая часть финансового покровительства будет направлена на поддержку различных течений и сект ислама:

> Был издан указ о том, что все храмы и молельни бахши, а также христианские церкви и еврейские синагоги в Тебризе, Багдаде и других исламских местах должны быть разрушены, и за эту победу большинство людей ислама воздали благодарность, поскольку ранее Бог не считал нужным исполнить такое желание прошлых поколений [Thackston 1998: 626, прим. 3].

Точность этого утверждения оспаривается, но оно, по крайней мере, отражает настроения персидской элиты нового ильханата, появившегося после обращения Газана. Его преемник пошел дальше и, по крайней мере временно, решил отменить освобождение от налогов для последователей всех религий, кроме ислама [Khanbaghi 2006: 72].

Однако изменение официальной политики еще не означало, что отдельным женщинам было запрещено покровительствовать христианству: по крайней мере, до 1310–1311 годов некоторые монгольские владыки и хатуны, все еще исповедовавшие христианскую веру, продолжали поддерживать Несторианскую церковь. Раббан Саума упоминает, что амир Иринджин в это время проезжал через Тебриз вместе со своей женой Кончак[71] и одной из дочерей[72]. Все они отправились в гости к несторианской общине города:

> Сумма денег, которую амир Ирнаджин [Иринджин] и его жена дали католикосу, составляла десять тысяч [динаров], что [равно] шестидесяти тысячам *зузов* и двум верховым

---

[71] Одна из дочерей Тегудера-Ахмада [Rawshan, Musavi 1994, II: 1123; Thackston 1998: 547; Nava'i 1993: 75]. Она, предположительно, погибла, сражаясь бок о бок со своим мужем в июне — июле 1319 года [Melville 1999: 105–106; Nicola 2010: 103–104].

[72] Кутлуг-хатун, дочь Иринджина от женщины по имени Саридже [Bayani 1936: 51; 1971: 72]; была женой Олджейту [Melville 1999: 104–107; Ward 1983: 637–638; Bayani 1971: 100; Bayani 1936: 77].

лошадям. И еще амир подарил селение церкви Мар Шалита, святого мученика, ибо его умерший отец был погребен там, а мать его и жены его были там похоронены [Budge 1928: 213].

Эта история, во-первых, говорит о том, что покровительство христианству со стороны отдельных женщин продолжалось и после официального обращения монголов, вероятно, из-за их личной привязанности к этой религии. В то же время подобные случаи были редки, так что в начале XIV века покровительство христианству и буддизму в Иране угасало. Внутренняя борьба между различными монгольскими нойонами также могла быть фактором уменьшения числа покровителей христианства, поскольку постепенно формировалась более однородная монгольская и персидская элита, предпочитавшая ислам[73].

Тот факт, что в первый период монгольского владычества в Иране буддизм и особенно христианство привлекали бо́льшую часть женщин в плане патронажа, не означает, что ислам, религия регионального большинства, был обойден вниманием[74]. На фоне экспансии монголов в начале 1250-х годов мусульмане Центральной Азии также пользовались покровительством монгольских женщин. Сведения об этом немногочисленны, но во время правления Оргины-хатун (пр. 1251–1260) в Чагатайском ханстве зафиксированы некоторые свидетельства о том, что она поддерживала ислам [Nicola 2016]. Хотя в источниках нет конкретного упоминания о ее личных верованиях, некоторые авторы считают, что она была мусульманкой [Barthold 1956–1963, I: 46–47]. Она упоминается как благодетельница, которая желала добра мусульманам, но нет никаких конкретных свидетельств, что она поддерживала религиозное строительство или давала деньги мусульманским рели-

---

[73] Например, поражение христианского амира Иринджина от войск промусульманского амира Чопана в 1319 году лишило христиан могущественного союзника при Монгольском дворе [Melville 1999: 11].

[74] Например, финансовая поддержка, оказанная Хулагу Насир ад-Дину Туси — в основном на научные исследования — показывает, что мусульмане отнюдь не были обделены придворным покровительством [Minovi, Minorsky 1940: 755–789].

гиозным лидерам [Ayati 2004: 15]. И все же, если упоминания о монгольском патронаже в Центральной Азии немногочисленны, то некоторые редкие примеры женского патронажа ислама можно найти в ранний период Государства Хулагуидов.

Как мы уже видели, одной из дочерей Хулагу приписывается поддержка исламской общины. Кроме того, хотя Аргун был буддистом, Мустафи упоминает, что его дочь Олджей-хатун решила основать *ханику*, или дервишский монастырь, на месте могилы своего отца [Qazvini 2008: 69; Zipoli 1978]. Некоторые авторы интерпретировали это как акт нарушения *корука* новообращенной мусульманкой, дочерью Аргуна, заключающийся не только в оскорблении «тайного» места, но и конкретно — во вторжении туда «носителей исламской святости» [DeWeese 1994: 192]. Однако можно считать, что такое «нарушение» монгольской традиции имело место и при покровительстве суфийским постройкам от лица этой хатун, и в процессе исламизации, происходившем при Монгольском дворе. Дочь буддийского царя не просто построила место религиозного поклонения, чуждого религии ее отца, но сделала это на той горе, где покоилось его тело, которая, согласно монгольской традиции, должно было стать святым местом из-за нахождения там его захоронения. Это, на мой взгляд, хороший пример слияния монгольской традиции с местными религиями Ирана. Как уже упоминалось ранее, связь между монгольскими хатунами и суфизмом и его близость к ордам, несомненно, могли привести к появлению такого вида патронажа, однако примеры подобной связи в ранний период монгольского правления в Иране невелики. Хорошо известен случай Булуган-хатун «Бозорг», жены Абаки и Аргуна. Мелвилл отмечает, что она была связана с шейхами и защищала мусульман, несмотря на то что ее мужья благоволили христианам и буддистам[75].

Помимо этих примеров, большинство исламских фондов в этот ранний период были основаны женщинами, которые, хотя и были связаны брачными узами с монгольской правящей семьей, принадлежали к регионам Южного Ирана и Анатолии. Это ин-

---

[75] http://www.iranicaonline.org/

тересно, поскольку может пролить свет на культурную ассимиляцию монголов, подчеркивая важную роль, которую тюркские женщины с периферии царства сыграли в исламизации Монгольского двора[76]. В провинции Керман во время длительного правления Теркен Кутлуг-хатун (пр. 1257–1283) покровительство исламу в виде строительства зданий стало обычным явлением. Хотя в местных хрониках нет четких сведений о том, была ли эта тюркская женщина мусульманкой с раннего возраста, она, несомненно, выросла как рабыня в мусульманской среде [Quade-Reutter 2003: 119]. Добравшись до вершины политической карьеры в регионе Керман, она поспешила обновить мечеть Джами в городе, лично профинансировав установку новой двери [Parizi 1976–1977: 235, 333]. Такая финансовая поддержка мусульманских учреждений способствовала формированию мнения, что «пожилая дама [Теркен Кутлуг] является образцом исламских добродетелей, защитницей шейхов и других духовных лиц, преумножая пожертвования и творя благочестивые дела» [Aubin 1995: 34–35; Üçok 1983: 64–65][77]. Помимо пожертвования на восстановление двери главной мечети Кермана, она внесла вклад в строительство некоторых других зданий в своем городе. Например, известно, что после ее смерти в Тебризе ее дочь Биби-Теркен отвезла тело матери обратно в Керман и похоронила в медресе, построенном по заказу Теркен-хатун и носившем в то время ее имя[78].

Стоит отметить, что, хотя источники считают Теркен образцом исламской женщины, она без колебаний выдала свою дочь-мусульманку Падишах-хатун (ум. 1295) замуж за «язычника» Абака-хана «по монгольским обычаям»[79]. Этот брак закрепил стратеги-

---

[76] О процессе «персианизации» монголов см. [Melville 2003: 143]. Об исламизации см. [Melville 1990a: 171].

[77] Полезную таблицу, где обобщены благотворительные фонды Теркен, можно найти в [Quade-Reutter 2003: 145–153; Nicola 2014a: 143–156].

[78] Медресе называется «Медресе-йе теркани» [Parizi 1976–1977: 315–316; Khwandamir 1954, III: 269; Thackston 1998: 155].

[79] «По монгольским обычаям» — имеется в виду именно ее брак с Гайхату [Browne 1910–1913: 133; Lane 2006: 245]. О ее браке с Абакой см. [Rawshan, Musavi 1994, II: 934; Boyle 1971: 305; Spuler 1985: 154].

ческий союз между ее родом и монгольскими правителями Ирана и послужил свидетельством того, что она более прагматично относилась к исламской религиозной практике. Это показывает личный характер религиозной веры, которая была не просто вопросом индивидуального прагматизма или сектантской лояльности. Политический прагматизм и вера Теркен не помешали ее дочерям продолжить ее наследие в плане религиозного патронажа. Падишах-хатун смогла внести свой вклад в развитие исламской среды, находясь в Анатолии, и есть предположение, что она помогла финансировать строительство купольного мавзолея в медресе «Чифте Минарет» в Эрзруме [Muhaddith 1984: 201; Üçok 1983: 78; Brookshaw 2005; Rogers 1976: 76–77; Melville 2009: 76; Nicola 2014a: 149–150]. Вернувшись в Керман, она продолжила свою меценатскую деятельность и «установила закон, справедливость и честность [до такой степени], что султаны мира казались незначительными, она дала много пособий и выплат ученым и приказала [построить] необыкновенные медресе и мечети» [Muhaddith 1984: 202]. Падишах-хатун покровительствовала религии как в Анатолии, так и в Кермане. Возможно, она приобрела уверенность за годы жизни среди анатолийских сельджуков, где женский патронаж был устоявшейся практикой и где ей, возможно, показали, какой политический потенциал имеет финансирование ислама[80].

На деле кутлугханиды из Кермана были не единственной династией монгольских подданных, которая внесла свой вклад в покровительство исламу. Еще до создания Монгольской империи во второй половине XII века в провинции Фарс при династии сельджукидов женщина по имени Захиде-хатун собрала все деньги, доставшиеся ей от предков после смерти мужа, и направила их на приобретение *вакфа* (благочестивого фонда) для медресе, которое она построила в Ширазе [Shirazi 1972: 45; Lambton

---

[80] Участие женщин в покровительстве суфийских лидеров также можно найти в агиографических материалах. См., например, Эсмати-хатун и финансирование мечети для отца Руми Баха аль-Дина Валада в Анатолии [Yazıcı 1959–1961, I: 24–25; O'Kane 2002: 19–20].

1988: 150; Limbert 2004: 64]. В период правления хулагуидов в провинции Фарс было три женщины, которые исполняли обязанности регентш региона, и по крайней мере две из них следовали традиции содействия основанию религиозных зданий. Первой из них была Туркан-хатун, жена Са'ада II атабега Фарса, а затем Сельджук-шаха [Rawshan, Musavi 1994, II: 935–936; Boyle 1971: 306–307; Shirazi 1972: 62]. Как уже упоминалось, она правила недолго и однажды ночью была зверски убита своим вторым мужем, когда он был пьян. Но до этого трагического эпизода она выделила средства на строительство мечети в столице своей провинции (Ширазе) в комплексе дворца атабега [Limbert 2004: 16, 63]. Она упоминается с уважением в исторических хрониках того периода, а также у известного персидского поэта Саади, который считал, что пока династия салгуридов правит в регионе, религии не будет нанесен вред [Brookshaw 2005: 187–188, прим. 44]. О мечети мы также узнаем у Рашид ад-Дина, который упоминает, что после смерти дочери Абеш-хатун «ее тело отвезли в Шираз и похоронили в Медресе-е Адудия, которую ее мать построила в честь Адуд ад-Дина Мухаммеда» [Muhaddith 2003: 125; Rawshan, Musavi 1994, II: 936–937; Boyle 1971: 307].

Наконец, интересен пример Курдуджин-хатун, которая принадлежала к «новому поколению» монголов, выросших в Иране, но также имела родственные связи с монгольской правящей семьей через своего отца, с салгуридами Фарса — через мать и с каракитаидами Кермана — через брак с Союргатмишем [Aigle 2005b: 131–132]. Она принимала постоянное участие в междинастических войнах и централизаторских процессах, начавшихся в Государстве Хулагуидов после обращения Газана в ислам. Однако при Абу Саиде (пр. 1317–1335) ей передали управление доходами столицы Фарса, и на эти средства она предприняла строительство «многих общественных зданий в Ширазе, включая мечети, медресе и больницу» [Brookshaw 2005: 188, прим. 45]. В одном из местных сказаний Шираза исламская школа упоминается как «медресе Курдуджин»; отмечается, что она также была местом захоронения принцев и принцесс города [Shirazi 1972: 93; Ayati 2004: 345; Lambton 1988: 275–276].

Если наследие женского покровительства религиозным учреждениям прослеживается по первоисточникам и архитектуре некоторых районов Ирана и Анатолии, то об их интеллектуальных достижениях так много сказать нельзя. В то время как существуют свидетельства того, что женщины из элиты служили библиотекарями, каллиграфами или учителями, например, в исламской Испании, у нас нет доказательств того, что подобное явление было широко распространено в Государстве Хулагуидов[81]. В доступных источниках монгольские хатуны определенно не упоминаются как непосредственные участницы какой-либо культурной деятельности подобного рода. Однако это, очевидно, не означает, что монгольские женщины не были вовлечены в культурную деятельность или что они не занимали определенных позиций в развитии интеллектуальной жизни Государства Хулагуидов. Как мы уже видели, они проявляли активный интерес к новым идеям, будь то религиозные или светские, охотно покупали и хранили товары, привезенные издалека, и брали под свою протекцию в своих ордах людей с большим багажом идей. Тем не менее в источниках они не фигурируют как художницы, ученые или деятельницы культуры. Возможно, это молчание источников как-то связано с кочевой средой Монгольской империи, а возможно, монгольские женщины играли культурную роль во внутренней монгольской среде, которая была недоступна немонгольским летописцам, на которых мы полагаемся при восстановлении истории ильханидского Ирана.

Однако, если отвлечься от строгого сценария деятельности монгольских хатунов и рассмотреть дам при Монгольском дворе в более широком контексте, например тюркских женщин из Фарса, Кермана или Анатолии, картина значительно обогатится. Например, Падишах-хатун, первоначально принадлежавшая к династии кутлугханидов из Кермана и жена двух ильханов (Абаки и Гайхату), в некоторых источниках упоминается как плодовитая поэтесса, посвятившая свое время при Монгольском

---

[81] Об интеллектуальной деятельности женщин в Аль-Андалусе см. среди прочих [Viguera Molins 1989; 1992: 709–724; Schippers 1993: 139–152].

дворе религиозным начинаниям. Различные источники ссылаются на ее труды и ее страстный интерес к религии. Например, Шабанкараи упоминает, что, когда она сопровождала своего мужа в Анатолии, «она сама была хорошим ученым и писала свои собственные строки на темы Священного Корана» [Muhaddith 1984: 201; Kirmani 1983–1984: 70–79; Rawshan, Musavi 1994, II: 934–935; Boyle 1971: 305–306]. Именно на основе вдохновения, полученного из хадисов и исламских текстов, она сочинила несколько стихотворений, которые были воспроизведены в некоторых местных хрониках Кермана [Muhaddith 1984: 201–202; Kirmani 1983–1984: 70; Uçok 1983: 81–85]. Аналогичным образом, некоторые разрозненные стихи были написаны женщинами в Анатолии в монгольский период и в настоящее время остаются в основном неопубликованными в виде рукописей, как, например, стихотворение, приписываемое Эрвуган-хатун, женщине, жившей в Северо-Западной Анатолии в XIII веке, чьи стихи сохранились в письме, которое она написала мужу[82] [Turan 1958: 168–171]. Также сразу после смерти Абу Саида, последнего ильхана, в 1335 году, другая женщина смешанного монгольско-персидского происхождения оставила несколько стихотворений собственного сочинения. Жизнь и творчество Джахан-Малик-хатун (ум. ок. 1382) были недавно описаны Домиником П. Брукшоу, который также подчеркивает связь между этой женщиной и ее предшественницей Падишах-хатун [Brookshaw 2005: 173–195].

Картина женского патронажа в монгольском Иране двоякая: в течение сорока лет хатуны центрального двора занимались покровительством христианства и в некоторой степени буддизма, в то время как в провинциях Южного и Западного Ирана продолжалась традиция исламского женского покровительства, заложенная династией сельджукидов[83]. В то время как Докуз-хатун финансировала строительство церквей в Багдаде, Туркан-хатун

---

[82] Suleymaniye Library, Istanbul, ms. Fatih 5046, ff. 123a–124a.

[83] Продолжение этой практики отмечено и среди женщин тимуридов [Subtelny 2007: 156–158]. Сравнение женского патронажа в Анатолии между сельджукидской и османской династиями см. [Bates 1993: 50–65].

оплачивала возведение мечетей в Ширазе, пожертвования Дес-пины-хатун шли на пользу яковитам в Азербайджане, а в Керма-не Теркен Кутлуг-хатун основывала медресе. Картина отнюдь не однородна, и покровительство одной религии начинает форми-роваться только после обращения хана Газана, когда центральный двор активно поддержал ислам, а от поддержки христианства постепенно отказались[84]. Рашид ад-Дин утверждает, что Газан-хан построил *ханаках* в Бузинджирде в провинции Хамадан, которую продолжал поддерживать его брат и преемник Олджей-ту [Rawshan, Musavi 1994, II: 1218; Thackston 1998: 597].

Поддержка строительства исламских зданий монгольскими хатунами стала проявляться после 1290-х годов в центральных землях ильханата. Кроме того, традиция финансирования жен-щинами суфийских орденов, мечетей и медресе, восходящая к сельджукскому периоду, сохранилась в районах Государства Хулагуидов, находившихся под властью местных династий в Кер-мане и Фарсе. Покровительственная деятельность женщин в ильханидском Иране не только говорит о ресурсах, имевшихся в распоряжении этих женщин, но и показывает, что они были способны совершать благочестивые действия, традиционно предназначенные для мужчин: султанов, чиновников и амиров. Более проблематично обоснованно доказать их участие в куль-турной и интеллектуальной деятельности, но появление некото-рых выдающихся произведений поэзии и религиозной литерату-ры в ту эпоху открывает поле для будущих исследований в этой области.

---

[84] О продолжении патронажа культовых сооружений при династии тимуридов см. [Golombek 1968: 13–20].

Глава 6
Заключительные замечания

Неотъемлемым недостатком профессии историка является то обстоятельство, что по результатам проделанной работы историки нередко оказываются, по крайней мере частично, неубедительными в своих исследованиях и неизбежно предвзятыми в своих выводах. Хронологическая удаленность от объекта исследования и трудности, связанные с доступностью источников, вынуждают историков-медиевистов приходить, как следствие, к весьма поверхностным выводам. Не является исключением и настоящее исследование; к сожалению, в нем мы сталкиваемся с такими же, если не бо́льшими, проблемами, как и авторы других работ, посвященных роли средневековых женщин в целом и Монгольской империи в частности. Ограниченность архивных материалов еще более осложняет это предприятие, поскольку историю Монгольской империи приходится интерпретировать, основываясь в основном на «литературных источниках», будь то исторические хроники, жизнеописания или рассказы о путешествиях; и это всего лишь некоторые из тех источников, которые использованы в этой книге. Кроме того, в конкретике настоящего исследования возникали дополнительные трудности, связанные не только с источниками, созданными в основном завоеванными народами, но и с всегда трудноуловимой ролью женщин в досовременных обществах. Несмотря на эти очевидные затруднения, хочется надеяться, что данная книга позволила читателю, благодаря представленным двум направлениям анализа, получить некоторое представление о статусе и роли женщин в Монгольской империи. С одной стороны, в книге рассматривалось участие женщин в политике, экономике и религии, а с другой стороны, основное внимание уделялось эволюции, преемственности и трансформации роли хатун по мере их перехода из традиционной монгольской среды в имперскую, которая неизменно сталкивала их лицом к лицу с иными культурами, религиями и представлениями о роли женщины.

О том, что роль женщины у средневековых монголов была весомой, можно судить уже по тому факту, что образ женщины присутствовал в мифе о происхождении монголов, связывая тем самым божественное с человеческим. Этот факт можно рассматривать в качестве некоего культурного символа, в контексте которого роль женщины представлялась весьма значимой и высоко уважительной. Однако такое высокое представление о женском в монгольском понимании божественного не помешало средневековому монгольскому обществу оставаться патриархальным и патрилинейным в своей социальной организации, что, тем не менее, подготовило почву для появления влиятельных женщин в различных сферах общественной жизни. В последние десятилетия XII века и вплоть до 1206 года женщины в Монголии влияли на политический баланс в степной империи. После смерти своих супругов они брали на себя управление расширенными семейными отношениями, распоряжались имуществом, а в роли матерей, жен или наложниц даже выступали в качестве советников лидеров-мужчин. Например, если можно с доверием относиться к повествованию «Тайной истории монголов», это имело место в сказании о начале жизни Чингисхана, мать и главная жена которого изображаются инициаторами ключевых политических решений, во многом обусловивших достижение новым правителем превосходства над другими монгольскими племенами.

Проявление подобного феномена, похоже, не было уникальным для монгольских женщин, оно было характерно и для других средневековых кочевых и полукочевых народов. Например, у турок-сельджуков женщины активно вмешивались в политические дела, вызывая антагонизм персидских государственных и религиозных деятелей, таких как Низам аль-Мульк. Если же переместиться далее на восток Азии, известно, что в (первоначально маньчжурском) племени киданей, основавшем династию Ляо в Северном Китае, женщины независимо участвовали в политических делах уже с X века, и эта традиция продолжалась вплоть до XIII века, когда кидани продвинулись на запад, в Центральную Азию. Будучи в некотором смысле предшественницами монгольских хатунов, эти женщины евразийской элиты также консультировали своих мужей и сыновей по политическим вопросам и вступались за инакомыслящих амиров, чиновников и религиозных лидеров. Однако, когда мы изучаем, как развивалась роль женщин в политике, обнаруживаются некоторые последовательные различия между этими группами населения. Создание долговременного женского регентства отличает Монгольскую империю от других обществ, таких как сельджуки в Иране, а также от доимперской Монголии. Появление правящих хатунов в середине XIII века (при отсутствии какой-либо монгольской модели прихода женщин к власти) необходимо рассматривать в контексте центральноазиатской династии каракитаев, которая создала институциональные прецеденты, позволившие монгольским хатунам пройти еще один шаг от влиятельной роли в политике до признания их в качестве правительниц империи (Herrschaft)[1].

Институт женского регентства у монголов достиг своего наивысшего расцвета в 1240-х годах, когда две женщины были назначены императрицами-регентшами всей объединенной Монгольской империи. Одна из них, Дорегене-хатун, стала первой женщиной, которая была признана правительницей, имела власть над государственным управлением и даже делегировала некоторые из этих полномочий другим женщинам, например своей советнице Фатиме-хатун. Этот период также примечателен присутствием фигуры «закулисного правителя», в лице Сорхахтани-беки, и ее политическими маневрами по продвижению своего сына Мункэ (пр. 1251–1259) в правители Великого ханства в 1250-х годах. Во времена Мункэ институт женского правления

---

[1] См. вводную часть главы 3 о четырех понятиях, введенных Кваде-Ройттер, где она определяет Herrschaft как «правление».

сохранялся в тех областях Монгольской империи, где преобладал кочевой образ жизни. На территориях как Чагатайского ханства в Центральной Азии, так и Золотой Орды в русских землях женщины некоторое время занимали высшие политические должности в качестве правительниц от имени своих сыновей (например, Оргина-хатун и Боракчин-хатун). Однако, как только монголы обосновались в Иране, женское регентство перестало существовать при дворе, и женщины вернулись к своей прежней роли в политике, по-прежнему занимая видное место, но без номинального признания, которое доставалось правителям Государства Хулагуидов. С другой стороны, на юге страны в таких областях, как Керман и Шираз, местные подданные династии все же выдвигали женщин на трон.

По мере развития Государства Хулагуидов в XIV веке в нем шел процесс централизации, который постепенно усиливал участие Монгольского двора в делах провинций. Это, в свою очередь, привело к постепенному отстранению женщин от власти в этих областях, что подкреплялось ассимиляцией и исламизацией монголов. Тем не менее, когда династия хулагуидов распалась и разделилась после смерти Абу Саида в 1335 году, внутренняя борьба за главенство среди потомков монголов привела к тому, что впервые за восемьдесят лет монгольского владычества на Среднем Востоке в Иране возник феномен женского правления. Это произошло в 1339 году, когда Сати-бек на короткое время стала «султаной Ирана» в качестве марионеточного правителя в руках одного из претендентов на престол. Этот эпизод можно рассматривать как исключение, подтверждающее правило касательно женского царствования в Государстве Хулагуидов. Выдвижение женщины на трон, похоже, в этом случае было последней попыткой сохранить некоторые «традиционные» ценности кочевников, поскольку монголы столкнулись с более культурными слоями знати в Иране. Эволюция женского регентства в западных частях Монгольской империи, по-видимому, была результатом компромисса между убеждениями кочевников и оседлого населения, не желавшего институционализировать женскую власть. Ход этого регентства и политического влияния женщин отражает, хотя бы частично, процесс культурной адаптации, которому подверглись монголы на Среднем Востоке.

Изучение роли женщин в других аспектах монгольского общества, таких как экономика, помогает понять, какую важную политическую роль играли хатуны в империи. Трудно было бы понять, как без экономической автономии и контроля над своим имуществом женщины могли достичь столь высоких позиций в системе власти монголов. Исходя из этого, в главе 4 были исследованы некоторые аспекты женской экономической деятельности среди монгольских женщин доимперского и имперского периодов. Мы выяснили, что институт орды в кочевом обществе был жизненно важен для хатунов в частности и для империи в целом. Установлено, что монгольские женщины, принадлежавшие к монаршим семьям, управляли этими лагерями, в которых содержались не только ценные вещи и скот, но и люди, что играло фундаментальную роль в обеспечении женщин административной, политической и военной поддержкой. Судя по всему, орды существовали еще до прихода Чингисхана, но только после монгольской экспансии постоянный приток имущества, животных и людей дал возможность этим лагерям, как и самой империи, увеличиться в размерах и богатстве и стать такими важными экономическими единицами.

Мы также видели, что не каждой знатной даме разрешалось управлять ордой. Теоретически эта привилегия предоставлялась главным женам монгольских князей, которые подарили своим мужьям хотя бы одного сына для продолжения линии наследования. Однако это правило не всегда соблюдалось, и по мере роста империи и превращения монголов в меньшинство внутри нее — со значительным сокращением продолжительности жизни и снижением рождаемости: некоторые женщины приобретали орду, даже если они не могли обеспечить ребенка мужского пола (например, Докуз-хатун и Булуган-хатун «Бозорг», среди прочих). Установив, как женщины приобретали орды, важно также оценить, насколько они были самостоятельны в этом вопросе. Источники подчеркивают тот факт, что эти лагеря передавались женщинам их родственниками мужского пола — мужьями или сыновьями, а после смерти этой хатун именно члены семьи мужского пола имели право передать освободившуюся орду новой хатун. Это важный момент, поскольку он соответствует патриархальной и патрилинейной организации монголов. Тем не менее, как только женщина получала одну из этих орд, она могла сохранить его на всю жизнь, пользуясь ее экономическим потенциалом и политическим влиянием в своих интересах.

Более того, богатство этих орд также было изучено, хотя в источниках не так много упоминаний о нем. Женщины участвовали по крайней мере в трех сферах накопления богатства монголами. Во-первых, наряду с князьями, генералами и амирами, женщины имели долю добычи, полученной в результате монгольского завоевания Евразии. По мере роста империи они включали скот, людей и предметы роскоши в свои орды, которые со временем превращались в самостоятельные важные экономические единицы. Во-вторых, накопление богатства привлекало купцов со всей Евразии, которые участвовали в деловых предприятиях, связанных с женскими лагерями и отдаленными городами империи. Монгольская политика благоприятствовала торговле, что создавало для купцов и караванщиков безопасные условия для осуществления коммерческих операций, прокладывая путь для предпринимательства, которое распространилось из Китая в Европу и из Руси в Индию. Примечательно, что этот бум не был инициирован исключительно купцами. Женщины участвовали не только как потребители товаров, но и как инвесторы в этих коммерческих операциях в масштабах империи. К сожалению, эти авантюры в итоге привели к финансовому хаосу, который такие правители, как Мункэ, в 1250-х годах пытались сдерживать с помощью налоговых реформ и мер по контролю над торговлей. В-третьих, когда монголы обосновались в Иране, появился новый источник дохода: сельское хозяйство. Двойная налоговая система, введенная монголами в Иране, была направлена на максимизацию доходов. В этом новом способе получения ресурсов женщины снова стали активными участниками. Некоторые хатуны были наделены землей, которую они облагали прямыми налогами, используя своих чиновников в качестве сборщиков. Однако эта система взимания доходов достигла своего предела, и к концу

XIII века были проведены реформы, ограничившие размер налогов, которые хатуны могли взимать с завоеванных земель.

Первоначально те орды, которые принадлежали женщинам, должны были переходить к другим женщинам после смерти главной хатун. Однако, рассматривая эволюцию этой практики, мы видим определенное сходство между ней и развитием института регентства. В результате ассимиляции и централизации, проведенной Газан-ханом, женское правление ослабло, и в определенных обстоятельствах передача богатства хатунов между женщинами была прервана мужчинами — членами царской семьи, которые перенаправили ресурсы на себя. Обычно это происходило в контексте политического конфликта между претендентами на престол. Присвоение женского богатства мужчинами-правителями произошло на самом высоком уровне в Иране в конфликтное десятилетие 1290-х годов, когда Гайхату, Байду и Газан боролись за контроль над Государством Хулагуидов. Приводятся многочисленные свидетельства, в особенности Рашид ад-Дина, о передаче этих орд от одной дамы к другой. Как мы видели, персидский историк пытается оправдать присвоение имущества Газаном, утверждая, что Абака пожаловал ему некоторые из богатых орд его жен. Однако похоже, что это еще одна история, опровергаемая фактами и используемая Рашид ад-Дином для оправдания поступков Газана, который своими экономическими реформами, политической централизацией в провинциях и присвоением орд пытался обеспечить свое политическое господство.

Видная роль женщин в политике и их относительная экономическая автономия также давали им возможность активно участвовать в религиозных делах по всей империи. Влияние хатунов на вопросы религии прослеживается как на социальном, так и на личностном уровне. Еще до появления империи женщины играли определенную роль в отношении монголов к религиозной власти; Бортэ, ходатайствовавшая перед Чингисханом о смещении великого шамана Теб-Тенгри, является одним из примеров того, как женщина оказывала влияние на общий религиозный контекст империи. Когда империя расширилась и монголы вступили в контакт с разнообразным миром религий Евразии, женщины выступили в роли покровительниц духовных лидеров, проводили политику благоприятствования в отношении той или иной религии и участвовали в качестве посредников между монголами и потенциальными союзниками в Европе или Тибете. Они поддерживали в своих лагерях многоконфессиональную среду, которая соответствовала общей религиозной среде XIII века.

Однако в их отношениях с религией имелся и важный личностный компонент. В главе 5 было показано, как женщины активно участвовали в религиозных ритуалах в доимперской Монголии и что они могли даже выступать в качестве шаманов, осуществлявших религиозные практики. Присутствие в доимперской Монголии определенных верований, таких как несторианское христианство и буддизм, означало, что эти два верования имели некоторых приверженцев среди женщин еще до начала завоевания Евразии. Поэтому не стоит удивляться упоминаниям о том, что женщины общались с христианскими священниками и буддийскими монахами с самого начала существования империи. Это личное участие в религии засвидетельствовано в различных улусах Монгольской империи, где женщины имели под своей защитой духовных лиц, которые наставляли их в исповедании своей веры. Следующее поколение женщин, родившихся и выросших в Иране и России, также включило ислам в свое религиозное мировоззрение, что напоминало отношение первого поколения к христианству и восточным верованиям. Однако на основании имеющихся у нас на данный момент материалов трудно оценить, кто из монгольских женщин действительно принял ислам на Среднем Востоке. Скудная информация, которую дают источники, позволяет лишь предполагать, что женщины могли следовать той же модели, что и мужчины: медленный, но устойчивый процесс исламизации, стимулируемый различными каналами обращения, которые включали взаимодействие с харизматичными суфийскими шейхами, включение мусульманских мужчин и женщин в Монгольский двор и растущее присутствие ислама в «домашней сфере» женщин в Государстве Хулагуидов. Наконец, благодаря своей экономической автономии и политической власти монгольские женщины играли определенную роль в патронаже религиозных учреждений и религиозных рукописей по всей Евразии. В Иране, по-видимому, они следовали установившейся традиции сельджукских женщин, которая также поддерживалась в подвластных династиях Фарса, Кермана и Анатолии. Постоянное включение этих территорий под прямой контроль Государства Хулагуидов и обращение монголов в ислам привели к тому, что монгольские женщины оказывали финансовую поддержку исламским медресе, мечетям и суфийским лидерам.

Пожалуй, самое важное, что продемонстрировано в этой книге, это то, что выдающаяся роль женщин в Монгольской империи была обусловлена не просто умениями и деятельностью отдельных редких личностей, а, скорее, это было общим явлением. Роль, которую женщины играли в политике, экономике и религии, стала результатом экстраполяции традиционной монгольской концепции женственности на контекст мирового господства. И эта роль не была статичной, а, скорее, адаптировалась и изменялась в зависимости от регионов, где обосновались монголы. Из советниц мужчин-вождей в степи монгольские женщины становились регентшами и правительницами империи; из погонщиц отар и стад в отсутствие мужей они становились обладательницами значительных богатств, пользовались свободой исповедовать собственные религиозные убеждения и одновременно вносили свой вклад в религиозную политику империи. Количество данных, которыми мы располагаем об этих женщинах в источниках, довольно несбалансированно. Хотя, с одной стороны, они обильно упоминаются в источниках того периода, информация о них, как правило, отличается неопределенностью и неполнотой. Тем не менее, когда их роль «становится видимой» в письменных материалах, это служит иллюстрацией фундаментальной роли, которую женщины играли в подъеме, укреплении и падении Монгольской империи. Хочется надеяться, что данное исследование приведет к лучшему пониманию их наследия и станет еще одним шагом в «раскрытии» этих хатунов, чтобы мы могли узнать не только больше о них и их собственной истории, но и через них — больше об истории Монгольской империи в целом.

Глоссарий

анда: отношения кровного братства, устанавливаемые между неродственными мужчинами. Важное дополнение к родственным связям, на которых основывалось патриархальное монгольское общество [Atwood 2004a: 13].

атабег: буквально «отец-повелитель»; в сельджукском Иране это «титул, дававшийся амиру, который отвечал за воспитание сельджукского принца и, по назначению, обычно был женат на его матери» [Lambton 1988: 353]. В Монгольской империи титул среди правителей южных провинций, особенно среди салгуридов Фарса.

бахадур: титул, присваиваемый некоторым монгольским князьям и военачальникам; буквально означает «герой» или «храбрый воин».

бакши: буддийский священник, как правило, тибетского, кашмирского или уйгурского происхождения.

балиш (перс.): также *сюке* на монгольском или *ястук* на уйгурском. Наиболее распространенная валюта Монгольской империи, особенно на территориях Золотой Орды и Государства Хулагуидов. Джувайни упоминает об обращении там как золотых, так и серебряных балишей, хотя большинство денег, по-видимому, чеканилось из серебра.

битикчи: различного рода чиновник-писец; бухгалтер по учету доходов в ильханидском Иране.

богтах: также *боктак*. Шляпа или головной убор, который носили богатые монгольские женщины как знак монаршей власти в XIII–XIV вв. и который, по свидетельству иностранных путешественников, был распространен по всей Монгольской империи от Ирана до Китая. «У него круглое основание, которым он надевается на голову, он высокий, с квадратным верхом. На квадратной верхушке этого убора помещается хохолок из ивовых веток или прутьев, покрытых зеленым войлоком... Высота *бокты* чуть больше одного метра, или 3,5 фута» [Atwood 2004: 44].

вакф: дарственная. Этот термин обычно относится к благотворительному пожертвованию (*вакф-е амм* или *вакф-е хайр*) или личному или частному пожертвованию (*вакф-е ахли* или *вакф-е хасс*).

евогланы: пажи или домашние рабы монгольского вельможи.

занданичи: ткань, изготавливающаяся в Зандане, в Средней Азии.

инджю: относится к лицам или землям, пожалованным Великим ханом своим родственникам или другим вельможам в Государстве Хулагуидов в качестве части их уделов.

католикос: верховный лидер «несторианских» католиков Восточной Азии.

корук: литературное значение «табу»; в монгольском Иране относится к священным местам или запретным участкам.

кубчур: монгольское и кочевое налогообложение в виде «сбора или дополнительной подати, налагаемой на завоеванное население на основе подушного налога, налога на стадо или отару, оцениваемого по количеству животных в стаде или отаре» [Lambton 1988: 361].

курултай: кочевой институт, собрание племени, на котором избирался или утверждался новый правитель.

Несторианская церковь: также известная как Ассирийская церковь; ветвь христианства, представленная на Азиатском континенте. Она возникла на основе учения Нестория (патриарха Константинопольского) в пятом веке и была особенно важна своей миссионерской деятельностью на Дальнем Востоке и своим присутствием в Иране и Центральной Азии в XIII и XIV веках.

нойон: во времена Чингисхана титул, который получали монгольские военачальники тысячи (минган) или десяти тысяч (тумен) воинов. Позже стал использоваться для определения членов монгольской аристократии.

орда: передвижной лагерь монгольского принца или принцессы, содержащий владения, администрацию и подданных определенного члена королевской семьи.

ортак (орток): буквально «партнер»; относится к «купцам, занимающимся торговлей и деньгами/кредитованием с капиталом, поставляемым из императорской казны Монгольской империи или частных казначейств великих аристократов империи» [Atwood 2004a: 429–430].

сахиб-диван: министр двора, в основном отвечающий за финансы.

Темучин: первоначальное имя Чингисхана до его воцарения в качестве верховного правителя монголов в 1206 году.

тарикат (мн. *турук*): Суфийский орден.

удельная система: экономическая организация империи, при которой «императорская семья и ее заслуженные слуги разделяли коллективное правление над всеми своими подданными, как монголами, так и немонголами. Таким образом, члены семьи заслуживали "доли" (куби) во всех благах империи» [Atwood 2004a: 18].

улама: более конкретно относится к ученым религиозных наук (*факих, муффасир, муфтий, мухаддис, мутакаллим, кари* и др.), здесь исключительно в контексте суннизма, где они считаются хранителями, передатчиками и толкователями религиозных знаний, исламской доктрины и закона; термин также охватывает тех, кто выполняет религиозные функции в общине, требующие определенного уровня знаний в религиозных и судебных вопросах, таких как судьи и проповедники (*кади, катиб*), имамы мечетей и т. д.

улус: «коалиция племенных групп, которые были подданными правителя; территория, которой владел правитель такой коалиции» [Lambton 1988: 363]. После 1260 года, по общему мнению, Монгольская империя состояла из четырех основных улусов: Юаньский Китай, Золотая Орда в русских землях, Чагатайское ханство в Центральной Азии и Государство Хулагуидов в Иране.

ханаках: суфийская богадельня. Как правило, это комплекс зданий, возведенных на пожертвования, где предоставлялись питание, жилье, обучение и другие необходимые условия для благочестивых людей.

хатун: слово согдийского происхождения, обозначающее жен и дам кочевых народов Евразии. В монгольском языке используется для обращения к жене государя или представителя знати и поэтому объединяет значения «императрица», «королева» и «дама» без различия [Khātūn; Atwood 2004a: 204].

хутба: относится в основном к проповедям и религиозным текстам, произносимым, как правило, в мечети во время пятничных молитв и ежгодных ритуалов.

Цюаньчжэнь: буквально «полная истина»; основное течение даосизма, возникшее в Северном Китае во времена династий Сун и Цзинь.

ям: курьерская и почтовая (ямская) система, которая связывала Монгольскую империю воедино. Общая коммуникационная и почтовая система, имевшая множество «прототипов» в ранних кочевых империях, но ставшая «необычайно мощным институтом при монголах» [Atwood 2004a: 258–259].

ярлык: королевский приказ или указ, издаваемый Великим ханом или монгольскими правителями на их территориях.

ясак/яса: обычно относится к «кодексу Чингисхана». В качестве альтернативы он также используется для обозначения «монгольской традиции» или обычного права, которое, в свою очередь, может относиться к группе постановлений, указов или судебных решений.

яскот: кусок серебра весом 10 марок. Подробнее см. [Pelliot 1930: 190–192].

Библиография

Основная литература

Тизенгаузен 1884 — Тизенгаузен, В. К. (ред./пер.). Сборник материалов, относящихся к истории Золотой Орды. Т. 1: Извлечения из сочинений арабских. СПб., 1884.

Тизенгаузен 1941 — Сборник материалов, относящихся к истории Золотой Орды. Т. 2: Извлечения из персидских сочинений, собранные В. К. Тизенгаузеном и обработанные А. А. Ромашкевичем и С. Л. Волиным. М.; Л., 1941 (турецк. пер.: İ. H. İzmirli as Altınordu devleti tarihine ait metinler, Istanbul, 1941).

Abarquhi, Shafi 1947 — Kitāb-i mukātibāt-i Rashīdī / ed. M. Abarquhi and M. Shafi. Lahore, 1947.

Afshar 1978 — Katib, Ahmad ibn Husayn. Tārīkh-i jadīd-i Yazd / ed. I. Afshar. Tehran, 1966. Reprint: 1978.

al-Kazim 1995 — Majmaʿ al-ādāb fī muʿjam al-alqāb / ed. M. al-Kazim. 6 vols. Tehran, 1416/1995.

al-Qalanisi 1932 — Ibn al-Qalanisi. The Damascus Chronicle of the Crusades. London, 1932.

al-ʿUmari 1968 — al-ʿUmari, Ibn Fadl Allah. Das Mongolische Weltreich: al-ʿUmari's Darstellung der Mongolischen Reiche in Seinem Werk 'Masālik al-Abṣār fī Mamālik al-Amṣār' / trans. K. von Lech. Wiesbaden, 1968.

Aqsaraʿi 1944 — Aqsaraʿi, Mahmud b. Muhammad al-Karim. Mosāmerat al-akhbār. Ankara, 1944.

Ayati 2004 — Taḥrīr-i tārīkh-i Vaṣṣāf / ed. ʿA. M. Ayati. Tehran, 2004.

Banakati 2000 — Banakati, Fakhr al-Din. 'Tārīkh-i Banākatī': A General History from the Earliest Times to the 14th Century A. D. / ed. J. Sheʿar. Tehran, 1378/2000.

Bawden 1955 — The Mongol Chronicle Altan Tobçi / ed., trans. C. Bawden. Wiesbaden, 1955.

Bayani 1936 — Abru, Hafiz-i. Chronique des rois mongols en Iran / ed., trans. K. Bayani. 2 vols. Paris, 1936.

Bayani 1971 — Abru, Hafiz-i. Ẕayl-i Jāmiʿ al-tawārīkh-i Rashīdī: shāmil-i vaqāʾiʿ-i 703–781 hijrī-i qamarī / ed. K. Bayani. Tehran, 1350/1971.

Bedrosian 1986 — Gandzaketsʿi, Kirakos of. Kirakos Gandzaketsʿi's History of the Armenians / trans. R. Bedrosian. New York, 1986.

Bellerín 2000 — Historia secreta de los Mongoles / ed., trans. L. Ramírez Bellerín. Madrid, 2000.

Blake, Frye 1949 — Akancʾ, Grigor of. History of the Nation of Archers / ed.. trans. P. Blake and R. Frye // Harvard Journal of Asiatic Studies. 1949. Vol. 12. № 3/4 (December). P. 269–399.

Borbone 2009 — Borbone, P. G. (ed./trans.). Storia di Mar Yahballaha e di Rabban Sauma: Cronaca siriaca del XIV secolo. Moncalieri, 2009.

Bosworth 2001 — The History of the Saljuq Turks from the 'Jāmiʾ al-Tawārīkhʾ: An Ilkhanid Adaptation of the 'Saljūq-nāmaʾ of Ẕahīr al-Dīn Nīshāpūrī / ed. C. E. Bosworth, trans. K. A. Luther. Richmond, 2001.

Boyle 1971 — Rashid al-Din Tabib. The Successors of Genghis Khan / trans. J. A. Boyle. New York and London, 1971.

Boyle 1997 — Juvayni, Alaʾ al-Din ʿAta Malik. Genghis Khan: The History of the World Conqueror / trans. J. A. Boyle. 2 vols. Manchester, 1958. Reprint: 1997 (with foreword by D. O. Morgan).

Bretschneider 1910 — Bretschneider, E. Mediaeval Researches from Eastern Asiatic Sources. 2 vols. London, 1910.

Broadhurst 1980 — al-Maqrizi, Ahmad ibn ʿAli. A History of the Ayyubid Sultans of Egypt / ed., trans. R. J. C. Broadhurst. Boston, 1980.

Brosset 1849–1857 — Histoire de la Géorgie: depuis l'Antiquité jusqu'au XIXe siècle / trans. M. Brosset. St Petersburg, 1849–1857.

Browne 1910–1913 — Mustawfi Qazvini, Hamd Allah. The 'Taʾrikh-i-Guzidaʾ: or 'Select History' of Hamduʾllah Mustawfi-iQazwini / ed., trans. E. G. Browne. 2 vols. Leiden and London, 1910–1913.

Bruguera 1991 — Jaume I, Rei d'Aragò. Llibre dels Fets / ed. J. Bruguera. 2 vols. Barcelona, 1991.

Budge 1928 — Wallis Budge, E. A. (trans.). The Monks of Kublai Khan, Emperor of China London, 1928.

Budge 2003 — Bar Hebraeus. The Chronography of Gregory Abû'l-Faraj 1225–1286, the Son of Aaron, the Hebrew Physician Commonly Known as Bar Hebraeus, Being the First Part of his Political History of the World / trans. E. A. Wallis Budge. 2 vols. Amsterdam, 1976. Reprint: New Jersey, 2003.

Clavijo 2005 — González de Clavijo, Ruy. Embassy to Tamerlane 1403–1406 / trans. G. le Strange. London, 2005.

Darke 1961 — Nizam al-Mulk, Husayn ibn ʿAli. Siyāsatʾnāmah / ed. H. Darke. Tehran, 1340/1961.

Darke 1978 — Nizam al-Mulk, Husayn ibn ʿAli. The Book of Government, or Rules for Kings: The 'Siyar al-Muluk' or 'Siyāsat-Nāma' of Nizam al-Mulk / trans. H. Darke. London, 1978.

Dawson 1955 — Dawson, C. The Mongol Mission: Narratives and Letters of the Franciscan Missionaries in Mongolia and China in the Thirteenth and Fourteenth Centuries. London and New York, 1955.

Defrémery et al. 1962 — The Travels of Ibn Baṭṭūṭa, A. D. 1325–1354 / trans., ed. C. Defrémery and B. R. Sanguinetti (French) and H. A. R. Gibb (English). Vol. II. Cambridge, 1962.

Gabrieli 1957 — Gabrieli, F. Arab Historians of the Crusades / trans. E. J. Costello. London, 1957.

Gibb 2005 — Ibn Battuta. Travels in Asia and Africa, 1325–1354 / ed., trans. H. A. R. Gibb. London, 2005.

Guo 1998 — al-Yunini, Musa ibn Muhammad. Early Mamluk Syrian Historiography: al-Yūnīnī's 'Dhayl Mirʾāt al-Zamān / ed., trans. L. Guo. 2 vols. Leiden, 1998.

Habibi 1963–1964 — Juzjani, Minhaj Siraj. Tabaqāt-i Nāṣīrī / ed. ʿA. Habibi. 2 vols. Kabul. 1342–1343/1963–1964.

Hambis 1945 — Hambis, L. Le chapitre CVII du 'Yuan che': les généalogies impériales mongoles dans l'histoire chinoise officielle de la dynastie mongole. Leiden, 1945.

Hambly 2005 — Kashani, Abu al-Qasim ʿAbd Allah ibn ʿAli. Tārīkh-i Ūljāytū / ed. M. Hambly. Tehran, 1384/2005.

Hayton — Hayton, F. The Flower of Histories of the East / trans. R. Bedrosian. URL: http://rbedrosian. com/hetumint.htm (дата обращения: февраль 2011).

Hayton 1585 — Hayton, F. La Fleur des histoires de la terre d'Orient: divisées en cinq parties. Lyon, 1585.

Hayton 1595 — Historia de cosas del Oriente, primera y segunda parte: contiene una descripción general de los Reynos de Assia con las cosas mas notables dellos, etc. / trans. A. Centeno. Cordoba, 1595.

Hayton 1988 — A Lytell Cronycle: Richard Pynson's Translation (c. 1520) of 'La Fleur des histoires de la terre d'Orient' (c. 1307) / ed. G. Burger, trans. R. Pynson. Toronto, 1988.

Holt 1983 — Abu'l-Fida'. The Memoirs of a Syrian Prince: Abu'l-Fidā', Sultan of Hamah (672–732/1273–1331) / trans. P. M. Holt. Wiesbaden, 1983.

Houdas 1891–1895 — Nasawi, Muhammad. Sīrat al-Sulṭān Jālāl al-Dīn Mankobiriti (Histoire du Sultan Djelal Ed-Din Mankobiriti) / ed., trans. O. Houdas. 2 vols. Paris, 1891–1895.

Isfahani 1853 — Vassaf, 'Abd Allah ibn Fazdl Allah. Kitāb-i mustaṭāb-i Vaṣṣāf al-ḥaẓrat / ed. M. M. Isfahani. Bombay, 1269/1853.

Jackson 1990 — Rubruck, William of. The Mission of William of Rubruck: His Journey to the Court of the Great Khan Möngke 1253–1255 / trans. P. Jackson. London, 1990.

Jahn 1940 — Rashid al-Din Tabib. Geschichte Ġāān-Ḫāns aus dem Ta'rīḫ-i-Mubārak-iĠāzānī des Rašīd al-Dīn Faḍlallāh b. 'Imād al-Daula Abūl-Ḫair / ed. K. Jahn. London, 1940.

Jalali 1999 — Tārīkh-i āl-i Saljūq dar Ānāṭūlī / ed. N. Jalali. Tehran, 1999.

Jawad 1932 — Ibn al-Fuwati, 'Abd al-Razzaq ibn Ahmad, al-Ḥawādith al-jāmi'ah / ed. M. Jawad. Baghdad, 1932.

Karimi 1988–1989 — Rashid al-Din Tabib. Jāmi' al-tawārīkh / ed. B. Karimi. 2 vols. Tehran, 1367/1988–1989.

Khwandamir 1954 — Khwandamir, Ghiyath al-Din. Tārīkh-i ḥabīb al-siyar. 4 vols. Tehran, 1333/1954.

Kirmani 1957 — Kirmani, Khwaju. Dīvān-i Ash'ār. Tehran, 1957.

Kirmani 1983–1984 — Kirmani, Nasir al-Din Munshi. Simṭ al-ulā lil-Ḥaẓrat al-'ulyā dar 'Tārīkh-i Qarākhitā'īyān-i Kirmān' / ed. 'A. Iqbal. Tehran, 1362/1983–1984.

Lewis 2004 — Ghaznavi, Sadid al-Din Muhammad. The Colossal Elephant and His Spiritual Feats: Shaykh Ahmad-e Jam: The Life and Legend of a Popular Sufi Saint of 12th Century Iran / ed. Mu'ayyad Sanandaji, trans. F. Lewis. Costa Mesa, 2004.

Loon 1954 — Ahri, Abu Bakr al-Qutbi. Ta'rikh-i Shaikh Uwais (History of Shaikh Uwais) an Important Source for the History of Adharbaijān in the Fourteenth Century / trans. J. B. van Loon. The Hague, 1954.

Lyons 1971 — Ibn al-Furat, Muhammad ibn 'Abd al-Rahim. Ayyubids, Mamlukes and Crusaders: Selections from the 'Tārīkh al-Duwal wa'l-Mulūk' of Ibn al-Furāt / trans. U. and M. C. Lyons. 2 vols. Cambridge, 1971.

Madayini 2001 — Ẓafarnāmah / ed. M. Madayini. Vols I–II. Tehran, 2001.

Majd 1994 — Ibn Bazzaz Ardabili. Ṣafwat al-Ṣafā: dar tarjumah-i aḥvāl va aqvāl va karāmāt-i Shaykh Ṣafī al-Dīn Isḥāq Ardabīlī / ed. G. R. T. Majd. Tabriz, 1373/1994.

Meynard 1860–1861 — Barbier de Meynard, M. Extraits de la chronique persane d'Herat // Journal Asiatique 5 série. 1860. Vol. XVI. P. 461–520; 1861. Vol. XVII. P. 438–457, 473–522.

Michell, Forbes 1914 — Anonymous. The Chronicle of Novgorod 1016–1471 / ed., trans. R. Michell and N. Forbes. London, 1914.

Morton 2004 — Nishapuri, Zahir al-Din. The 'Saljūqnāma' of Ẓahīr al-Dīn Nīshāpūrī: A Critical Text Making Use of the Unique Manuscript in the Library of the Royal Asiatic Society / ed. A. H. Morton. Warminster, 2004.

Muhaddith 1984 — Shabankara'i. Majmaʿ al-ansāb / ed. H. Muhaddith. Tehran, 1363/1984.

Muhaddith 2003 — Baidawi, ʿAbd Allah ibn ʿUmar. Niẓām al-tawārīkh / ed. M. H. Muhaddith. Tehran, 1382/2003.

Muttahidin 2011 — Ibn Bibi, Nasir al-Din Husayn ibn Muhammad, al-Avāmir al-ʿalāʾiyah fī al-umūr al-ʿalāʾiyah, maʿrūf bih. Tārīkh-i Ibn Bībī / ed. Z. Muttahidin. Tehran, 2011.

Nava'i 1960 — Tārīkh-i guzīda / ed. A. Nava'i. Tehran, 1960.

Nava'i 1993 — Samarqandi, Kamal al-Din ʿAbd al-Razzaq. Maṭlaʿ-i saʿdayn va majmaʿ-i baḥrayn / ed. A. Nava'i. Tehran, 1372/1993.

O'Kane 2002 — Aflaki, Shams al-Din Ahmad. The Feats of the Knowers of God: Manaqeb al-ʿArefin / trans. J. O'Kane. Leiden, 2002.

Olbricht 1980 — Olbricht, P. and E. Pinks (eds/trans.). Meng-Ta pei-lu und Hei-Ta shih-lüeh: chinesische Gesandtenberichte über die frühen Mongolen 1221 und 1237. Wiesbaden, 1980.

Orbelian 1864 — Orbelian, S. Histoire de la Siounie / trans. M. Brosset. St Petersburg, 1864.

Parizi 1976–1977 — Tārīkh-i Shāhī-yi Qarā-Khitāʾiyān / ed. M. I. Bastani Parizi. Tehran, 1976–1977.

Pelliot, Hambis 1951 — Pelliot, P. and L. Hambis (eds/trans.). Histoire des campagnes de Gengis Khan: Cheng-Wou Ts'in-Tcheng Lou. Leiden, 1951.

Polo 1903 — Polo, M. The Book of Ser Marco Polo, the Venetian: Concerning the Kingdoms and Marvels of the East / trans. H. Yule. 2 vols. London, 1903.

Polo 1938 — Polo, M. The Description of the World / trans. A. C. Moule and P. Pelliot. 2 vols. London, 1938.

Qazvini 1903 — Mustawfi Qazvini, Hamd Allah. Tarikh è Gozidè': les dynasties persanes pendant la période musulmane depuis les Saffarides jusques et y compris les Mongols de la Perse en 1330 de notre crè / trans. J. Gantin. 2 vols. Paris, 1903.

Qazvini 1912–1937 — Juvayni, Ala' al-Din ʿAta Malik. Tārīkh-i jahān-gushā / ed. M. Qazvini. 3 vols. Leiden and London, 1912–1937.

Qazvini 2008 — Mustawfi Qazvini, Hamd Allah. The Geographical Part of the 'Nuzhat Al-Qulūb' Composed by Hamd Allah Mustawfi of Qazwin in 740 (1340) / trans. G. le Strange. Leiden and London, 1915–1919. Reprint: 2008.

Quatremère 1968 — Histoire des Mongols de la Perse / trans. É. Quatremère. 3 vols. Amsterdam, 1968.

Qumayhah, Shams al-Din 2004–2005 — al-Nuwayri, Ahmad ibn ʿAbd al-Wahhab. Nihāyat al-arab fī funūn al-adab / ed. M. M. Qumayhah and I. Shams al-Din. Beirut, 2004–2005.

Rachewiltz 1962 — Rachewiltz, I. de. The Hsi-Yu Lu by Yeh-Lü Chʾu-Tsʾai // Monumenta Serica. 1962. Vol. 21. P. 1–128.

Rachewiltz 2004 — The Secret History of the Mongols: A Mongolian Epic Chronicle of the Thirteenth Century / trans. I. de Rachewiltz. 2 vols. Leiden and Boston, 2004.

Raverty 1881 — Juzjani, Minhaj Siraj. 'Tabaḳāt-i Nāṣirī': A General History of the Muhammadan Dynasties of Asia, Including Hindustan, from A. H. 194 (810 A. D.) to A. H. 658 (1260 A. D.) and the Irruption of the Infidel Mughals into Islam / trans. H. G. Raverty. London, 1881.

Rawshan, Musavi 1994 — Rashid al-Din Tabib. Jāmiʿ al-tawārīkh / ed. M. Rawshan and M. Musavi. 4 vols. Tehran, 1373/1994.

Richards 1998 — al-Mansuri, Baybars. Zubdat al-fikrah fī taʾrīkh al-hijrah / ed. D. S. Richards. Beirut, 1998.

Richards 2002 — Ibn al-Athir, ʿIzz al-Din. The Annals of the Saljuq Turks: Selections from ʿal-Kāmil fīʾl-Taʾrīkh' of ʿIzz al-Dīn Ibn al-Athīr / trans. D. S. Richards. London, 2002.

Richards 2006–2008 — The Chronicle of Ibn al-Athir for the Crusading Period from ʿal-Kāmil fīʾlTaʾrīkh' / trans. D. S. Richards. 3 vols. Aldershot, 2006–2008.

Rockhill 1900 — Rubruck, William of. The Journey of William of Rubruck to the Eastern Parts of the World, 1253–1255, as Narrated by Himself, with Two Accounts of the Earlier Journey of John of Pian de Carpini / trans. W. W. Rockhill. London, 1900.

Ross 1970 — Mirza, Haydar. A History of the Moghuls of Central Asia: Being the 'Tarikh-iRashidi' of Mirza Muhammad Haidar, Dughlat / ed. N. Elias, trans. E. D. Ross. London, 1970.

Sadeque 1956 — Sadeque, S. F. Baybars I of Egypt. Dhaka, 1956.

Sanandaji 1967 — Maqāmāt-i Zhinda Pīl / ed. Ḥ. Muʾayyad Sanandaji. Tehran, 1967.

Shirazi 1972 — Zarkub Shirazi, Abu al-ʿAbbas. Shirāz-nāma / ed. I. V. Javadi. Tehran, 1350/1972.

Shirazi 2010 — Shirazi, Qutb al-Din Mahmud ibn Masʿud. Akhbār-i Mughūlān (650–683) dar anbānah-ʾi Mullā Quṭb: az majmūʿah-ʾi khaṭṭī-i muvarrakh-i 685, Kitābkhānah-ʾi Āyat Allāh al-ʿUẓmá Marʿashī Najafī (Qum). Qom, 2010.

Skelton et al. 1965 — Skelton, R. A., T. E. Marston and G. D. Painter. The Vinland Map and the Tartar Relation. New Haven and London, 1965.

Smith, Buffery 2003 — Smith, D. J., and H. Buffery. The Book of Deeds of James I of Aragon: A Translation of the Medieval Catalan 'Llibre dels Fets'. Aldershot, 2003.

Smpad 1959 — Smpad, Constable. The Armenian Chronicle of the Constable Smpad or of The "Royal Historian" / ed., trans. S. D. Nersessian // Dumbarton Oaks Papers. 1959. Vol. 13. P. 141–168.

Thackston 1994 — Khwandamir, Ghiyath al-Din. 'Habibu's-Siyar': The Reign of the Mongol and the Turk / trans. W. M. Thackston. Vol. III. Cambridge, MA, 1994.

Thackston 1998 — Rashid al-Din Tabib. Jamiʿuʾt-tawarikh: Compendium of Chronicles / ed. S. S. Kuru, trans. W. M. Thackston. 3 vols. Boston, 1998.

Thomson 1989 — Arewelcʾi, Vardan. The Historical Compilation of Vardan ArewelcʾI / trans. R. W. Thomson // Dumbarton Oaks Papers. 1989. Vol. 43. P. 125–226.

Visal 1985–1986 — Shirazi, ʿIsa ibn Junayd. Tadhkirah-ʾi Hazār Mazār / ed. N. Visal. Shiraz, 1364/1985–1986.

Waley 1931 — Li, Chih-chʿang. The Travels of an Alchemist: The Journey of the Taoist Chʾang-Chʾun from China to the Hindukush at the Summons of Chingiz Khan, Recorded by His Disciple Li Chih-Chʿang / trans. A. Waley. London, 1931.

Ward 1983 — Ward, L. J. Ẓafarnāmah of Mustawfī. Doctoral dissertation. Manchester University, 1983.

Yazıcı 1959–1961 — Aflaki, Shams al-Din Ahmad. Manāqib al-ʿārifīn / ed. T. Yazıcı. 2 vols. Ankara, 1959–1961.

Yule 1913–1916 — Yule, Sir H. Cathay and the Way Thither: Being a Collection of Medieval Notices of China, 4 vols. London, 1913–1916.

Дополнительные источники

Abbott 1942 — Abbott, N. Women and the State in Early Islam // Journal of Near Eastern Studies. 1942. Vol. 1. № 1 (January). P. 106–126.

Abbott 1948 — Abbott, N. Two Queens of Baghdad. Chicago, 1948.

Abbott 1985 — Abbott, N. Aishah: The Beloved of Mohammed. London, 1985.

Ābeš Kātūn — Spuler, B. Ābeš Kātūn // Encyclopaedia Iranica / eds E. Yarshater and A. Ashraf. URL: http://www.iranicaonline.org/.

Abramowski 1976 — Abramowski, W. Die Chinesischen Annalen von Ögödei und Güyük: Übersetzung des 2. Kapitels des Yüan-Shih // Zentralasiatische Studien. 1976. Vol. 10. P. 117–167.

Abramowski 1979 — Abramowski, W. Die Chinesischen Annalen des Möngke: Übersetzung des 3. Kapitels des Yüan-Shih // Zentralasiatische Studien. 1979. Vol. 13. P. 7–71.

Ahmed 1992 — Ahmed, L. Women and Gender in Islam: Historical Roots of a Modern Debate. New Haven and London, 1992.

Aigle 2000 — Aigle, D. Les transformations d'un mythe d'origine: l'exemple de Gengis Khan et de Tamerlan // D. Aigle (ed.). Figures mythiques de l'Orient musulman. Paris, 2000. P. 151–168.

Aigle 2005a — Aigle, D. Bar Hebraeus et son public à travers ses chroniques en Syriaque et en Arabe // Le Muséon. 2005. Vol. 18. № 1/2. P. 87–101.

Aigle 2005b — Aigle, D. Le Fars sous la domination mongole: politique et fiscalité, XIIIe–XIVe s. Paris, 2005.

Aigle 2005c — Aigle, D. The Letters of Eljigidei, Hülegü and Abaqa: Mongol Overtures or Christian Ventriloquism? // Inner Asia. 2005. Vol. 7. № 2. P. 143–162.

Aigle 2007 — Aigle, D. The Mongol Invasions of Bilād al-Shām by Ghazan Khān and Ibn Taymīyah's Three "Anti-Mongol" Fatwas // Mamluk Studies Review. 2007. Vol. 11. № 2. P. 89–120.

Aigle 2008a — Aigle, D. Iran under Mongol Domination: The Effectiveness and Failings of a Dual Administrative System // Bulletin d'études orientales. 2008. Vol. 57. № 2. P. 65–78.

Aigle 2008b — Aigle, D. L'oeuvre historiographique de Barhebraeus: son apport à l'histoire de la période mongole // Parole de l'Orient. 2008. Vol. 33. P. 25–61.

Aigle 2015 — Aigle, D. The Mongol Empire between Myth and Reality: Studies in Anthropological History (Leiden, 2015).

Alamūt — Lockhart, L., and M. G. S. Hodgson. Alamūt // Encyclopaedia of Islam, 2nd edn. URL: http://www.brillonline.nl/browse/encyclopaedia-of-islam-2.

Album 1985 — Album, S. Studies in Ilkhanid History and Numismatics II: A Late Ilkhanid Hoard (741/1340) // Studia Iranica. 1985. Vol. 14. № 1. P. 43–76.

Allouche 1990 — Allouche, A. Teguder's Ultimatum to Qalawun // International Journal of Middle East Studies. 1990. Vol. 22. № 4. P. 437–446.

Allsen 1983 — Allsen, T. T. The Yüan Dynasty and the Uighurs of Turfan in the 13th Century // M. Rossabi (ed.). China among Equals: The Middle Kingdom and Its Neighbors, 10th–14th Centuries. London, 1983. P. 243–280.

Allsen 1985–1987 — Allsen, T. T. The Princes of the Left Hand: An Introduction to the History of the Ulus of Orda in the Thirteenth and Early Fourteenth Centuries // Archivum Eurasiae medii aevi. 1985–1987. Vol. 5. P. 5–40.

Allsen 1987 — Allsen, T. T. Mongol Imperialism: The Policies of the Grand Qan Möngke in China, Russia, and the Islamic Lands, 1251–1259. Berkeley, 1987.

Allsen 1989 — Allsen, T. T. Mongolian Princes and their Merchant Partners, 1200–1260 // Asia Major. 1989. Vol. 2. № 2. P. 83–126.

Allsen 1991 — Allsen, T. T. Changing Forms of Legitimation in Mongol Iran // G. Seaman and D. Marks (eds). Rulers from the Steppe: State Formation on the Eurasian Periphery. Los Angeles, 1991. P. 223–241.

Allsen 1993 — Allsen, T. T. Mahmud Yalavach // I. de Rachewiltz, Hok-lam Chan and W. May (eds). In the Service of the Khan: Eminent Personalities of the Early Mongol-Yüan Period (1200–1300). Wiesbaden, 1993. P. 122–127.

Allsen 1994 — Allsen, T. T. The Rise of the Mongolian Empire and Mongolian Rule in North China // H. Franke and D. Twitchett (eds). The Cambridge History of China: Alien Regimes and Border States, 907–1368. Cambridge, 1994. P. 321–413.

Allsen 1996 — Allsen, T. T. Biography of a Cultural Broker: Bolad Ch'eng-Hsiang in China and Iran // J. Raby and T. Fitzherbert (eds). The Court of the Il-Khans 1290–1340. Oxford, 1996. P. 7–22.

Allsen 1997a — Allsen, T. T. Commodity and Exchange in the Mongol Empire: A Cultural History of Islamic Textiles. Cambridge, 1997.

Allsen 1997b — Allsen, T. T. Ever Closer Encounters: The Appropriation of Culture and the Apportionment of Peoples in the Mongol Empire // Journal of Early Modern History. 1997. Vol. 1. P. 2–23.

Allsen 2001a — Allsen, T. T. Culture and Conquest in Mongol Eurasia (Cambridge, 2001).

Allsen 2001b — Allsen, T. T. Sharing out the Empire: Apportioned Lands under the Mongols', in A. M. Khazanov and A. Wink (eds), Nomads in the Sedentary World (Richmond, 2001). P. 172–90.

Almaligh — Barthold, V. V. Almaligh // Encyclopaedia of Islam, 2nd edn. URL: http://www.bril lonline.nl/browse/encyclopaedia-of-islam-2.

Amitai 1987 — Amitai, R. Mongol Raids into Palestine (A.D. 1260 and 1300) // Journal of the Royal Asiatic Society. 1987. Vol. 2. P. 236–255.

Amitai 1995 — Amitai, R. Mongols and Mamluks: The Mamluk–Īlkhānid War, 1260–1281. Cambridge, 1995.

Amitai 1995–1997 — Amitai, R. Hülegü and the Ayyûbid Lord of Transjordan (More on the Mongol Governor of Al-Karak) // Archivum Eurasiae Medii Aevi. 1995–1997. Vol. 9. P. 5–16.

Amitai 1996 — Amitai, R. Ghazan, Islam and Mongol Tradition: A View from the Mamluk Sultanate // Bulletin of the School of Oriental and African Studies. 1996. Vol. 59. № 1. P. 1–10.

Amitai 1999 — Amitai, R. Sufis and Shamans: Some Remarks on the Islamization of the Mongols in the Ilkhanate // Journal of the Economic and Social History of the Orient. 1999. Vol. 42. № 1. P. 27–46.

Amitai 2001a — Amitai, R. The Conversion of Tegüder Ilkhan to Islam // Jerusalem Studies in Arabic and Islam. 2001. Vol. 25. P. 15–43.

Amitai 2001b — Amitai, R. Turko-Mongolian Nomads and the Iqṭā System in the Islamic Middle East (ca. 1000–1400 CE) // A. M. Khazanov and A. Wink (eds). Nomads in the Sedentary World. Richmond, 2001. P. 152–171.

Amitai 2005 — Amitai, R. The Resolution of the Mongol–Mamluk War // R. Amitai and M. Biran (eds). Mongols, Turks and Others. Leiden and Boston, 2005. P. 359–390.

Amitai 2006 — Amitai, R. The Logistics of the Mongol–Mamlūk War, with Special Reference to the Battle of Wādī ʼL-Khaznardār, 1299 CE // J. H. Pryor (ed.). Logistics of Warfare in the Age of the Crusades: Proceedings of a Workshop Held at the Centre for Medieval Studies, University of Sydney. Aldershot, 2006. P. 25–42.

Amitai 2013 — Amitai, R. Holy War and Rapprochement: Studies in the Relations between the Mamluk Sultanate and the Mongol Ilkhanate (1260–1335). Turnhout, 2013.

Ashtor 1961 — Ashtor, E. Some Unpublished Sources for the Baḥri Period // Scripta Hierosolymitana. 1961. Vol. 9. P. 11–30.

Atābakān-e Fārs — Spuler, B. Atābakān-e Fārs // Encyclopaedia Iranica / eds E. Yarshater and A. Ashraf. URL: http://www.iranicaonline.org/.

Atwood 1996 — Atwood, C. P. Buddhism and Popular Ritual in Mongolian Religion: A Reexamination of the Fire Cult // History of Religions. 1996. Vol. 36. № 2 (November). P. 112–139.

Atwood 2004a — Atwood, C. P. Appanage System // C. P. Atwood (ed.). Encyclopaedia of Mongolia and the Mongol Empire. New York, 2004.

Atwood 2004b — Atwood, C. P. Ordo // C. P. Atwood (ed.). Encyclopaedia of Mongolia and the Mongol Empire. New York, 2004.

Atwood 2004c — Atwood, C. P. Validation by Holiness or Sovereignty: Religious Toleration as Political Theology in the Mongol World Empire of the Thirteenth Century // The International History Review. 2004. Vol. 26. № 2 (June). P. 237–256.

Atwood 2006 — Atwood, C. P. Ulus Emirs, Keshig Elders, Signatures, and Marriage Partners: The Evolution of a Classic Mongol Institution // D. Sneath (ed.). Imperial Statecraft: Political Forms and Techniques of Governance in Inner Asia, Sixth–Twentieth Centuries. Bellingham, 2006. P. 141–173.

Atwood 2007 — Atwood, C. P. Mongols, Arabs, Kurds, and Franks: Rashid al-Din's Comparative Anthropology of Tribal Society. Conference paper presented at 'Rashid al-Din as an Agent and Mediator of Cross-Pollinations in Religion, Medicine, Science and Art'. London, 9 November 2007.

Aubin 1953 — Aubin, J. Les princes d'Ormuz du Xiii au Xv siècle // Journal Asiatique. 1953. Vol. 241. P. 77–137.

Aubin 1995 — Aubin, J. Émirs mongols et vizirs persane dans les remous de l'acculturation. Paris, 1995.

Ayalon 1971a — Ayalon, D. The Great Yāsa of Chingiz Khān: A Reexamination (Part A) // Studia Islamica. 1971. Vol. 33. P. 97–140.

Ayalon 1971b — Ayalon, D. The Great Yāsa of Chingiz Khān: A Reexamination (Part B) // Studia Islamica. 1971. Vol. 34. P. 151–180.

Ayalon 1972 — Ayalon, D. The Great Yāsa of Chingiz Khān: A Reexamination (Part C1) // Studia Islamica. 1972. Vol. 36. P. 113–158.

Ayalon 1973 — Ayalon, D. The Great Yāsa of Chingiz Khān: A Reexamination (Part C2): Al-Maqrīzī's Passage on the Yāsa under the Mamluks // Studia Islamica. 1973. Vol. 38. P. 107–156.

Azad 2011 — Azad, A. Three Rock-Cut Cave Sites in Iran and their Ilkhanid Buddhist Aspects Reconsidered // A. Akasoy, C. S. F. Burnett and R. Yoeli-Tlalim (eds). Islam and Tibet: Interactions Along the Musk Routes. Farnham, 2011. P. 209–230.

Banākatī — Jackson, P. Banākatī // Encyclopaedia Iranica / ed. E. Yarshater and A. Ashraf. URL: http:// www.iranicaonline.org/.

Barkmann 1999 — Barkmann, U. B. Some Comments on the Consequences of the Decline of the Mongol Empire on the Social Development of the Mongols // R. Amitai and D. O. Morgan (eds). The Mongol Empire and its Legacy. Leiden, 1999. P. 273–281.

Barthold 1928 — Barthold, V. V. Turkestan Down to the Mongol Invasion. London, 1928.

Barthold 1956–1963 — Barthold, V. V. Four Studies on the History of Central Asia. 4 vols. Leiden, 1956–1963.

Bassett 1999 — Bassett, P. M. Epiphany // E. Ferguson, M. P. McHugh and F. W. Norris (eds). Encyclopedia of Early Christianity. Vol. I (A–K). New York, 1999. P. 381–382.

Bates 1978 — Bates, Ü. Women as Patrons of Architecture in Turkey // L. Beck and N. R. Keddie (eds). Women in The Muslim World. London, 1978. P. 245–260.

Bates 1993 — Bates, Ü. The Architectural Patronage of Ottoman Women // Asian Art. 1993. Vol. 6. № 2. P. 50–65.

Bausani 1968 — Bausani, A. Religion under the Mongols // J. A. Boyle. The Cambridge History of Iran. Vol. V. Cambridge, 1968. P. 538–549.

Bayani 1974 — Bayani, S. Zan dar Irān-i ʿaṣr-i Mughūl. Tehran, 1974.

Behrens-Abouseif 1997 — Behrens-Abouseif, D. The Maḥmal Legend and the Pilgrimage of the Ladies of the Mamluk Court // Mamluk Studies Review. 1997. Vol. 1. P. 87–96.

Berkey 1992 — Berkey, J. P. The Transmission of Knowledge in Medieval Cairo: A Social History of Islamic Education. Princeton, 1992.

Bira 1999 — Bira, S. Qubilai Qaʾan and 'Phags-Pa Bla-Ma // R. Amitai and D. O. Morgan (eds). The Mongol Empire and its Legacy. Leiden, 1999. P. 240–249.

Biran 1997 — Biran, M. Qaidu and the Rise of an Independent Mongol State in Central Asia. Richmond, 1997.

Biran 2002 — Biran, M. The Chaghadaids and Islam: The Conversion of Tarmashirin Kgan (1331–1334) // Journal of the American Oriental Society. 2002. Vol. 122. № 4 (October–December). P. 742–752.

Biran 2004a — Biran, M. The Mongol Transformation: From the Steppe to Eurasian Empire', Medieval Encounters 10:1–3 (2004). P. 339–61.

Biran 2004b — Biran, M. True to Their Ways: Why the Qara Khitai Did Not Convert to Islam // R. Amitai and M. Biran (eds). Mongols, Turks and Others. Leiden, 2004. P. 175–199.

Biran 2005 — Biran, M. The Empire of the Qara Khitai in Eurasian History: Between China and the Islamic World. New York, 2005.

Biran 2009 — Biran, M. The Mongols in Central Asia from Chinggis Khan's Invasion to the Rise of Timur: The Ogödeid and Chaghadaid Realms // N. Di Cosmo, J. F. Allen and P. Golden (eds). The Cambridge History of Inner Asia: The Chinggisid Period. Cambridge, 2009. P. 46–67.

Birge 2002 — Birge, B. Women, Property, and Confucian Reaction in Sung and Yüan China (960–1368). Cambridge, MA, 2002.

Birge 2003 — Birge, B. Women and Confucianism from Song to Ming: The Institutionalization of Patrilineality // P. J. Smith and R. Von Glahn (eds). The Song-Yuan-Ming Transition in Chinese History. Cambridge, MA, 2003. P. 212–240.

Bologān — Melville, C. Bologān (Būlūgān) Kātun // Encyclopaedia Iranica / eds E. Yarshater and A. Ashraf. URL: http://www.iranicaonline.org/.

Bosworth 1962 — Bosworth, C. E. A Turco-Mongol Practice amongst the Early Ghaznavids // Central Asiatic Journal. 1962. Vol. 7. P. 237–240.

Bosworth 1968 — Bosworth, C. E. The Political and Dynastic History of the Iranian World (A.D. 1000–1217) // J. A. Boyle (ed.). The Cambridge History of Iran. Vol. V. Cambridge, 1968. P. 1–202.

Boyle 1961 — Boyle, J. A. The Death of the Last 'Abbasid Caliph: A Contemporary Muslim Account // Journal of Semitic Studies. 1961. Vol. 6. № 2. P. 145–161.

Boyle 1968 — Boyle, J. A. Dynastic and Political History of the Il-Khans // J. A. Boyle (ed.). The Cambridge History of Iran. Vol. V. Cambridge, 1968. P. 303–421.

Boyle 1972 — Boyle, J. A. The Seasonal Residences of the Great Khan Ögedei // Central Asiatic Journal. 1972. Vol. 16. P. 125–131.

Brack 2011 — Brack, Y. A Mongol Princess Making Hajj: The Biography of El Qutlugh, Daughter of Abagha Ilkhan (r. 1265–82) // Journal of the Royal Asiatic Society. 2011. Vol. 21. № 3. P. 331–359.

Brack 2016 — Brack, Y. Mediating Sacred Kingship: Conversion and Sovereignty in Mongol Iran. PhD dissertation. University of Michigan, 2016.

Broadbridge 2008 — Broadbridge, A. F. Kingship and Ideology in the Islamic and Mongol Worlds. Cambridge and New York, 2008.

Broadbridge 2016 — Broadbridge, A. F. Marriage, Family and Politics: The Ilkhanid-Oirat Connection // Journal of the Royal Asiatic Society. 2016. Vol. 26. № 1–2. P. 123–129.

Brookshaw 2005 — Brookshaw, D. P. Odes of a Poet-Princess: The Ghazals of Jahān-Malik Khātūn // Iran. 2005. Vol. 43. P. 173–195.

Browne 1928 — Browne, E. G. A Literary History of Persia: The Tartar Dominion (1265–1502). Vol. III. Cambridge, 1928.

Buell 2010 — Buell, P. D. Some Royal Mongol Ladies: Alaqa-Beki, Ergene-Qatun and Others // World History Connected. 2010. Vol. 7. № 1 (February). URL: http:// worldhistoryconnected.press.illinois.edu/7.1/buell.html (дата обращения: 24.02.2016).

Bulliet 2017 — Bulliet, R. W. The Conversion Curve Revisited // A. Peacock (ed.). Islamisation: Comparative Perspectives from History. Edinburgh, 2017. P. 69–80.

Bulliet 1990 — Bulliet, R. W. Conversion Stories in Early Islam // M. Gervers and R. J. Bikhazi (eds). Conversion and Continuity: Indigenous Christian Communities in Islamic Lands, Eighth to Eighteenth Centuries. Toronto, 1990. P. 123–133.

Bundy 2000 — Bundy, D. The Syriac and Armenian Christian Responses to the Islamification of the Mongols // J. V. Tolan (ed.). Medieval Christian Perceptions of Islam. New York, 2000. P. 33–54.

Burke 2004 — Burke, P. What is Cultural History? Oxford, 2004.

Cahen 1951 — Cahen, C. Notes pour l'histoire des Turcomans d'Asie Mineure au XIII siècle // Journal Asiatique. 1951. Vol. 239. P. 335–354.

Cahen 1968 — Cahen, C. Pre-Ottoman Turkey: A General Survey of the Material Culture and Spiritual Culture and History, 1071–1330. New York, 1968.

Cahen 1988 — Cahen, C. La Turquie pré-ottomane. Istanbul, 1988.

Calmard 1997 — Calmard, J. Le chiisme imamite sous les Ilkhans // D. Aigle (ed.). L'Iran face à la domination mongole. Tehran, 1997. P. 261–292.

Cammann 1963 — Cammann, S. Mongol Costume: Historical and Recent // D. Sinor (ed.). Aspects of Altaic Civilization. Bloomington, 1963. P. 157–166.

Chabot 1894 — Chabot, J. B. Notes sur les relations du roi Argun avec l'Occident // Revue de l'Orient latin. 1894. Vol. 10. P. 566–638.

Chamberlain 1994 — Chamberlain, M. Knowledge and Social Practice in Medieval Damascus, 1190–1350. Cambridge, 1994.

Chambers 1979 — Chambers, J. The Devil's Horsemen: The Mongol Invasion of Europe. New York, 1979.

Chartier 1988 — Chartier, R. Cultural History: Between Practice and Representation / trans. L. G. Cochrane. Ithaca, 1988.

Ch'i-ch'ing 1994 — Ch'i-ch'ing, H. Mid Yüan Politics // H. Franke and D. Twitchett (eds). The Cambridge History of China: Alien Regimes and Border States, 907–1368. Cambridge, 1994. P. 490–560.

Christian 1998 — Christian, D. A History of Russia, Central Asia, and Mongolia. Vol. 1. Malden, MA, 1998.

Clark 1973 — Clark, L. V. The Turkic and Mongol Words in William of Rubruck's Journey (1253–1255) // Journal of the American Oriental Society. 1973. Vol. 93. № 2. P. 181–189.

Cleaves 1949 — Cleaves, F. W. The Mongolian Names and Terms in the History of the Nation of the Archers by Grigor of Akanc // Harvard Journal of Asiatic Studies. 1949. Vol. 12. № 3/4 (December). P. 400–443.

Cleaves 1956 — Cleaves, F. W. The Biography of Bayan of the Barin in the Yuan Shih // Harvard Journal of Asiatic Studies. 1956. Vol. 19. № 3/4 (December). P. 185–303.

Cleaves 1960–1961 — Cleaves, F. W. The Sino-Mongolian Inscription of 1240 // Harvard Journal of Asiatic Studies. 1960–1961. Vol. 23. P. 62–75.

Cleaves 1977 — Cleaves, F. W. Uighuric Mourning Regulations // Journal of Turkish Studies. 1977. Vol. 1. P. 65–93.

Cleaves 1979–1980 — Cleaves, F. W. The Biography of Empress Čabi in the Yüan Shih // Harvard Ukrainian Studies. 1979–1980. Vol. 3/4. № 1. P. 138–150.

Čobān — Melville, C. Čobān // Encyclopaedia Iranica / eds E. Yarshater and A. Ashraf. URL: http:// www.iranicaonline.org/.

Cordier 1917 — Cordier, H. Le Christianisme en Chine et en Asie Centrale sous les Mongols // T'oung Pao. 1917. Vol. 18. № 1/2 (March–May). P. 49–113.

Cortese, Calderini 2006 — Cortese, D., and S. Calderini. Women and the Fatimids in the World of Islam. Edinburgh, 2006.

Costello 1984 — Costello, E. J. (trans.). Arab Historians of the Crusades. London, 1984.

Crone, Cook 1977 — Crone, P. and M. Cook. Hagarism: The Making of the Islamic World Cambridge, 1977.

Daftary 1996 — Daftary, F. Mediaeval Isma'ili History and Thought. New York, 1996.

Daftary 1998 — Daftary, F. A Short History of the Ismailis: Traditions of a Muslim Community. Princeton, 1998.

Dalkesen 2007 — Dalkesen, N. Gender Roles and Women's Status in Central Asia and Anatolia between the 13th and 16th Centuries. Doctoral dissertation. Middle East Technical University, 2007.

Dardess 1974 — Dardess, J. W. The Cheng Communal Family: Social Organization and NeoConfucianism in Yuan and Early Ming China // Harvard Journal of Asiatic Studies. 1974. Vol. 34. P. 7–52.

Dashdondog 2009 — Dashdondog, B. Submission to the Mongol Empire by the Armenians // Mongolian and Tibetan Quarterly. 2009. Vol. 18. № 3. P. 76–103.

Delumeau, Richard 1968 — Delumeau, J., and J. Richard. Sociétés et compagnies de commerce en Orient et dans l'Océan Indien // Annales: Histoire, Sciences Sociales. 1968. Vol. 23. № 4. P. 823–843.

DeWeese 1994 — DeWeese, D. Islamization and Native Religion in the Golden Horde: Baba Tukles and Conversion to Islam in Historical and Epic Tradition. University Park, 1994.

DeWeese 2009 — DeWeese, D. Islamization in the Mongol Empire // N. Di Cosmo, A. J. Frank and P. B. Golden (eds). The Cambridge History of Inner Asia: The Chinggisid Age. Cambridge, 2009. P. 120–134.

Di Cosmo 1999 — Di Cosmo, N. State Formation and Periodization in Inner Asian History // Journal of World History. 1999. Vol. 10. № 1. P. 1–40.

Dickens 2001 — Dickens, M. Nestorian Christianity in Central Asia. 2001. P. 1–19. URL: www.oxuscom.com/Nestorian_Christianity_in_CA.pdf (дата обращения: 24.02.2016).

Djuwaynī — Spuler, B. Djuwaynī // Encyclopaedia of Islam, 2nd edn. URL: http://www.brillonline.nl/ browse/encyclopaedia-of-islam-2.

Doerfer 1963 — Doerfer, G. Turkische und Mongolische Elemente im Neupersischen: Unter Besonderer Berücksichtigung älterer Neupersischer Geschichtsquellen, vor Allem der Mongolen- und Timuridenzeit. Vol. I. Wiesbaden, 1963.

Doerfer 1965 — Doerfer, G. Türkische und Mongolische Elemente im Neupersischen: Unter Besonderer Berücksichtigung älterer Neupersischer Geschichtsquellen, vor Allem der Mongolen- und Timuridenzeit. Vol. II. Wiesbaden, 1965.

Doerfer 1967 — Doerfer, G. Türkische und Mongolische Elemente im Neupersischen: Unter Besonderer Berücksichtigung älterer Neupersischer Geschichtsquellen, vor Allem der Mongolen- und Timuridenzeit. Vol. III. Wiesbaden, 1967.

Dokuz — Melville, C. Dokuz (Doquz) Kātūn // Encyclopaedia Iranica / eds E. Yarshater and A. Ashraf. URL: http://www.iranicaonline.org/.

Dulaurier 2001 — Dulaurier, E. Les Mongols d'après les historiens armeniens: fragments traduits sur les textes originaux // Journal Asiatiques 5 série. 1858. Vol. XI. P. 192–255, 426–473, 481–508. Reprint: S. Qaukhchishvili / trans. K. Vivian. Amsterdam, 2001.

Dunlop 1944 — Dunlop, D. M. The Keraits of Eastern Asia // Bulletin of the School of Oriental and African Studies. 1944. Vol. 11. № 2. P. 276–289.

Dunn 1986 — Dunn, R. E. The Adventures of Ibn Battuta: A Muslim Traveler of the 14th Century. London, 1986.

Dunnell 1994 — Dunnell, R. The Hsi Hsia // D. Twitchett and H. Franke (eds). The Cambridge History of China: Alien Regimes and Border States, 907–1368. Cambridge, 1994. P. 154–214.

Dunnell 2014 — Dunnell, R. W. The Anxi Principality: [Un]Making a Muslim Mongol Prince in Northwest China during the Yuan Dynasty // Central Asiatic Journal. 2014. Vol. 57, Special Tangut Edition. P. 185–200.

Durand-Guédy 2009 — Durand-Guédy, D. Iranian Elites and Turkish Rulers: A History of Isfahan in the Saljuqid Period. London, 2009.

Eddé 1998 — Eddé, A.-M. Origins géographiques et ethniques de la population alépine au XIIIe siècle // U. Vermeulan and D. De Smet (eds). Egypt and Syria in the Fatimid, Ayyubid and Mamluk Eras. Vol. II. Leuven, 1998. P. 191–208.

El-Azhari 2005 — El-Azhari, T. K. The Role of Salğuqid Women in Medieval Syria // U. Vermeulen and D. De Smet (eds). Egypt and Syria in the Fatimid, Ayyubid and Mamluk Eras. Vol. IV. Leuven, 2005. P. 127–142.

Eliade 1964 — Eliade, M. Shamanism: Archaic Techniques of Ecstasy / trans. W. R. Trask. Princeton, 1964.

Encyclopaedia — Encyclopaedia of Islam, 2nd edn // ed. P. Bearman, T. Bianquis, C. E. Bosworth, E. van Donzel and W. P. Heinrichs. Leiden and London, 1960–2009. URL: http://www.brillonline.nl/browse/encyclopaedia-of-islam-2.

Endicott-West 1989 — Endicott-West, E. Merchant Association in Yüan China: The Ortoy // Asia Major. 1989. Vol. 2. № 2. P. 127–154.

Fahmi 1990 — Fahmi, M. La condition de la femme dans l'islam. Paris, 1990.

Farquhar 1990 — Farquhar, D. M. The Government of China under Mongol Rule: A Reference Guide. Stuttgart, 1990.

Favereau 2016 — Favereau, M. Sources vénitiennes pour l'histoire de la Horde d'Or: nouvelles perspectives de recherche // Golden Horde Review. 2016. Vol. 1. P. 45–46.

Fernea 1977 — Fernea, E., and B. Q. Bezirgan (eds). Middle Eastern Muslim Women Speak. Austin and London, 1977.

Fiey 1975 — Fiey, J. M. Iconographie syriaque, Hulagu, Doquz Khatun... et six ambons? // Le Museon. 1975. Vol. 87. P. 59–64.

Finster 1994 — Finster, B. The Saljuqs as Patrons // R. Hillenbrand (ed.). The Art of the Saljuqs in Iran and Anatolia. Costa Mesa, 1994. P. 17–28.

Fiscal System — Paul, J. Fiscal System III: Islamic Period // Encyclopaedia Iranica / eds E. Yarshater and A. Ashraf. URL: http://www.iranicaonline.org/.

Fletcher 1986 — Fletcher, J. The Mongols: Ecological and Social Perspectives // Harvard Journal of Asiatic Studies. 1986. Vol. 46. № 1. P. 11–50.

Franke 1980 — Franke, H. Women under the Dynasty of Conquest // L. Lanciotti (ed.). La Donna Nella Cina Imperiale e Nella Cina Repubblicana. Florence, 1980. P. 23–43.

Frenkel 2005 — Frenkel, Y. Women in the Late Mamluk Damascus in the Light of Audience Certificates (Samāʿat) // U. Vermeulen and D. De Smet (eds). Egypt and Syria in the Fatimid, Ayyubid and Mamluk Eras. Vol. IV. Leuven, 2005. P. 409–423.

Frye 1998 — Frye, R. Women in Pre-Islamic Central Asia: The Khātun of Bukhara // G. R. Hambly (ed.). Women in Medieval Islamic World: Power, Patronage, and Piety. New York, 1998. P. 55–68.

Fujiko 1978 — Fujiko, I. A Few Reflections on the Anda Relationship // L. V. Clark and P. A. Draghi (eds). Aspects of Altaic Civilization. Bloomington, 1978. P. 81–87.

Ghani 2001–2002 — Ghani, Q. Tārīkh-i ʿaṣr-i Ḥāfiẓ. Vol. I // Baḥs dar āsār va Afkār va Aḥvāl-i Ḥāfiẓ. Tehran, 1380/2001–2002.

Gibson 1997 — Gibson, T. Notes on the History of the Shamanic in Tibet and Inner Asia // Numen. 1997. Vol. 44. № 1 (January). P. 39–59.

Gilli-Elewy 2012 — Gilli-Elewy, H. On Women, Power, and Politics During the Last Phase of the Ilkhanate // Arabica. 2012. Vol. 59. P. 709–723.

Golden 2007 — Golden, P. B. The Conversion of the Khazars to Judaism // P. B. Golden, H. Ben-Shammai and A. Róna-Tas (eds). The World of the Khazars: New Perspectives. Leiden, 2007. P. 123–162.

Golombek 1968 — Golombek, L. The Timurid Shrine of Gazur Gah. Toronto, 1968.

Gronke 1997 — Gronke, M. La religion populaire en Iran mongole // D. Aigle (ed.). L'Iran face à la domination mongole. Tehran, 1997. P. 205–230.

Groossaert, Katz 2002 — Groossaert, V., and P. Katz. New Perspectives on Quanzhen Taoism: The Formation of a Religious Identity // Journal of Chinese Religions. 2002. Vol. 30. P. 91–94.

Grousset 1948 — Grousset, R. L'Empire des Steppes: Attila, Gengis-Khan, Tamerlan. Paris, 1948.

Guisso 1979 — Guisso, R. The Reigns of the Empress Wu, Chung-Tsung and Jui-Tsung (684–712) // D. Twitchett (ed.). The Cambridge History of China: Sui and T'ang China, 589–906. Vol. III. Part 1. Cambridge, 1979. P. 290–332.

Guzman 1971 — Guzman, G. G. Simon of Saint-Quentin and the Dominican Mission to the Mon-gol Baiju: A Reappraisal // Speculum. 1971. Vol. 46. P. 232–249.

Guzman 1974 — Guzman, G. G. The Encyclopedist Vincent of Beauvais and his Mongol Extracts from John of Plano Carpini and Simon of Saint-Quentin // Speculum. 1974. Vol. 49. № 2 (April). P. 287–307.

Ḥāfeẓ-e Abru — Melville, C., and M. Subtelny. Ḥāfeẓ-e Abru // Encyclopaedia Iranica / eds E. Yarshater and A. Ashraf. URL: http://www.iranicaonline.org/.

Hagiographic Literature — Paul, J. Hagiographic Literature // Encyclopaedia Iranica / eds E. Yarshater and A. Ashraf. URL: http://www.iranicaonline.org/.

Halbertsma 2007 — Halbertsma, T. Nestorian Remains of Inner Mongolia: Discovery, Reconstruction and Appropriation. Doctoral dissertation. University of Leiden, 2007.

Halperin 1983 — Halperin, C. J. Russia in the Mongol Empire in Comparative Perspective // Harvard Journal of Asiatic Studies. 1983. Vol. 43. P. 239–261.

Hamayon 1994 — Hamayon, R. N. Shamanism in Siberia: From Partnership in Supernature to Counter-Power in Society // N. Thomas and C. Humphrey (eds). Shamanism, History, and the State. Ann Arbor, 1994. P. 76–89.

Hambly 1998 — Hambly, G. R. Becoming Visible: Medieval Islamic Women in Historiography and History // G. R. Hambly (ed.). Women in the Medieval Islamic World: Power, Patronage, and Piety. New York, 1998. P. 3–27.

Ḥamd Allāh — Spuler, B. Ḥamd Allāh Mustawfī Ḳazwīnī // Encyclopaedia of Islam, 2nd edn. URL: http:// www.brillonline.nl/browse/encyclopaedia-of-islam-2.

Hartog 2004 — Hartog, L. de. Genghis Khan: Conqueror of the World. London, 2004.

Hawkes 1981 — Hawkes, D. Quanzhen Plays and Quanzhen Masters // Bulletin de l'École française d'Extrême-Orient. 1981. Vol. 69. P. 153–170.

Heissig 1990 — Heissig, W. New Material on East Mongolian Shamanism // Asian Folklore Studies. 1990. Vol. 49. № 2. P. 223–233.

Herrin 2013 — Herrin, J. Unrivalled Influence: Women and Empire in Byzantium. Princeton, 2013.

Hillenbrand 2003 — Hillenbrand, C. Women in the Saljuq Period // G. Nashat and L. Beck (eds). Women in Islam: From the Rise of Islam to 1800. Chicago, 2003. P. 103–120.

Historiography — Melville, C. Historiography in Mongol Period // Encyclopaedia Iranica / eds E. Yarshater and A. Ashraf. URL: http://www.iranicaonline.org/.

Hodgson 1968 — Hodgson, M. G. S. The Ismā'īlī State // J. A. Boyle (ed.). The Cambridge History of Iran. Vol. V. Cambridge, 1968. P. 422–482.

Hodous 2012–2013 — Hodous, F. The Quriltai as a Legal Institution in the Mongol Empire // Central Asiatic Journal. 2012–2013. Vol. 56. № 12/13. P. 87–102.

Holmgren 1986 — Holmgren, J. Observations on Marriage and Inheritances in Early Mongol Yüan Society, with Particular Reference to the Levirate // Journal of Asian History. 1986. Vol. 20. P. 127–192.

Holmgren 1987 — Holmgren, J. Political Organisation of Non-Han States in China: The Role of Imperial Princes in Wei, Liao and Yuan // Journal of Oriental Studies. 1987. Vol. 25. P. 1–37.

Holmgren 1991 — Holmgren, J. Imperial Marriage in the Native Chinese and Non-Han State, Han to Ming // R. Watson and P. Bucley Ebrey (eds). Marriage and Inequality in Chinese Society. Berkeley, 1991. P. 58–96.

Holt 1986 — Holt, P. M. The Ilkhan Ahmad's Embassies to Qalawun: Two Contemporary Accounts // Bulletin of the School of Oriental and African Studies. 1986. Vol. 49. № 1. P. 128–132.

Holt 1995 — Holt, P. M. Early Mamluk Diplomacy, 1260–1290: Treaties of Baybars and Qalawun with Christian Rulers. Leiden and New York, 1995.

Howorth 1876 — Howorth, H. H. The Northern Frontagers of China. Part III: The Kara Khitai // Journal of the Royal Asiatic Society. 1876. Vol. 8. № 2 (April). P. 262–290.

Howorth 1876–1927 — Howorth, H. H. History of the Mongols: From the 9th to the 19th Century. 4 vols. London and New York, 1876–1927.

Humphrey 1994 — Humphrey, C. Shamanic Practices and the State in Northern Asia // N. Thomas and C. Humphrey (eds). Shamanism, History, and the State. Ann Arbor, 1994. P. 191–228.

Hunter 1989–1991 — Hunter, E. The Conversion of the Kerait to Christianity in A.D. 1007 // Zentralasiatische Studien. 1989–1991. Vol. 22. P. 142–163.

Irwin 1986a — Irwin, R. The Middle East in the Middle Ages: The Early Mamluk Sultanate, 1250–1382. London, 1986.

Irwin 1986b — Irwin, R. Factions in Medieval Egypt // Journal of the Royal Asiatic Society. 1986. Vol. 2. P. 228–246.

Jackson — Jackson, P. Waṣṣāf al- Ḥaḏrat "the court panegyrist" // Encyclopaedia of Islam, 2nd edn. URL: http://www.brillonline.nl/browse/encyclopaedia-of-islam-2.

Jackson 1975 — Jackson, P. The Accession of Qubilai Qaʾan: A Re-Examination // Journal of the Anglo-Mongolian Society. 1975. Vol. 2. № 1. P. 1–10.

Jackson 1978 — Jackson, P. The Dissolution of the Mongol Empire // Central Asiatic Journal. 1978. Vol. 22. P. 186–244.

Jackson 1998 — Jackson, P. Sultan Radiyya Bint Iltutmish // G. R. Hambly (ed.). Women in the Medieval Islamic World. Bloomsburg, 1998. P. 181–197.

Jackson 1999a — Jackson, P. From Ulus to Khanate: The Making of the Mongol State, c. 1220–1290 // R. Amitai and D. O. Morgan (eds). The Mongol Empire and its Legacy. Leiden, 1999. P. 12–38.

Jackson 1999b — Jackson, P. The Delhi Sultanate: A Political and Military History. Cambridge, 1999.

Jackson 2000 — Jackson, P. The Mongol Empire, 1986–1999 // Journal of Medieval History. 2000. Vol. 26. № 2. P. 189–210.

Jackson 2004 — Jackson, P. The Mongols and the Faith of the Conquered // R. Amitai and M. Biran (eds). Mongols Turks and Others. Leiden, 2004. P. 245–290.

Jackson 2005 — Jackson, P. The Mongols and the West, 1221–1410. Harlow and New York, 2005.

Jackson 2009 — Jackson, P. Mongol Khans and Religious Alliance: The Problems Confronting a Minister-Historian in Ilkhanid Iran // Iran. 2009. Vol. 47. P. 109–122.

Jagchid 1988 — Jagchid, S. Why the Mongolian Khans Adopted Tibetan Buddhism as their Faith // S. Jagchid (ed.). Essays in Mongolian Studies. Provo, 1988. P. 83–93.

Jagchid, Hyer 1979 — Jagchid, S., and P. Hyer. Mongolia's Culture and Society. Boulder, 1979.

Jamal 2002 — Jamal, N. E. Surviving the Mongols: Nizari Quhistani and the Continuity of Ismaili Tradition in Persia. London, 2002.

Jāme — Melville, C. Jāme' Al-Tawārik // Encyclopaedia Iranica / eds E. Yarshater and A. Ashraf. URL: http://www.iranicaonline.org/.

Kadoi 2009 — Kadoi, Y. Buddhism in Iran under the Mongols: An Art-Historical Analysis // T. Gacek and J. Pstrusińska (eds). Proceedings of the Ninth Conference of the European Society for Central Asian Studies. Newcastle upon Tyne, 2009. P. 171–180.

Kahn 1996 — Kahn, P. Instruction and Entertainment in the Naiman Battle Text: An Analysis of § 189 through § 196 of The Secret History of the Mongols // M. and W. Sclepp Gervers (eds). Cultural Contacts: History and Ethnicity in Inner Asia. Toronto, 1996. P. 96–105.

Kamola 2013 — Kamola, S. The Making of History in Mongol Iran. Doctoral dissertation. University of Washington, 2013.

Katz 2002 — Katz, P. R. Writing History, Creating Identity: A Case Study of Xuanfeng Qinghui Tu // Journal of Chinese Religions. 2002. Vol. 29. P. 161–178.

Keddie 1978 — Keddie, N. R. Women in the Muslim World. Cambridge, MA, 1978.

Keddie 1979 — Keddie, N. R. Problems in the Study of Middle Eastern Women // International Journal of Middle Eastern Studies. 1979. Vol. 10. P. 225–240.

Keddie 1992 — Keddie, N. R. (ed.). Deciphering Middle Eastern Women's History // B. Baron and N. R. Keddie (eds). Women in Middle Eastern History: Shifting Boundaries in Sex and Gender. New Haven, 1992. P. 1–22.

Kervran 2002 — Kervran, M. Un monument baroque dans les steppes du Kazakhstan: le tombeau d'Örkina Khatun, Princesse Chagatay? // Arts Asiatiques. 2002. Vol. 57. P. 5–32.

Khanbaghi 2006 — Khanbaghi, A. The Fire, the Star and the Cross: Minority Religion in Medieval and Early Modern Iran. London and New York, 2006.

Khātūn — Boyle, J. A. Khātūn // Encyclopaedia of Islam, 2nd edn. URL: http://www.brillonline.nl/ browse/encyclopaedia-of-islam-2.

Khazanov 1993 — Khazanov, A. M. Muhammad and Jenghiz Khan Compared: The Religious Factor in World Empire Building // Comparative Studies in Society and History. 1993. Vol. 35. № 3. P. 461–479.

Khazanov 1994 — Khazanov, A. M. Nomads and the Outside World / trans. J. Crookenden. Madison, 1994.

Khazanov 1995 — Khazanov, A. M. The Spread of World Religions in Medieval Nomadic Societies of the Eurasian Steppes // Toronto Studies in Central and Inner Asia. 1995. Vol. 1. P. 11–33.

Khudgu 1999–2000 — Khudgu, S. Atābakān-i Lur-i kūchak: tārīkh-i siyāsī-i ijtimā ʿī-i Luristān va Īlām dar ʿahd-i Atābakān-i Lur-i kūchak. Khurramabad, 1378/1999–2000.

Kim 2005 — Kim, H. A Reappraisal of Güyük Khan // R. Amitai and M. Biran (eds). Mongols, Turks and Others: Eurasian Nomads and the Sedentary World. Leiden and Boston, 2005. P. 309–338.

Kirkland 2002 — Kirkland, R. The History of Taoism: A New Outline // Journal of Chinese Religions. 2002. Vol. 30. P. 177–193.

Koblas 2016 — Koblas, J. Historical Epic as Mongol Propaganda? Juvaynī's Motifs and Motives // B. De Nicola and C. Melville (eds). The Mongols' Middle East. Leiden, 2016. P. 155–171.

Köprülü 1929 — Köprülü, M. F. Influence du chamanisme turco-mongol sur les ordres mystiques müsülmans. Istanbul, 1929.

Korobainikov 2004 — Korobainikov, D. A. The Revolt of Kastamonu, c. 1291–1293 // Byzantinische Forschungen. 2004. Vol. 28. P. 87–118.

Krader 1955 — Krader, L. Principles and Structures in the Organization of the Asiatic SteppePastoralists // Southwestern Journal of Anthropology. 1955. Vol. 11. № 2 (Summer). P. 67–92.

Krader 1963 — Krader, L. Social Organization of the Mongol-Turkic Pastoral Nomads. The Hague, 1963.

Kubo 1968 — Kubo, N. Prolegomena on the Study of the Controversies between Buddhists and Taoists in the Yüan Period // Memoirs of the Research Department of the Toyo Bunko. 1968. Vol. 26. P. 39–61.

Lambton 1953 — Lambton, A. Landlord and Peasant in Persia: A Study of Land Tenure and Land Revenue Administration. London and New York, 1953.

Lambton 1988 — Lambton, A. Continuity and Change in Medieval Persia: Aspects of Administrative, Economic and Social History. New York, 1988.

Lane — Lane, G. Jovayni, ʿAlāʾ-al-Din // Encyclopaedia Iranica / ed. E. Yarshater and A. Ashraf. URL: http://www.iranicaonline.org/.

Lane 1999a — Lane, G. An Account of Gregory Bar Hebraeus Abu Al-Faraj and his Relations with the Mongols of Persia // Hugoye: Journal of Syriac Studies. 1999. Vol. 2. № 2 (July). URL: http://syrcom.cua.edu/Hugoye/Vol2No2/HV2N2GLane.html.

Lane 1999b — Lane, G. Arghun Aqa: Mongol Bureaucrat // Iranian Studies. 1999. Vol. 32. № 4. P. 459–482.

Lane 2003 — Lane, G. Early Mongol Rule in Thirteenth Century Iran: A Persian Renaissance. London and New York, 2003.

Lane 2006 — Lane, G. Daily Life in the Mongol Empire. Westport and London, 2006.

Lane 2012 — Lane, G. Mongol News: The Akhbār-i Moghulān dar Anbāneh Qutb by Quṭb al-Dīn Maḥmūd ibn Masʿūd Shīrāzī // Journal of the Royal Asiatic Society. 2012. Vol. 22. № 3–4. P. 541–559.

Lang 1955 — Lang, D. M. Georgia in the Reign of Giorgi the Brilliant (1314–1346) // Bulletin of the School of Oriental and African Studies. 1955. Vol. 17. № 1. P. 74–91.

Lattimore 1963 — Lattimore, O. Chingis Khan and the Mongol Conquests // Scientific American. 1963. Vol. 209. № 2. P. 55–68.

Levanoni 2001 — Levanoni, A. Sagar Ad-Durr: A Case of Female Sultanate in Medieval Islam // U. Vermeulan and D. De Smet (eds). Egypt and Syria in the Fatimid, Ayyubid and Mamluk Eras. Vol. III. Leuven, 2001. P. 209–218.

Lewis 2003 — Lewis, B. The Assassins: A Radical Sect in Islam. London, 2003.

Lewisohn 1999 — Lewisohn, L. Overview: Iranian Islam and Persianate Sufism // L. Lewisohn (ed.). The Heritage of Sufism: The Legacy of Medieval Persian Sufism (1150–1500). Oxford, 1999. P. 11–43.

Limbert 2004 — Limbert, J. W. Shiraz in the Age of Hafez: The Glory of a Medieval Persian City. Seattle, 2004.

Little 1970 — Little, D. P. An Introduction to Mamlūk Historiography: An Analysis of Arabic Annalistic and Biographical Sources for the Reign of Al-Malik an-Nāṣir Muḥammad Ibn Qalā'ūn, vol. II. Wiesbaden, 1970.

Livingston 1971 — Livingston, J. W. Ibn Qayyim al-Jawziyyah: A Four-teenth Century Defense against Astrological Divination and Alchemical Transmutation // Journal of the American Oriental Society. 1971. Vol. 91. № 1. P. 96–103.

Lockhart 1968 — Lockhart, L. The Relations between Edward I and Edward II of England and the Mongol Īl-Khāns of Persia // Iran. 1968. Vol. 6. P. 23–31.

Lopez 1970 — Lopez, R. S. Les methods commercials des marchands oc-cidentaux en Asie du XIe au XIVe siècle // M. Mollat (ed.). Colloque interna-tional d'histoire maritime. Paris, 1970. P. 343–348.

Lot-Falck 1956 — Lot-Falck, E. A propos d'Ätügän, déesse mongole de la terre // Revue de l'histoire des religions. 1956. Vol. 149. № 2. P. 157–196.

Lot-Falck 1977 — Lot-Falck, E. A propos du terme chamane // Études mongoles et sibériennes. 1977. Vol. 8. P. 7–18.

Luttwak 2009 — Luttwak, E. The Grand Strategy of the Byzantine Empire. Cambridge, MA, 2009.

Makdisi 1981 — Makdisi, G. The Rise of Colleges: Institutions of Learning in Islam and the West. Edinburgh, 1981.

Makdisi 1990 — Makdisi, G. The Rise of Humanism in Classical Islam and the Christian West with Special Reference to Scholasticism. Edinburgh, 1990.

Margarian 1999–2000 — Margarian, H. Khoshak-Khatun: An Armenian Princess in Iran // Iran and the Caucasus. 1999–2000. Vol. 3. P. 157–158.

Marsone 2002 — Marsone, P. Accounts of the Foundation of the Quanzhen Movement: A Hagiographic Treatment of History // Journal of Chinese Re-ligions. 2002. Vol. 30. P. 95–110.

Martin 1978 — Martin, J. The Land of Darkness and the Golden Horde: The Fur Trade under the Mongols XIII–XIVth Centuries // Cahiers du monde russe et soviétique. 1978. Vol. 19. № 4 (October–December). P. 401–421.

Martinez 1984 — Martinez, A. P. Regional Mint Outputs and the Dynam-ics of Bullion Flows through the Ilkhanate // Journal of Turkish Studies. 1984. Vol. 8. P. 147–173.

May 2002 — May, T. Attitudes Towards Conversion among the Elite in the Mongol Empire // Asian Studies on the Pacific Coast. Bellingham, 2002. URL: http:// micel.pacificu.edu/easpac/2003/may.php3.

May 2004 — May, T. A Mongol–Ismâ'îlî Alliance?: Thoughts on the Mongols and Assassins // Journal of the Royal Asiatic Society. 2004. Vol. 14. № 3. P. 231–239.

Melville 1990a — Melville, C. Padshāh-i Islam: The Conversion of Sultan Mahmud Ghazan Khan // Pembroke Papers. 1990. Vol. 1. P. 159–177.

Melville 1990b — Melville, C. The Itineraries of Sultan Öljeitü, 1304–1316 // Iran. 1990. Vol. 28. P. 55–70.

Melville 1992 — Melville, C. "The Year of the Elephant": Mamluk–Mongol Rivalry in the Hejaz in the Reign of Abu Sa'id (1317–1335) // Studia Iranica. 1992. Vol. 21. № 2. P. 197–214.

Melville 1996 — Melville, C. The Contribution of Arabic Sources to the History of Medieval Iran // M. Anastassiadou (ed.). Sociétés et cultures musulmanes d'hier et d'aujourd'hui: actes de la IXe réunion des chercheurs sur le monde arabe et musulman. Paris, 1996. P. 313–317.

Melville 1997 — Melville, C. Abū Sa'īd and the Revolt of the Amirs in 1319 // D. Aigle (ed.). L'Iran face à la domination mongole. Tehran, 1997. P. 89–120.

Melville 1999 — Melville, C. The Fall of Amir Chupan and the Decline of the Ilkhanate, 1327–1337: A Decade of Discord in Mongol Iran. Bloomington, 1999.

Melville 2000 — Melville, C. Persian Local Histories: Views from the Wings // Iranian Studies. 2000. Vol. 33. № 1/2. P. 7–14.

Melville 2001 — Melville, C. From Adam to Abaqa: Qâdî Baidâwî's Rearrangement of History (Part 1) // Studia Iranica. 2001. Vol. 30. № 1. P. 67–86.

Melville 2003 — Melville, C. History and Myth: The Persianisation of Ghazan Khan // É. M. Jeremiás (ed.). Irano-Turkic Cultural Contacts in the 11th–17th Centuries. Piliscsaba, 2003. P. 133–160.

Melville 2006a — Melville, C. The Early Persian Historiography of Anatolia // J. Pfeiffer and S. A. Quinn (eds). History and Historiography of Post-Mongol Central Asia and the Middle East: Studies in Honour of John E. Woods. Wiesbaden, 2006. P. 135–166.

Melville 2006b — Melville, C. The Keshig in Iran: The Survival of the Royal Mongol Household // L. Komaroff (ed.). Beyond the Legacy of Genghis Khan. Leiden, 2006. P. 135–164.

Melville 2007 — Melville, C. From Adam to Abaqa: Qâdî Baidâwî's Rearrangement of History (Part 2) // Studia Iranica. 2007. Vol. 36. № 1. P. 7–64.

Melville 2009 — Melville, C. Anatolia under the Mongols // K. Fleet (ed.). The Cambridge History of Turkey. Vol. I. Cambridge, 2009. P. 51–101.

Melville 2016 — Melville, C. The End of the Ilkhanate and After: Observations on the Collapse of the Mongol World Empire // B. De Nicola and C. Melville (eds). The Mongols' Middle East: Continuity and Transformation in Ilkhanid Iran. Leiden, 2016. P. 309–335.

Ménage 1979 — Ménage, V. L. The Islamization of Anatolia // N. Levtzion (ed.). Conversion to Islam. New York, 1979. P. 52–67.

Mernissi 1993 — Mernissi, F. Forgotten Queens of Islam. Cambridge, 1993.

Miller 1989 — Miller, I. Local History in Ninth/Fifteenth Century Yazd: The "Tārīkh-i Jadīd-i Yazd" // Iran. 1989. Vol. 27. P. 75–79.

Minovi, Minorsky 1940 — Minovi, M., and V. Minorsky. Nāṣīr al-Dīn Ṭūsī on Finance // Bulletin of the School of Oriental and African Studies. 1940. Vol. 10. № 3. P. 755–789.

Morgan 1977 — Morgan, D. O. Cassiodorus and Rashīd al-Dīn on Barbarian Rule in Italy and Persia // Bulletin of the School of Oriental and African Studies. 1977. Vol. 40. № 2. P. 302–320.

Morgan 1982a — Morgan, D. O. Persian Historians and the Mongols // D. O. Morgan (ed.). Medieval Historical Writing in the Christian and Islamic Worlds. London, 1982. P. 109–124.

Morgan 1982b — Morgan, D. O. Who Ran the Mongol Empire? // Journal of the Royal Asiatic Society. 1982. Vol. 1. P. 124–136.

Morgan 1986 — Morgan, D. O. The "Great Yāsā of Chingiz Khān" and Mongol Law in the Īlkhānate // Bulletin of School of Oriental and African Studies. 1986. Vol. 49. P. 163–176.

Morgan 1988 — Morgan, D. O. Medieval Persia, 1040–1797: A History of the Near East. New York, 1988.

Morgan 1997 — Morgan, D. O. Rašīd al-Dīn and Ghazan Khan // D. Aigle (ed.). L'Iran face la domination mongole. Tehran, 1997. P. 179–188.

Morgan 2007 — Morgan, D. O. The Mongols. Cambridge, MA, 1986. Rev. edn: 2007.

Morgan 2009 — Morgan, D. O. The Decline and Fall of the Mongol Empire // Journal of the Royal Asiatic Society. 2009. Vol. 19. № 4. P. 1–11.

Morgan 2015 — Morgan, D. O. Mongol Historiography since 1985: The Rise of Cultural History // R. Amitai and M. Biran (eds). Nomads as Agents of Cultural Change: The Mongols and Their Eurasian Predecessors. Honolulu, 2015. P. 271–282.

Morony 1990 — Morony, M. G. The Age of Conversions: A Reassessment // M. Gervers and R. J. Bikhazi (eds). Conversion and Continuity: Indigenous

Christian Communities in Islamic Lands, Eighth to Eighteenth Centuries. Toronto, 1990. P. 135–150.

Morsy 1989 — Morsy, M. Les femmes du Prophète. Paris, 1989.

Morton 1999 — Morton, A. H. The Letters of Rashīd al-Dīn: Ilkhanid Fact or Timurid Fiction? // R. Amitai and D. O. Morgan (eds). The Mongol Empire and its Legacy. Leiden, 1999. P. 155–199.

Moses 1987 — Moses, L. W. The Quarreling Sons in the Secret History of the Mongols // The Journal of American Folklore. 1987. Vol. 100. № 395 (January–March). P. 63–68.

Moses, Halkovic 1985 — Moses, L. W., and S. A. Halkovic. Introduction to Mongolian History and Culture. Bloomington, 1985.

Mostaert, Cleaves 1963 — Mostaert, A., and F. W. Cleaves. Les lettres de 1289 et 1305 des Ilkhan Argun et Oljeitu a Philippe le Bel // Journal of the American Oriental Society. 1963. Vol. 83. № 2 (April–June). P. 265–268.

Mostawfi — Melville, C. Ḥamd-Allāh Mostawfi // Encyclopaedia Iranica / eds E. Yarshater and A. Ashraf. URL: http://www.iranicaonline.org/.

Nashat, Beck 2003 — Nashat, G., and L. Beck (eds). Women in Iran from the Rise of Islam to 1800. Urbana, 2003.

Nasiri 1972 — Nasiri, H. Islam and the Encounter with Other Religions // S. H. Nasr (ed.). Sufi Essays. London, 1972. P. 123–151.

Newman 2006 — Newman, A. J. Safavid Iran: Rebirth of a Persian Empire. London, 2006.

Niazi 2014 — Niazi, K. Quṭb al-Dīn Shīrāzī and the Configuration of the Heavens: A Comparison of Texts and Models. Dordrecht, 2014.

Nicola 2006 — Nicola, B. De. Mongol Khātuns and the Process of Sedentarization. Master's dissertation. SOAS, University of London, 2006.

Nicola 2006–2007 — Nicola, B. De. Las mujeres mongolas en los siglos XII y XIII: Un análisis sobre el rol de la madre y la esposa de Chinggis Khan // Acta Histórica y Arqueológica Medievalia 27/28. Barcelona, 2006–2007. P. 37–64.

Nicola 2010 — Nicola, B. De. Women's Role and Participation in Warfare in the Mongol Empire // K. Klaus Latzel, S. Satjukow and F. Maubach (eds). Soldatinnen: Gewalt und Geschlecht im Krieg vom Mittelalter bis Heute. Paderborn, 2010. P. 95–112.

Nicola 2013 — Nicola, B. De. Ruling from Tents: The Existence and Structure of Women's Ordos in Ilkhanid Iran // R. Hillenbrand, A. Peacock and F. Abdullaeva (eds). Ferdowsi, The Mongols and Iranian History: Art, Literature and Culture from Early Islam to Qajar Persia. London, 2013. P. 116–136.

Nicola 2014a — Nicola, B. De. The Ladies of Rūm: A Hagiographic View on Women in Thirteenth- and Fourteenth-Century Anatolia // Journal of Sufi Studies. 2014. Vol. 3. № 2. P. 132–156.

Nicola 2014b — Nicola, B. De. Patrons or Murids? Mongol Women and Shaykhs in Ilkhanid Iran and Anatolia // Iran Studies. 2014. Vol. 52. P. 143–156.

Nicola 2016 — Nicola, B. De. The Queen of the Chaghatayds: Orghīna Khātūn and the Rule of Central Asia // Journal of the Royal Asiatic Society. 2016. Vol. 26. № 2. P. 107–120.

Nicola 2017 — Nicola, B. De. The Role of the Domestic Sphere in the Islamisation of the Mongols // A. Peacock (ed.). Islamisation: Comparative Perspectives from History. Edinburgh, 2017.

Noonan 1983 — Noonan, T. S. Russia's Eastern Trade, 1150–1350: The Archaeological Evidence // Archivum Eurasiae Medii Aevi. 1983. Vol. 3. P. 201–264.

Olschki 1960 — Olschki, L. Marco Polo's Asia: An Introduction to his Description of the World Called 'Il Milione'. Berkeley, 1960.

Ostrowski 1998a — Ostrowski, D. Muscovy and the Mongols: Cross-Cultural Influences in the Steppe Frontier, 1304–1589. Cambridge, 1998.

Ostrowski 1998b — Ostrowski, D. The "Tamma" and the Dual-Administrative Structure of the Mongol Empire // Bulletin of School of Oriental and African Studies. 1998. Vol. 61. № 2. P. 262–277.

Paul 1990 — Paul, J. Hagiographische Texte als historische Quelle // Saeculum. 1990. Vol. 41/1. P. 17–43.

Peacock 2006 — Peacock, A. Georgia and the Anatolian Turks in the 12th and 13th Centuries // Anatolian Studies. 2006. Vol. 56. P. 127–146.

Peacock 2010 — Peacock, A. Early Seljuq History: A New Interpretation. London, 2010.

Pelliot 1920 — Pelliot, P. À propos des Comans // Journal Asiatique. April–June 1920. P. 125–185.

Pelliot 1922–1924–1931 — Pelliot, P. Les Mongols et la Papauté. Revue de l'Orient chrétien. 3 vols. 1922, 1924 and 1931.

Pelliot 1927 — Pelliot, P. Une ville musulmane dans la Chine de nord sous les Mongols // Journal Asiatique. 1927. Vol. 211. P. 261–279.

Pelliot 1930 — Pelliot, P. Le prétendu mot "Iascot" chez Guillaume de Rubrouck // T'oung Pao. 1930. Vol. 27. P. 190–192.

Pelliot 1932 — Pelliot, P. Le vrai nom de "Seroctan" // T'oung Pao. 1932. Vol. 29. № 1/3. P. 43–54.

Pelliot 1949 — Pelliot, P. Notes sur l'histoire de la Horde d'Or / ed. L. Hambis. Paris, 1949.

Pelliot 1961 — Pelliot, P., and L. Hambis, Histoire des campagnes de Gengis Khan: Cheng-Wou Ts'in-Tcheng Lou (Leiden, 1951).

Pelliot 1973 — Pelliot, P. Recherches sur les Chrétiens d'Asie Centrale et d'Extrême-Orient. Vol. 3: Màr Ya(H)Bhallàhâ. Rabban Ṣàumâ et les princes Öngüt chrétiens / eds J. Dauvillier and L. Hambis. Paris, 1973.

Petech 1990 — Petech, L. Central Tibet and the Mongols: The Yüan Sa-Skya Period of Tibetan History // Serie Orientale Roma. Vol. 65. Rome, 1990.

Petrushevsky 1968 — Petrushevsky, P. The Socio-Economic Condition of Iran under the Il-Khans // J. A. Boyle (ed.). The Cambridge History of Iran. Vol. V. Cambridge, 1968. P. 483–537.

Petrushevsky 1970 — Petrushevsky, P. Rashid al-Din's Conception of the State // Central Asiatic Journal. 1970. Vol. 14. P. 148–162.

Pfeiffer 1999 — Pfeiffer, J. Conversion Versions: Sultan Oljeitu's Conversion to Shiʿism in Muslim Narrative Sources (709/1309) // Mongolian Studies. 1999. Vol. 22. P. 35–67.

Pfeiffer 2006a — Pfeiffer, J. Aḥmad Tegüder's Second Letter to Qalāʾūn (682/1283) // J. Pfeiffer and S. A. Quinn (eds). History and Historiography of Post-Mongol Central Asia and the Middle East: Studies in Honour of John E. Woods. Wiesbaden, 2006. P. 167–202.

Pfeiffer 2006b — Pfeiffer, J. Reflections on a "Double Rapprochement": Conversion to Islam among the Mongol Elite during the Early Ilkhanate // L. Komaroff (ed.). Beyond the Legacy of Genghis Khan. Leiden, 2006. P. 369–389.

Pfeiffer 2007 — Pfeiffer, J. A Turgid History of the Mongol Empire in Persia: Epistemological Reflections Concerning a Critical Edition of Vaṣṣāf's Tajzirat al-amsar va tajziyat al-aʿsar // J. Pfeiffer and M. Kropp (eds). Theoretical Approaches to the Transmission and Edition of Oriental Manuscripts. Würzburg, 2007. P. 107–129.

Pierce 1993 — Pierce, L. P. The Imperial Harem: Women and Sovereignty in the Ottoman Empire. New York, 1993.

Pirenne 1992 — Pirenne, J. La légende du Prêtre Jean. Strasbourg, 1992.

Poliak 1942 — Poliak, A. N. The Influence of Chingiz-Khān's Yāsa upon the General Organization of the Mamlūk State // Bulletin of the School of Oriental and African Studies. 1942. Vol. 10. P. 862–876.

Poucha 1956 — Poucha, P. Die Geheime Geschichte der Mongolen als Geschichtsquelle und Literaturdenkmal: Ein Beitrag Zu Ihrer Erklärung. Prague, 1956.

Quade-Reutter 2003 — Quade-Reutter, K. "Denn Sie Haben Einen Unvollkommenen Verstand" — Herrschaftliche Damen Im Grossraum Iran in

Der Mongolen — Und Timuridenzeit (ca. 1250–1507). Doctoral dissertation. Albert-Ludwig Universität, Freiburg, 2003.

Quinn 1989 — Quinn, S. A. The Mu'izz al-Ansab and Shu'ab-i Panjganah as Sources for the Chaghatayid Period of History: A Comparative Analysis // Central Asiatic Journal. 1989. Vol. 33. № 3. P. 229–253.

Rachewiltz 1962 — Rachewiltz, I. de. Yeh-Lü Ch'u-Ts'ai (1189–1243): Buddhist Idealist and Confucian Statesman // A. F. Wright and D. Twitchett (eds). Confucian Personalities. Stanford, 1962. P. 189–216.

Rachewiltz 1973 — Rachewiltz, I. de. The Ideological Foundations of Chingis Khan's Empire // Papers in Far Eastern History. 1973. Vol. 7. P. 21–36.

Rachewiltz 1981 — Rachewiltz, I. de. Some Remarks on Töregene's Edict of 1240 // Papers in Far Eastern History. 1981. Vol. 25. P. 38–63.

Rachewiltz 1993 — Rachewiltz, I. de. Hok-lam Chan and W. May (eds). In the Service of the Khan: Eminent Personalities of the Early Mongol-Yüan Period (1200–1300). Wiesbaden, 1993.

Rapoport 2005 — Rapoport, Y. Marriage, Money and Divorce in Medieval Islamic Society. Cambridge, 2005.

Rapoport 2007 — Rapoport, Y. Women and Gender in Mamluk Society: An Overview // Mamluk Studies Review. 2007. Vol. 11. № 2 (November). P. 1–45.

Ratchnevsky 1965 — Ratchnevsky, P. Šigi-Qutuqu, ein Mongolische Gefolgsmann im 12–13. Jahrhundert // Central Asiatic Journal. 1965. Vol. 10. P. 87–120.

Ratchnevsky 1976 — Ratchnevsky, P. La condition de la femme mongole au 12e/13e siècle // G. Doerfer, W. Heissig, J. R. Krueger, F. J. Oinas and E. Schutz (eds). Tractata Altaica: Denis Sinor sexagenario optime de rebus altaicis merito dedicate. Wiesbaden, 1976. P. 509–530.

Ratchnevsky 2003 — Ratchnevsky, P. Chinggis Khan: His Life and Legacy. Oxford, 2003.

Ravalde 2016 — Ravalde, E. Shams al-Dīn Juvaynī the Vizier and Patron: Mediation between Ruler and Ruled in the Ilkhanate // B. De Nicola and C. Melville (eds). The Mongols' Middle East. Leiden, 2016. P. 55–78.

Redford 2015 — Redford, S. The Rape of Anatolia // A. C. S. Peacock, B. De Nicola and S. N. Yildiz (eds). Islam and Christianity in Medieval Anatolia. Farnham, 2015. P. 107–116.

Riasanovsky 1929 — Riasanovsky, V. A. Customary Law of the Mongol Tribes, Mongols, Buriats, Kalmucks. Parts I–III. Harbin, 1929.

Richard 1977a — Richard, J. La papauté et les missions d'Orient au Moyen Age (XIIIe–XVe siècles). Rome, 1977.

Richard 1977b — Richard, J. Les relations entre l'Orient et l'Occident au Moyen Age: études et documents. London, 1977.

Roded 1999 — Roded, R. (ed.). Women in Islam and the Middle East: A Reader. London, 1999.

Roemer 1986a — Roemer, H. R. The Jalayirids, Muzaffarids and Sabardārs // P. Jackson and L. Lockhart (eds). The Cambridge History of Iran. Vol. VI. Cambridge, 1986. P. 1–40.

Roemer 1986b — Roemer, H. R. The Safavid Period // P. Jackson and L. Lockhart (eds). The Cambridge History of Iran. Vol. VI. Cambridge, 1986. P. 189–350.

Rogers 1976 — Rogers, J. M. Waqf and Patronage in Seljuk Anatolia: The Epigraphic Evidence // Anatolian Studies. 1976. Vol. 26. P. 69–103.

Rossabi 1979 — Rossabi, M. Khubilai Khan and the Women in his Family // W. Bauer (ed.). Studia Sino-Mongolica: Festschrift Fur Herbert Franke. Wiesbaden, 1979. P. 153–180.

Rossabi 1981 — Rossabi, M. The Muslims in the Early Yüan Dynasty // J. D. Langlois (ed.). China under Mongol Rule. Princeton, 1981. P. 257–295.

Rossabi 1989 — Rossabi, M. Khubilai Khan: His Life and Times. Berkeley, 1989.

Rossabi 1992 — Rossabi, M. Voyager from Xanadu. New York, 1992.

Rossabi 1994 — Rossabi, M. The Reign of Khubilai Khan // H. Franke and D. Twitchett (eds). The Cambridge History of China: Alien Regimes and Border States, 907–1368. Cambridge, 1994. P. 414–489.

Roux 1959 — Roux, J. P. Le chaman chinggiskhanide // Anthropos. 1959. Vol. 54. № 3/4. P. 401–432.

Roux 1984 — Roux, J. P. La religion des Turcs et des Mongols. Paris, 1984.

Roux 1993 — Roux, J. P. Histoire de l'empire mongole. Paris, 1993.

Ryan 1998 — Ryan, J. D. Christian Wives of Mongol Khans: Tartar Queens and Missionary Expectations in Asia // Journal of the Royal Asiatic Society. 1998. Vol. 8. № 3. P. 411–421.

Safi 2006 — Safi, O. The Politics of Knowledge in Premodern Islam: Negotiating Ideology and Religious Inquiry. Chapel Hill, 2006.

Saliba 1994 — Saliba, G. Solar Observations at the Maraghah Observatory before 1275: A New Set of Parameters // G. Saliba (ed.). A History of Arabic Astronomy: Planetary Theories During the Golden Age of Islam. New York, 1994. P. 177–186.

Sárközi 1978 — Sárközi, A. Love and Friendship in the Secret History of the Mongols // L. V. Clark and P. A. Draghi (eds). Aspects of Altaic Civilization. Bloomington, 1978. P. 145–154.

Sayili 1960 — Sayili, A. The Observatory in Islam and its Place in the General History of the Observatory. Ankara, 1960.

Schimmel 1975 — Schimmel, A. Mystical Dimensions of Islam. Chapel Hill, 1975.

Schippers 1993 — Schippers, A. The Role of Women in Medieval Andalusian Arabic Storytelling // F. de Jong (ed.). Verse and the Fair Sex: Studies in Arabic Poetry and in the Representation of Women in Arabic Literature. Utrecht, 1993. P. 139–152.

Schurmann 1956 — Schurmann, H. F. Mongolian Tributary Practices of the Thirteenth Century // Harvard Journal of Asiatic Studies. 1956. Vol. 19. № 3/4. P. 304–389.

Setton 1978 — Setton, K. M. The Papacy and the Levant, 1204–1571. Vol. II. Philadelphia, 1978.

Shir 2006 — Shir, S. The "Chief Wife" at the Courts of the Mongol Khans during the Mongol World Empire (1206–1260). MA dissertation. The Hebrew University of Jerusalem, 2006.

Shukurov 2012 — Shukurov, R. Harem Christianity: The Byzantine Identity of Seljuk Princes // A. C. S. Peacock and S. N. Yildiz (eds). The Seljuks of Anatolia: Court and Society in the Medieval Middle East. London, 2012. P. 115–150.

Shūlistān — Minorsky, V. Shūlistān // Encyclopaedia of Islam, 2nd edn. URL: http://www.brillonline.nl/browse/encyclopaedia-of-islam-2.

Silverstein 2007 — Silverstein, A. J. Postal Systems in the Pre-Modern Islamic World. Cambridge, 2007.

Smith 1970 — Smith, J. M. Mongol and Nomadic Taxation // Harvard Journal of Asiatic Studies. 1970. Vol. 30. P. 46–85.

Smith 2000 — Smith, J. M. Dietary Decadence and Dynastic Decline in the Mongol Empire // Journal of Asian History. 2000. Vol. 34. № 1. P. 35–52.

Smith 2006 — Smith, J. M. High Living and Heartbreak on the Road to Baghdad // L. Komaroff (ed.). Beyond the Legacy of Genghis Khan. Leiden, 2006. P. 111–134.

Sneath 2007 — Sneath, D. The Headless State: Aristocratic Orders, Kinship Society, and Misrepresentations of Nomadic Inner Asia. New York, 2007.

Soucek 1998 — Soucek, P. Timurid Women: A Cultural Perspective // G. R. Hambly (ed.). Women in the Medieval Islamic World: Patronage and Piety. New York, 1998. P. 199–226.

Soudavar 1998 — Soudavar, A. The Saga of Abu-Saʻid Bahādor Khān. The Abu-Saʻidnāmé // J. Raby and T. Fitzherbert (eds). The court of the Il-khans, 1290–1340. Oxford, 1998. P. 95–218.

Soudavar 2003 — Soudavar, A. In Defense of Rashid-Od-Din and his Letters // Studia Iranica. 2003. Vol. 32. P. 77–122.

Spuler 1943 — Spuler, B. Die Goldene Horde: Die Mongolen in Russland 1223–1502. Leipzig, 1943.

Spuler 1985 — Spuler, B. Die Mongolen in Iran: Politik, Verwaltung und Kultur der Ilchanzeit 1220–1350. Leipzig, 1939. Reprint: 1985.

Stowasser 1994 — Stowasser, B. F. Women in the Qur'an, Traditions, and Interpretation. New York, 1994.

Subtelny 2007 — Subtelny, M. Timurids in Transition: Turko-Persian Politics and Acculturation in Medieval Iran. Leiden, 2007.

Sulṭān Walad — Schubert, G. Sulṭān Walad, Bahā' al-Dīn Muḥammad-i Walad // Encyclopaedia of Islam, 2nd edn. URL: http://www.brillonline.nl/browse/encyclopaedia-of-islam-2.

Sultanov 1996 — Sultanov, T. I. Muʿizz al-Ansāb and Spurious Chingizids // Manuscrita Orientalia. 1996. Vol. 2. № 3. P. 3–7.

Tabbaa 2000 — Tabbaa, Y. Ḍaīfa Khātūn, Regent Queen and Architectural Patron // D. F. Ruggles (ed.). Women, Patronage, and Self-Representation in Islamic Societies. New York, 2000. P. 17–34.

Talbot 2001 — Talbot, A. M. Empress Theodora Palaiologina: Wife of Michael VIII // Dumbarton Oaks Papers. 1992. Vol. 46. Reprint: Women and Religious life in Byzantium. Aldershot, 2001. P. 295–303.

Tao 1976 — Tao, Jing-shen. The Jurchen in Twelfth Century China: A Study of Sinicization. Seattle, 1976.

Thys-Şenocak 2006 — Thys-Şenocak, L. Ottoman Women Builders: The Architectural Patronage of Hadice Turhan Sultan. Aldershot, 2006.

Togan 1998 — Togan, I. Flexibility and Limitation in Steppe Formations: The Kerait Khanate and Chinggis Khan. Leiden and New York, 1998.

Tosh 2006 — Tosh, J. The Pursuit of History: Aims, Methods and New Directions in the Study of Modern History. Harlow, 2006.

Toumanoff 1966 — Toumanoff, C. Armenia and Georgia // J. M. Hussey (ed.). The Cambridge Medieval History. Cambridge, 1966. P. 593–637.

Ts'un-Yan, Berlina 1982 — Ts'un-Yan, L., and J. Berlina. The "Three Teachings" in the Mongol-Yuan Period // H. L. Chan and T. de Bary (eds). Yuan Thought: Chinese Thought and Religion under the Mongols. New York, 1982. P. 479–509.

Turan 1958 — Turan, O. Türkiye Selçuklulari hakkında resmˆı vesikalar: metin, tercüme ve araştırmalar. Ankara, 1958.

Twitchett, Tietze 1994 — Twitchett, D., and K. P. Tietze. The Liao // H. Franke and D. Twitchett (eds). The Cambridge History of China: Alien Regimes and Border States, 907–1368. Cambridge, 1994. P. 43–153.

Üçok 1983 — Üçok, B. Femmes turques souveraines et regents dans les états islamiques / trans. A. Çamali. N. d., 1983.

Vásáry 1990 — Vásáry, I. History and Legend in Berke Khan's Conversion to Islam // D. Sinor (ed.). Aspects of Altaic Civilization, Three: Proceedings of the Thirtieth Meeting of the Permanent International Altaistic Conference, Bloomington, Indiana. Bloomington, 1990. P. 230–252.

Vásáry 2009 — Vásáry, I. Cumans and Tatars: Oriental Military in the Pre-Ottoman Balkans, 1185–1365. Cambridge, 2009.

Vaziri 2012 — Vaziri, M. Buddhism in Iran: An Anthropological Approach to Traces and Influences. New York, 2012. P. 111–134.

Vernadsky 1938 — Vernadsky, G. The Scope and Contents of Chingis Khan's Yasa // Harvard Journal of Asiatic Studies. 1938. Vol. 3. № 3/4 (December). P. 337–360.

Viguera Molins 1989 — Viguera Molins, M. J. La Mujer en Al-Andalus: reflejos históricos de su actividad y categorías sociales. Madrid, 1989.

Viguera Molins 1992 — Viguera Molins, M. J. Asluhu Lu'l Ma'ali: On the Social Status of Andalusi Women: The Legacy of Muslim Spain // S. K. Jayyusi and M. Marín (eds). The Legacy of Muslim Spain. Leiden, 1992. P. 709–724.

Vladimirtsov 1948 — Vladimirtsov, B. Le régime social des Mongols: le feudalisme nomade / trans. M. Carsow. Paris, 1948.

Walbridge 1993 — Walbridge, J. The Philosophy of Quṭb al-Dīn Shīrāzī: A Study in the Integration of Islamic Philosophy. PhD dissertation. Harvard University, 1993.

Weatherford 2010 — Weatherford, J. The Secret History of Mongol Queens. New York, 2010.

Wickens 1962 — Wickens, G. M. Nasir ad-Din Tusi on the Fall of Baghdad: A Further Study // Journal of Semitic Studies. 1962. Vol. 7. P. 23–35.

Wittfogel, Feng 1949 — Wittfogel, K. A., and J. Feng. History of Chinese Society: Liao (907–1225). Philadelphia, 1949.

Wolper 2000 — Wolper, E. S. Princess Safwat al-Dunyā wa al-Dīn and the Production of Sufi Buildings and Hagiographies in Pre-Ottoman Anatolia // D. F. Ruggles (ed.). Women, Patronage, and Self-Representation in Islamic Societies. New York, 2000. P. 35–68.

Yao 1986 — Yao, T. C. Ch'iu Ch'u-Chi and Chinggis Khan // Harvard Journal of Asiatic Studies. 1986. Vol. 46. № 1 (June). P. 201–219.

Yao 1990 — Yao, T. C. Ch'Uan-Chen Taoism and Yuan Drama // Chinese Language Teachers Association. 1990. Vol. 15. № 1. P. 41–56.

Yao 1995 — Yao, T. C. Buddhism and Taoism under the Chin // H. C. Tillman, S. H. West and H. Franke (eds). China under Jurchen Rule: Essays on Chin Intellectual and Cultural History New York, 1995. P. 145–180.

Zhao 2004 — Zhao, G. Q. Control through Conciliation: Royal Marriages between the Mongol Yuan and Koryo˘ (Korea) During the 13th and 14th Centuries // Toronto Studies in Central Inner Asia. 2004. Vol. 6. P. 3–26.

Zhao 2008 — Zhao, G. Q. Marriage as Political Strategy and Cultural Expression: Mongolian Royal Marriages from World Empire to Yuan Dynasty. New York, 2008.

Zhao, Guisso 2005 — Zhao, G., and R. W. Guisso. Female Anxiety and Female Power: The Political Involvement of Mongol Empresses during the 13th and 14th Centuries // Toronto Studies in Central and Inner Asia. 2005. Vol. 7. P. 17–46.

Zipoli 1978 — Zipoli, R. The Tomb of Arghūn // Primo Convegno Internationale sull'Arte dell'Iran Islamico. Venice and Tehran, 1978. P. 7–37.

Znamenski 2004 — Znamenski, A. A. Shamanism: Critical Concepts in Sociology. London and New York, 2004.

Предметно-именной указатель

Оглавление

Научное издание

Бруно де Никола
ЖЕНЩИНЫ В МОНГОЛЬСКОМ ИРАНЕ
Хатуны, 1206–1335 гг.

Директор издательства *И. В. Немировский*
Ответственный редактор *И. Белецкий*
Куратор серии *Е. Яндуганова*
Заведующая редакцией *О. Петрова*

Дизайн *И. Граве*
Редактор *А. Кочешков*
Корректор *А. Филимонова, Е. Гайдель*
Верстка *Е. Падалки*

Подписано в печать 15.09.2022.
Формат издания 60 × 90 $^1/_{16}$. Усл. печ. л. 21,5.
Тираж 300 экз.

Academic Studies Press
1577 Beacon Street, Brookline, MA 02446 USA
https://www.academicstudiespress.com

ООО «Библиороссика».
190005, Санкт-Петербург, 7-я Красноармейская ул., д. 25а

Эксклюзивные дистрибьюторы:
ООО «Караван»
ООО «КНИЖНЫЙ КЛУБ 36.6»
http://www.club366.ru
Тел./факс: 8(495)9264544
e-mail: club366@club366.ru

Книги издательства можно купить
в интернет-магазине: www.bibliorossicapress.com
e-mail: sales@bibliorossicapress.ru

12+

Знак информационной продукции согласно
Федеральному закону от 29.12.2010 № 436-ФЗ